ÉTUDES CLASSIQUES EN UN AN.

MANUEL PRATIQUE

DE

LANGUE GRECQUE,

PAR

J. E. BOULET, *Avocat,*

Traducteur des Institutes de Gaius,
Fondateur et ex-Rédacteur en chef de la Revue du Nord,
Membre de l'Institut Historique, etc. etc.

CONTENANT

L'EXPOSÉ DE LA NOUVELLE MÉTHODE ET SON APPLICATION.

1ʳᵉ Partie : **TEXTE Grec ET EXERCICES.** 2ᵉ Partie : **GRAMMAIRE.**

(A l'usage des Pères de Famille et des Maisons d'éducation).

« *Annum mihi temporis des...* Themistocles omne
« illud tempus litteris sermonique Persarum dedit : quibus
« adeò eruditus est, ut multò commodius dicatur apud re-
« gem verba fecisse, quàm hi poterant, qui in Perside
« erant nati. »   CORNELIUS NEPOS.

« *Accorde-moi une année de temps...* Thémistocle
« employa toute cette année à l'étude de la langue des
« Perses, et il l'apprit si bien, qu'il harangua, dit-on, le
« roi avec beaucoup plus de facilité que ne le pouvaient
« faire ceux-là même qui étaient nés en Perse. »

Prix : 3 Francs.

PARIS,

A L'ÉTABLISSEMENT CENTRAL DES ÉTUDES CLASSIQUES EN UN AN,
RUE DES FOSSÉS-MONTMARTRE, 27 ;
ET CHEZ MANSUT, LIBRAIRE, RUE DES MATHURINS SAINT-JACQUES, 17.

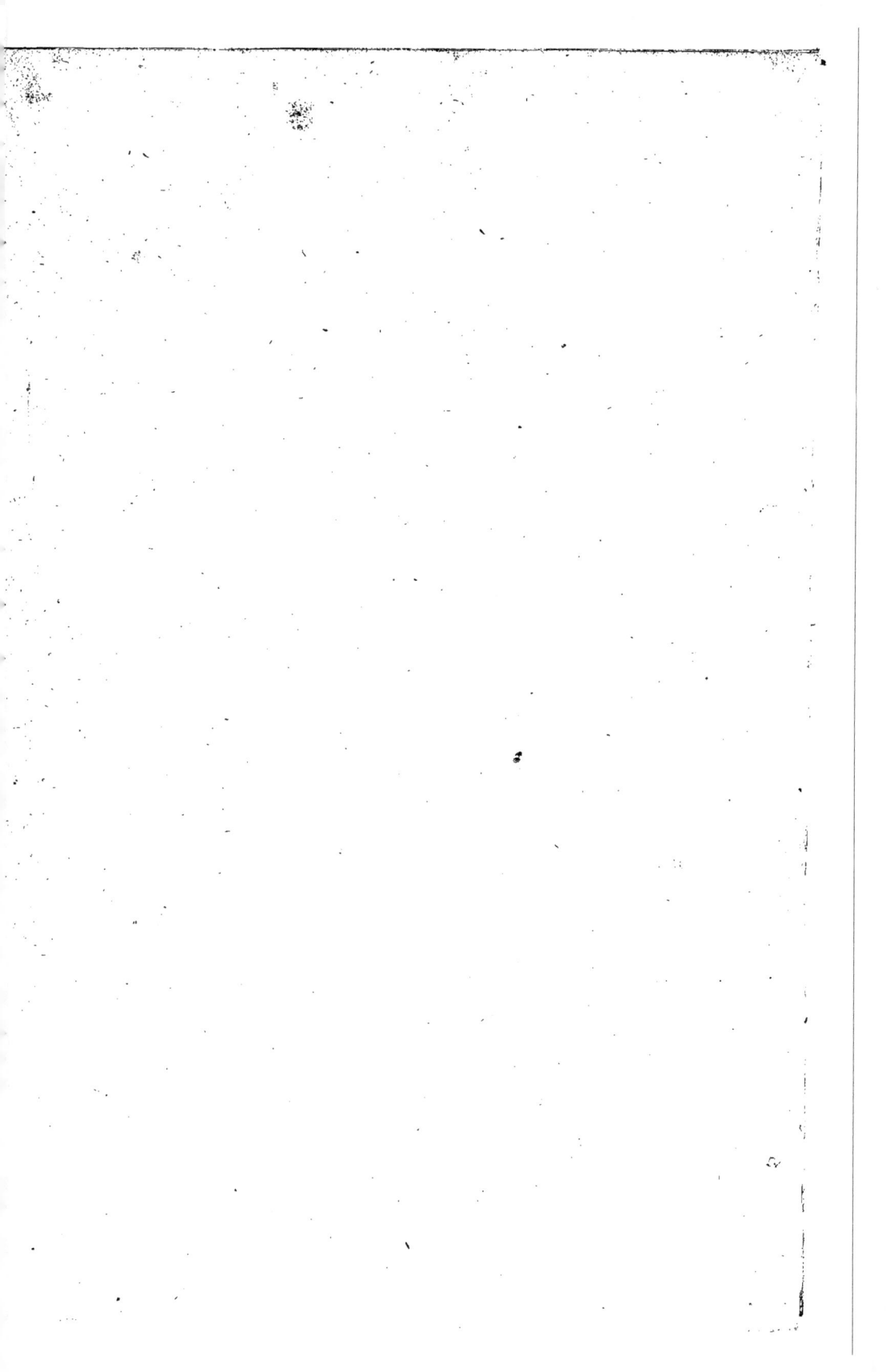

X

ÉTUDES CLASSIQUES EN UN AN.

MANUEL PRATIQUE

DE

LANGUE GRECQUE,

PAR

J. E. BOULET, *Avocat,*

Traducteur des Institutes de Gaius,

Fondateur et ex-Rédacteur en chef de la Revue du Nord,

Membre de l'Institut Historique, etc., etc.

CONTENANT :

L'EXPOSÉ DE LA NOUVELLE MÉTHODE ET SON APPLICATION.

1re PARTIE : **TEXTE GREC ET EXERCICES.** — 2e PARTIE : **GRAMMAIRE.**

(*À l'usage des Pères de famille et des Maisons d'éducation*).

« *Annum mihi temporis des....* Themistocles omne
« illud tempus litteris sermonique Persarum dedit : quibus
« adeo eruditus est, ut multo commodius dicatur apud re-
« gem verba fecisse, quàm hi poterant, qui in Perside
« erant nati.» CORNELIUS NEPOS.

« *Accordez-moi une année de temps...* Thémistocle
« employa toute cette année à l'étude de la langue des
« Perses, et il l'apprit si bien, qu'il harangua, dit-on, le
« roi avec beaucoup plus de facilité que ne le pouvaient
« ceux-là même qui étaient nés en Perse.»

Prix : 3 Francs.

PARIS.

ÉTABLISSEMENT CENTRAL DES ÉTUDES CLASSIQUES EN UN AN,

RUE DES-FOSSÉS-MONTMARTRE, 27 ;

MANSUT, LIBRAIRE, RUE DES MATHURINS SAINT-JACQUES, 17.

1838.

IMPRIMERIE DE MOQUET ET COMP^{ie},
Rue de la Harpe, 90, à Paris.

INTRODUCTION

ET EXPOSITION DE LA MÉTHODE.

> « C'est un bel et grand adgencement sans doubte que le *Grec*
> « et le *Latin*, mais on l'achete trop cher. Ie diray icy une fa-
> « çon d'en avoir meilleur marché que de coustume, qui a esté
> « essayee en moy-mesme : s'en servira qui vouldra. »
>
> MONTAIGNE, L. 1. c. 25.

La méthode en usage depuis si longtemps pour l'enseignement des langues mortes produit-elle les résultats que la jeunesse, à qui elle est imposée, a le droit d'en attendre? Satisfait-elle même les professeurs qui en font l'application? Je n'oserais l'affirmer.

Je me contenterai de remarquer, comme un fait assez bizarre, que tandis que sur tous les autres points, le siècle a vu se perfectionner les procédés en tout genre, les langues anciennes sont encore aujourd'hui à peu près enseignées comme elles l'étaient il y a cinquante ans.

Il y a cette différence seulement, c'est que les études sérieuses, fortes, sont aujourd'hui beaucoup plus rares qu'à cette époque, et, pour s'en convaincre, il suffirait d'observer cette multitude de jeunes gens que chaque année voit sortir des établissements publics. En est-il beaucoup, parmi eux, en état d'interpréter un classique grec? Je consentirais volontiers à m'en rapporter sur ce point à eux-mêmes.

Et cependant, je le répète, la méthode appliquée a peu varié depuis des siècles ; et l'on ne consacre pas moins de temps aujourd'hui qu'autrefois à l'étude des langues anciennes. Huit années !...

Jetons un coup d'œil sur quelques-uns des procédés employés jusqu'à présent dans l'enseignement des lettres grecques et latines.

La plus ancienne grammaire est celle de Jean Despautère; elle est écrite en latin; elle débute par des règles, et ces règles sont formulées en latin, sont écrites dans la langue qu'il s'agit d'enseigner. Elle explique l'inconnu par l'inconnu, un latin qu'on ignore par un latin qu'on ne connaît pas davantage, et, malgré cette étrange aberration, Despautère eut le privilége de régenter la jeunesse pendant deux siècles.

En 1642, Commène publia en huit langues son *Janua linguarum*. Le succès en fut prodigieux. C'est un recueil de *mots isolés*, répartis en plusieurs chapitres.

Commène pose en principe que *savoir une langue*, c'est pouvoir nommer, dans cette langue, chaque chose par son nom. Commène oubliait que ce n'est pas tout de connaître la signification des mots isolément, qu'il faut encore être en état de les combiner d'une manière conforme au génie de la langue dont ils sont les éléments et les parties constituantes; enfin qu'outre l'étude des mots, il y a encore celle des formes et des tournures, de la syntaxe.

Les premières méthodes grecque et latine écrites en français sont dues à l'immense érudition des savants de Port-Royal, et particulièrement à Lancelot. Ces méthodes firent révolution à leur époque (1). Elles naturalisaient dans les écoles la langue française; celle-ci en expulsa le latin barbare que l'on y avait parlé jusque-là. Les méthodes de Port-Royal sont encore aujourd'hui les meilleurs recueils lexigraphiques, mais il appartient aux maîtres seuls d'y puiser.

A notre connaissance le père de *Montaigne* est le premier qui ait trouvé et appliqué la véritable manière d'enseigner les langues mortes.

En mettant son fils entre les mains d'un maître qui ne lui parlait que latin, il donna à son enseignement *la forme d'esbat et d'exercice*. Grâce à son père, Montaigne apprit cette langue *sans dictionnaire, sans rudiment, sans fouet et sans larmes.* Néanmoins, dès l'âge de six ans, Montaigne avait le latin *si prest et si à la main*, que « Grouchi, Guerente, Bucanan, Muret, ses précepteurs, craignoient à l'accoster : « c'est merveille du fruit que chacun fit de cette mienne inaccoutumée institution, « dit-il; mon père et ma mère y apprindrent assez de latin pour l'entendre et s'en ser- « vir, comme feirent aussi les domestiques; somme, nous nous latinizasmes tant, qu'il « en régorgea jusques aux villages tout autour, où même ont prins pied, par l'usage, « plusieurs appellations latines d'artisans et d'utils. »

Il regretta toute sa vie que son père eût abandonné une culture *si exquise; que, « dans la crainte de faillir en chose qu'il avoit tant à cœur,* il se fût laissé emporter à « l'opinon commune *qui suyt tousiours ceux qui vont devant, comme les grues,* et qu'il « l'eût envoyé au collége de Guyenne, *où il enjamba d'arrivée aux premières classes.*

---

(1) En 1650.

« Le collége de Guïenne étoit très-florissant pour lors, dit-il, et le meilleur de
« France, mais tant y a que *c'estoit tousiours un collége*, j'achevai mon cours (qu'ils
« appellent), mais sans aulcun fruit que je peusse mettre en compte. »

Aussi, cette profonde connaissance qu'il eut des auteurs et qui se fait sentir continuellement dans ses *Essais*, il la dut, non à ses maîtres, mais à son précepteur particulier, « *homme d'entendement, qui aiguisoit sa faim, le laissant à la desrobée,*
« *gourmander ses livres aux dépens des devoirs et de la reigle. S'il eût été si fou de*
« *rompre ce train, j'estime*, disait Montaigne, *que je n'eusse rapporté du collège que*
« *la haine des livres, comme faict quasi toute notre noblesse.* »

C'est cet *homme d'entendement* que nous avons pris pour modèle, et le livre que
nous publions aujourd'hui, malgré ses nombreuses imperfections, donne aux pères
de famille des exercices tout préparés, au moyen desquels l'étude des mots et des
tournures est présentée sous la forme *d'esbat*, comme le voulait Montaigne.

« Prenez, disait Locke, un livre aisé et agréable, par exemple les *Fables d'Ésope*,
« traduites aussi littéralement que possible; que dans une ligne soit le texte, dans
« l'autre l'*anglais.* » Voilà, comme vous voyez, le germe des traductions interlinéaires
trouvé par Locke.

« Les règles, disait-il encore, sont inutiles. Pour apprendre une langue, il n'y a
« d'autre guide que *l'usage*. On apprend par l'usage l'*anglais* et le *français*; je ne puis
« donc assez m'étonner, ajoutait-il, que les pères, ayant vu les succès d'une telle
« méthode, ne se soient pas imaginé de l'appliquer à l'étude des langues an-
« ciennes, etc. »

Locke, comme vous le voyez encore, rejetait les règles, et ne voulait pas qu'on
commençât l'étude des langues par le rudiment.

« Pour bien composer en latin, dit Rollin, il faut connaître le tour, les locutions, les
« règles de cette langue, et avoir fait amas d'un nombre de mots assez considérable;
« or, tout cela ne peut se faire qu'en *expliquant les auteurs* qui sont comme un *dic-*
« *tionnaire vivant* et une *grammaire particulière*, où l'on apprend par expérience la
« force et le véritable usage des mots, des phrases et les règles de la syntaxe. »

Donc Rollin, recteur de l'université, reconnaît que la traduction seule des auteurs
peut apprendre : 1º la véritable valeur de chaque mot; 2º les règles de la syntaxe.

En 1772, Dumarsais publia l'exposition d'une méthode rationnelle pour apprendre
le latin.

« Il n'est pas possible, disait-il, d'entendre les principes généraux et abstraits, lors-
« qu'on n'a pas encore les idées particulières qu'ils supposent... Je commence par l'ex-
« plication des auteurs et non des règles. Lorsque les élèves ont remarqué que les
« mots latins changent de terminaison, je leur montre à *décliner* et à *conjuguer.* »

Les résultats des efforts de Dumarsais furent tels, les progrès de ses élèves
si rapides, que les savants du journal de Trévoux s'indignèrent qu'on voulût apla-

nir ainsi les routes de l'enseignement : « Moins on a de secours, disaient-ils, plus
« l'esprit lutte et s'efforce dans la carrière épineuse. »

Un professeur de Sorbonne, l'abbé Gaullier, traita même *d'intolérable* une méthode qui ferait porter des fruits aussi hâtifs, pensant que, « d'arriver en rhétorique
« à l'âge de dix-sept à dix-huit ans, était déjà bien assez tôt, et même *trop tôt*. On
« pourrait fort bien, ajoutait-il, forcer de tels aventuriers de se taire, et les chasser
« des grandes villes. »

Sans doute, il faut bien l'espérer, la race des abbés Gaullier est aujourd'hui
entièrement éteinte!

Supposons qu'à ces hommes, qui ne peuvent enseigner en sept années une langue
à des enfants d'une intelligence déjà développée, vous donniez un enfant de trois
ans, n'en connaissant aucune, et dont les facultés intellectuelles soient encore,
par conséquent, dans un sommeil complet. Combien pensez-vous que ces savants
vous demanderaient de temps pour instruire un tel enfant au moyen de ces
vieilles méthodes, *résultat de si longues expériences.* Je n'oserais répondre pour
eux. Tout ce que je sais, cependant, c'est que tous, tant que nous sommes, dès
l'âge de quatre ans, nous parlions mieux *français* que nous n'eussions été en état de
parler *latin* ou *grec* à notre sortie du collège.

Nous savions à peu près nos conjugaisons; nous observions même, et sans les avoir
apprises, la plupart des règles de la syntaxe.

Un enfant de trois ans suit la règle de l'accord de l'adjectif et du substantif, sans
que cette règle lui ait été jamais expliquée.

Quel précepteur si habile a opéré un tel prodige?

L'instinct, ou plutôt la tendresse d'une mère, les soins dont elle entoure son enfant, ses éternelles conversations avec lui, enfin l'usage répété des mots dont le
sens a été d'abord expliqué par le langage d'action à défaut de tout autre.

Ce que font la nature, l'instinct, le besoin, la nécessité, pourquoi ne l'obtiendrions-
nous pas au moyen d'une méthode raisonnée et qui nous place dans les mêmes
conditions, ou plutôt dans des conditions plus favorables, puisque, au lieu d'avoir
besoin d'abord, comme une mère, de nous faire comprendre par des signes, déjà
nous avons une langue, comme moyen de communication entre le maître et le dis-
ciple, et que d'ailleurs nos élèves ne sont plus des enfants?

On doit marcher avec son siècle. Tandis que tout s'améliore, que tout se perfec-
tionne, l'enseignement des langues anciennes, seul, serait-il donc condamné à rester
immobile, et faudrait-il exiger, à notre époque de progrès, pour l'étude des langues
anciennes, autant de temps que l'on en demandait à la jeunesse, alors qu'il était de
l'intérêt des gouvernants de la faire vieillir dans une enfance éternelle?

Il y a un mois il nous fallait encore deux heures pour nous rendre à Saint-
Germain; aujourd'hui nous y allons en trente minutes. Nos pères mettaient

quatre heures pour ce trajet; il nous les faudrait encore si nous avions voulu conserver les chemins et les équipages d'autrefois.

Eh bien, le chariot de l'enseignement, invariable depuis des siècles, aujourd'hui complétement détraqué, ne nous fait même plus atteindre le but, et persiste à nous traîner dans un chemin où ce ne sont pas les ornières qui manquent.

Maintenant un mot sur les moyens que nous appliquons.

Savoir une langue, c'est en connaître les mots et les tournures; tout est là. Or, le plus difficile, le plus long, c'est d'apprendre les mots, ce *matériel* de toute langue.

Les étudierons-nous, ces mots, isolément dans un dictionnaire? Non; car sans liaison entre eux, ils seraient, pour notre mémoire, aussi difficiles à retenir que des chiffres. Et puis tous les mots d'une langue n'ont pas besoin d'être sus. Ouvrez un dictionnaire de la langue française, à la première page venue, et vous verrez si vous, qui savez le français, avez l'intelligence de toutes les expressions que cette première page, prise au hasard, offrira à vos regards.

Les mots que nous avons besoin de savoir, ce sont ceux usités dans la littérature, ce sont ceux employés dans nos auteurs classiques. Pourquoi les chercherions-nous ailleurs?

Nos classiques seront nos dictionnaires, et des dictionnaires remplis d'intérêt, parce qu'ils nous présentent les productions de la plus saine littérature. Bientôt vous verrez comment ils seront aussi nos grammaires, et comment, guidés par votre professeur, vous découvrirez vous-mêmes les règles de la syntaxe dans les textes que vous aurez expliqués. Et ces règles que vous découvrirez, vous ne les aurez point apprises comme leçons, et cependant vous ne les oublierez point, précisément parce que vous les aurez trouvées vous-mêmes.

L'idée première de la méthode que j'applique n'est pas nouvelle, vous l'avez vu; c'est elle qui a présidé à l'éducation de Montaigne; Locke l'avait pressentie; sous l'empire elle avait été tentée avec succès sous les yeux mêmes de Napoléon, à Versailles; l'empereur en témoigna sa satisfaction, mais le moment d'une révolution dans l'enseignement n'était pas venu, et une influence puissante paralysa, dès le principe, les succès de la nouvelle méthode.

Enseigner le latin et le grec comme si le latin et le grec étaient des langues vivantes, tel est tout le secret de cette méthode (1).

Le premier chapitre de la méthode de Port-Royal a pour titre : De la différence qu'il y a d'enseigner une langue vivante et une langue morte.

C'est cette prétendue différence qui est cause que l'on a consacré jusqu'à nos jours sept à huit années à des études qui ne nous apprennent ni le grec ni le latin, comme l'avouent de bonne foi ceux-là mêmes qui ont fait les meilleures études.

(1) La plupart de nos exercices sont les mêmes que ceux appliqués par M. Robertson, à qui l'enseignement des langues doit sans doute beaucoup de reconnaissance ; et c'est pour nous un plaisir de lui témoigner ici celle qui nous est particulière.

Et cependant, nous voyons tous les jours un domestique Allemand ou Anglais apprendre chez nous, dans notre famille, plus de français que nous n'apprenons de grec en six années au collége. C'est qu'il se garde bien d'apprendre notre langue dans nos *Despautère* modernes et de chercher, au moyen des règles, à suppléer l'*usage* que rien ne saurait remplacer.

En dispensant les élèves de parler la langue morte enseignée, on les a dispensés par là même d'en retenir les mots : aussi jamais ils ne parviennent à pouvoir se passer du dictionnaire, leur continuelle ressource. Nous parlons, nous, grec et latin, dès la première leçon, non pour en faire du pédantisme, mais afin de soulager notre mémoire par l'aide que lui prête notre oreille. Les yeux nous habituent à l'orthographe, tandis que l'audition grave les mots dans la mémoire bien mieux que ne le fait l'organe de la vue.

Nos élèves n'ont pas d'autre dictionnaire que celui qu'ils se sont fait eux-mêmes; et ce dictionnaire, dont chaque jour voit augmenter le volume, suffit bientôt au professeur pour que, dans l'explication des auteurs, il puisse se passer de la langue française comme intermédiaire.

Ce dictionnaire, d'ailleurs, fait par chaque élève (1), commencé dès la première leçon, et se grossissant de jour en jour de chaque nouveau mot que les textes font connaître, a en outre pour nous un avantage particulier; c'est qu'il nous donne toujours, ainsi qu'aux parents, le moyen de vérifier l'état précis des progrès d'un élève, en nous offrant la *statistique* exacte, le chiffre rigoureux des connaissances acquises.

C'est ainsi que l'expérience nous a appris qu'après quatre mois d'études, nos élèves s'étaient déjà composé un dictionnaire de plus de deux mille mots, et après une année de travail, de près de six mille. Or, notez que ce nombre de faits connus est suffisant pour mettre nos disciples en état d'interpréter les auteurs sans avoir besoin de recouvrir fréquemment aux lexiques complets.

Ce moyen de vérification est sans doute une garantie qui, jusqu'à présent, n'avait été donnée aux parents par aucune des méthodes qui ont précédé la nôtre. Résumons :

1° Un texte simple et choisi. Dans ce Manuel l'histoire de l'*Enfant prodigue* est le premier extrait sur lequel portent nos observations. Nous n'en voyons d'abord que peu de lignes à la fois.

2° Chaque élève de mes cours est désigné par un numéro; toute question est posée avant que j'appelle le numéro qui doit y répondre, et de cette manière, il y a toujours obligation pour les élèves d'être attentifs aux questions que je leur adresse.

(1) L'élève, dès sa première leçon, doit se munir d'un cahier comprenant autant de divisions que l'alphabet de la langue étudiée contient de lettres. Il enregistre, sous sa lettre, chaque mot du texte expliqué, et en regard, dans une seconde colonne, la portion complémentaire de la phrase où ce mot a été rencontré. De cette manière, l'élève est toujours en état de citer la phrase où telle expression a été vue par lui pour la première fois.

3° Le texte est d'abord traduit par moi, *littéralement*, de manière à bien faire connaître à l'élève la véritable valeur de chaque mot. La traduction littérale est répétée par quatre ou cinq élèves. Ensuite on ferme les livres : je prononce chaque mot du texte, et chaque élève appelé par son numéro le traduit en français.

4° Je fais ensuite l'inverse : je prononce le mot français, et l'élève appelé doit nommer aussitôt son équivalent en grec.

Cette double opération, cette traduction alternative a pour objet, non-seulement de bien graver le sens des mots grecs dans la mémoire de mes élèves, mais encore d'exercer celle-ci à retrouver le mot grec correspondant, lorsqu'un mot français leur est donné.

Voilà déjà deux opérations tendant à faire retenir le sens des mots, mais il en est encore deux autres ayant le même but :

5° J'adresse aux élèves des questions disposées d'avance et telles que l'élève peut y répondre au moyen des mots grecs qu'il a vus. Cette obligation de retrouver le mot dont on a besoin et que l'on connaît, le fixe à jamais dans la mémoire;

6° Enfin, des phrases disposées d'avance, telles que celles contenues dans ce manuel, sont données à l'élève qui peut et doit les traduire sur-le-champ en grec, au moyen des mots qu'il sait et des tournures qu'il a observées.

Après ces quatre opérations bien faites et suffisamment répétées, tout professeur peut avoir la certitude que son élève n'oubliera jamais le sens des mots grecs qui lui sont passés sous les yeux dans les divers textes qu'on lui a fait traduire, et que si ces mots se présentent à lui plus tard, il les reconnaîtra indubitablement.

Pour obliger les élèves à une attention continuelle, le professeur doit avoir devant lui un nombre de cartes numérotées, correspondant au nombre de ses auditeurs; ceux-ci lisent, traduisent, ou répondent à mesure qu'ils entendent appeler leurs numéros. Il est nécessaire de mêler ces cartes chaque fois que tous les élèves ont été interrogés, afin que les numéros ne se suivent pas dans le même ordre. Ainsi qu'il a été dit, toute question est posée avant que le numéro qui doit y répondre soit désigné ; il s'ensuit que chaque élève se trouve constamment obligé de se faire lui-même cette réponse, et que de cette manière l'attention de tous se soutient.

Un coup d'œil sur cette petite méthode fera connaître que nous supposons l'élève complétement ignorant, et cependant, à la trentième leçon, il est déjà en état de comprendre les questions qui lui sont faites *en grec* et d'y répondre *en grec*. Après six mois d'exercices, le professeur ne doit plus expliquer un nouvel auteur qu'au moyen d'un commentaire grec fait par lui-même, et composé seulement des mots connus de l'élève; car, à cette époque, le dictionnaire grec de l'élève permet au professeur, pour communiquer avec celui-ci, de se passer de la langue française. Il est entendu que chaque professeur fera très-bien de composer, pour l'usage de ses élèves, d'autres phrases et d'autres questions que celles du Manuel. L'auteur n'a pas la prétention de

Ayant réuni deux fils, un certain homme émigra.

Le lendemain (après non plusieurs jours) le plus jeune avait la part qui lui revenait de la fortune.

Un certain homme vivant crapuleusement dissipa en peu de jours la part qui lui revenait de sa fortune.

Donne-moi son bien.

Donne-leur plusieurs jours.

Donne-moi deux fils et son bien.

Le plus jeune partagea à son père une partie de sa fortune.

Ayant réuni son bien, un certain homme émigra dans une région lointaine.

Le plus jeune avait leur (d'eux le) bien et leur fortune.

Après non plusieurs jours, le plus jeune dissipa son bien.

Ayant réuni le bien et la part qui lui revenait de la fortune.

L'homme vivant.

Un certain homme dissipa beaucoup de jours vivant dans la débauche (crapuleusement).

Dérivés.

Gamme. — Deltoïde. — Lambdoïde. — Delta. — Microscope. — Mégalanthropogénésie. — Misanthrope. — Duo, Duel. — Néophyte. — Dot, Don. — Biographie. — Autobiographie. — Moi, etc.

2ᵉ LEÇON.

Texte à traduire.

Δαπανήσαντος δὲ αὐτοῦ πάντα,	Ayant épuisé or lui toutes choses,
ἐγένετο λιμὸς ἰσχυρὸς	survint une famine forte
κατὰ τὴν χώραν ἐκείνην· καὶ αὐτὸς ἤρξατο ὑστερεῖσθαι.	dans la région celle-là: et lui-même commençait à manquer.
Καὶ πορευθεὶς ἐκολλήθη	Et étant parti, il s'attacha
ἑνὶ τῶν πολιτῶν τῆς χώρας ἐκείνης· καὶ ἔπεμψεν αὐτὸν εἰς τοὺς ἀγροὺς αὐτοῦ βόσκειν χοίρους.	à un des citoyens de la région celle-là: et il envoya lui dans les champs de lui faire paître des pourceaux.
Καὶ ἐπεθύμει γεμίσαι τὴν κοιλίαν αὐτοῦ	Et il eût été heureux de remplir l'estomac de lui
ἀπὸ τῶν κερατίων, ὧν ἤσθιον οἱ χοῖροι·	de les cosses, desquelles mangeaient les pourceaux:
καὶ οὐδεὶς ἐδίδου αὐτῷ.	et personne donnait à lui.

Questions.

Quelle calamité vint affliger ce pays?

Quand le pays fut en proie à cette calamité, quelle était la position de l'enfant prodigue?

Dans quelle région la famine se fit-elle sentir?

Au milieu de cette famine, l'enfant prodigue éprouva-t-il le besoin?

Dans cet état de détresse, que fit l'enfant prodigue?

Il n'était donc pas à l'abri de la faim?

A quel citoyen s'attacha l'enfant prodigue?

Où ce citoyen envoya-t-il l'enfant prodigue?

En quoi consistait le travail de l'enfant prodigue?

Quels animaux faisait-il paître?

Qu'eût désiré l'enfant prodigue?

Avec quoi eût-il désiré pouvoir calmer sa faim?

Avec quelles cosses eût-il souhaité pouvoir apaiser sa faim?

De quoi se compose le repas d'un pourceau?

Que faisaient les pourceaux quand ils avaient faim?

En quoi consiste l'ambition d'un pourceau?

Offrait-on des cosses à l'enfant prodigue affamé!

Qui lui donnait des cosses?

Où les pourceaux vont-ils paître?

Phrases à traduire en grec.

Il survint une famine considérable dans une région lointaine.

Un certain homme de cette région-là avait des pourceaux.

Là personne avait de fils.

Le plus jeune fils ayant réuni la part qui revenait de la fortune, ne* partagea pas le bien.

Vivant crapuleusement, il eût été heureux de faire paître des pourceaux.

_____

* Négation ne, ne... pas: mettez οὐ devant une consonne, οὐκ devant une voyelle.

Père, donne moi les pourceaux.

Personne l'envoya aux champs.

Personne s'attacha à lui.

Personne eut été heureux de faire paître des pourceaux.

Il donnait lui-même des pourceaux à son père.

Vivant crapuleusement il émigra aux champs.

Personne lui donnait une partie de sa fortune.

Personne donnait au père, et lui-même commençait à manquer.

Peu de jours après le fils dit : donne-moi deux pourceaux.

Et là vivant crapuleusement, le fils eût été heureux de remplir son estomac.

Le père leur partagea deux pourceaux et la part qui leur revenait des cosses.

Un citoyen de cette contrée eût été heureux de faire paître des pourceaux.

L'homme et son fils mangeaient des pourceaux des citoyens de cette contrée.

Il avait la part de la fortune des citoyens et il dissipa son bien.

Là personne dissipa le bien des citoyens.

Ayant reçu là des pourceaux et la part des cosses qui leur revenait, il envoya deux fils de lui dans les champs des citoyens.

Le plus jeune commençait à faire paître les pourceaux.

Personne donnait au père.

Le père donnait toutes choses à eux.

Dérivés.

Écrouelles. — Police, Politique, Politesse, Polisson, etc. — Agriculture, Agriculteur, Agricole, etc. — Le mot cœlum de κοιλία, cavité.

5ᵉ LEÇON.*

Texte à traduire.

Εἰς ἑαυτὸν δὲ ἐλθών,	En lui-même or étant allé (rentrant),
εἶπε·	il dit :
Πόσοι μίσθιοι	combien de salariés
τοῦ πατρός μου	du père de moi
περισσεύουσιν ἄρτων;	ont en abondance des pains ?

* Voir (2ᵉ partie) la déclinaison de l'article ὁ, ἡ, τὸ, et la première déclinaison grecque. Déclinez ἡ οὐσία, ἡ ἡμέρα, ὁ πολίτης, etc., et observez, en traduisant en grec les phrases, de choisir les cas et les nombres convenables.

ἐγὼ δὲ λιμῷ ἀπόλλυμαι.	moi or (tandis que moi) de faim je meurs.
Ἀναστὰς πορεύσομαι πρὸς τὸν πατέρα μου, καὶ ἐρῶ αὐτῷ·	Levé j'irai vers le père de moi, et je dirai à lui :
Πάτερ, ἥμαρτον εἰς τὸν οὐρανὸν	Père, j'ai péché contre le ciel
καὶ ἐνώπιον σου·	et en face de toi :
καὶ οὐκέτι εἰμὶ ἄξιος κληθῆναι υἱός σου ·	et ne plus suis digne d'être appelé fils de toi :
ποίησόν με ὡς ἕνα τῶν μισθίων σου.	fais moi (traite moi) comme un des salariés de toi.

Questions.

Dans cette extrême misère, que se dit l'enfant prodigue?

Comment se disait-il ces paroles?

Les serviteurs du père manquent-ils de pains?

De quel genre de mort était menacé l'enfant prodigue?

Vers quelle personne prit-il la résolution de se rendre?

Que se proposait-il de dire à son père?

Contre qui l'enfant prodigue confessait-il avoir péché?

De quoi se reconnaissait-il désormais indigne?

Comment voulait-il que son père le traitât?

Phrases à traduire en grec.

Il eût été heureux d'être appelé ton fils.

J'irai vers cette contrée.

J'ai péché contre mon père (le père de moi).

S'étant levé il émigra dans le ciel.

Traite-moi comme un citoyen (un des citoyens).

Père, je meurs de faim en ta présence (en face de toi.)

Combien de pourceaux ont en abondance des cosses.

Donne-moi la part de cosses qui me revient.

Levé j'irai vers l'un de tes serviteurs.

La fortune du citoyen. (Voir aux déclinaisons.)

Donne la fortune au citoyen.

Il dissipa le bien des *deux citoyens*.

Il donnait *aux deux citoyens* la part qui lui revenait de sa fortune.

Un certain citoyen partagea son bien.

Père, ne me traite pas (fais pas) comme l'un des pourceaux de toi ; traite-moi comme un des salariés de toi.

Et après plusieurs jours, le fils eût été heureux de remplir son estomac des pains dont mangeaient les salariés, et l'estomac des salariés des cosses dont mangeaient les pourceaux.

En face des citoyens, le père dit : J'irai dans la contrée des salariés, et rentrant en lui-même, il dit : Je n'irai pas.

Et le fils étant allé vers son père, dit en lui-même : Je n'ai plus péché contre le ciel et en face des citoyens de cette contrée ; je n'irai plus faire paître les pourceaux ; je suis digne de remplir mon estomac de pains comme les salariés de mon père.

J'irai dans les champs de mon père, et je lui dirai : Traite-moi comme un des citoyens de cette contrée ; je ne suis plus le fils de toi vivant crapuleusement.

Dérivés.

Uranie.—Axiome.—Anastase, nom propre.

4ᵉ LEÇON.*

Texte à traduire.

Καὶ ἀναστὰς ἦλθε πρὸς τὸν πατέρα ἑαυτοῦ.	Et levé il alla vers le père de lui.
Ἔτι δὲ αὐτοῦ μακρὰν ἀπέχοντος,	Encore or loin se tenant à l'écart,
εἶδεν αὐτὸν ὁ πατὴρ αὐτοῦ,	vit lui le père de lui,
καὶ ἐσπλαγχνίσθη,	et il fut ému dans ses entrailles,
καὶ δραμὼν ἐπέπεσεν ἐπὶ τὸν τράχηλον αὐτοῦ, καὶ κατεφίλησεν αὐτόν.	et courant il se jeta sur le cou de lui, et embrassa lui.

Questions.

Après s'être levé, que fit l'enfant prodigue ?
Quand son père l'aperçut-il ?
Qui aperçut l'enfant prodigue ?
Quelle impression éprouva le père en revoyant son fils ?

---

* Voir (2ᵉ partie) la deuxième déclinaison grecque, et s'exercer à décliner ὁ ἄνθρωπος, ὁ λιμός, ὁ χοῖρος, τὸ κεράτιον, ὁ τράχηλος, ὁ ἄρτος, ὁ ἀγρός etc.

Quel accueil lui fit-il ?
Quel fut son premier mouvement ?
Que fit le père après s'être jeté au cou de son fils ?

Phrases à traduire en grec.

Le plus jeune fils courant se jeta au cou (sur le cou) du citoyen.

Le cou du pourceau.

En rentrant en lui-même il fut ému dans ses entrailles.

Traite les pourceaux comme les hommes.

Son père leur partagea les cosses.

Ayant épuisé toutes les cosses, une famine survint.

Donne-moi le champ et la fortune de mon père.

Il émigra au loin.

Les citoyens de cette contrée mangeaient des pains et des cosses.

Donne-moi une part de tes cosses (des cosses de toi).

Traite ton fils comme un mercenaire.

Je ne suis plus digne d'être appelé citoyen.

En face d'un citoyen, je lui dirai : Je ne suis plus digne de faire paître des pourceaux.

J'irai vers les champs de mon père.

Les fils d'un citoyen ont des pains en abondance.

Un certain homme vit son fils et l'embrassa.

Son fils commençait à remplir son estomac.

Personne d'eux eût été heureux de remplir son estomac des cosses dont mangeaient les pourceaux.

Il donnait au père la part qui lui revenait de la fortune, et à l'un des citoyens la part qui ne lui revenait pas des cosses.

Levé je dirai à l'un des citoyens : Je suis digne de mon père.

Je ne dirai plus : Mon père, j'ai péché en face de toi.

S'étant levé il alla en courant vers l'un des pourceaux.

Dérivés.

De εἶδε, Vide; Idole.—Hippodrome, Hémérodrome. — Trachée, Trachèle, Trachéotomie, etc.— Κατεφίλησε, il l'embrassa, il le traita en ami (φίλος): Philosophie, Philomèle,—Trisplanchnique etc., etc.

5e LEÇON. *

Texte à traduire.

Εἶπε δὲ αὐτῷ	Dit or à lui
ὁ νεανίας ·	le jeune homme :
Πάτερ, ἥμαρτον	Père, j'ai péché
εἰς τὸν οὐρανόν	contre le ciel
καὶ ἐνώπιόν σου ·	et en face de toi ;
καὶ οὐκέτι εἰμὶ ἄξιος	et plus ne suis digne
κληθῆναι υἱός σου.	d'être appelé fils de toi.
Εἶπε δὲ ὁ πατὴρ	Dit or le père
πρὸς τοὺς δούλους αὐτοῦ ·	à les esclaves de lui :
Ἐξενέγκατε τὴν στολὴν	sortez la tunique
τὴν πρώτην,	la première,
καὶ ἐνδύσατε αὐτόν,	et en revêtez-lui,
καὶ δότε δακτύλιον	et donnez un anneau
εἰς τὴν χεῖρα αὐτοῦ,	dans (pour) la main de lui,
καὶ ὑποδήματα	et des sandales
εἰς τοὺς πόδας.	dans (pour) les pieds.
Καὶ ἐνέγκαντες	Et ayant fait entrer
τὸν μόσχον τὸν σιτευτὸν	le veau le gras
θύσατε · καὶ φαγόντες	tuez : et mangeant
εὐφρανθῶμεν,	que nous nous réjouissions,
ὅτι οὗτος ὁ υἱός μου	parce que celui-ci le fils de moi
νεκρὸς ἦν, καὶ ἀνέζησε ·	mort était, et revint à la vie :
καὶ ἀπολωλὼς ἦν,	et perdu était,
καὶ εὑρέθη.	et fut retrouvé.
Καὶ ἤρξαντο εὐφραίνεσθαι.	Et ils commencèrent à se réjouir.

Questions.

A qui le père donna-t-il ses ordres ?
Que demanda-t-il d'abord à ses serviteurs?
Quelle tunique leur dit-il d'apporter ?
Que mit-il à la main de son fils ?
Où se place un anneau ?
Que donna encore le père à son fils ?
A quoi servent des sandales ?
Quel animal le père fit-il tuer pour le festin ?
Quel veau ordonna-t-il que l'on choisît ?
Dans quelle intention le père fit-il tuer le veau gras ?
De quoi se réjouissait le père ?

* Faire décliner à l'élève, au moyen du tableau de la première déclinaison, ὁ νεανίας; ἡ στολή. (V. IIe partie.)

Quand les serviteurs tuèrent-ils le veau gras ?
Comment en ce temps-là les hommes se réjouissaient-ils ?
Pour ressusciter comment faut-il être ?
Pour être retrouvé comment faut-il être ?
Le veau gras tué, que firent le père et les serviteurs ?
Dans les champs donnait-on des habits à l'enfant prodigue ?
Lui donnait-on des souliers ?

Phrases à traduire en grec.

Le père * de lui se tenant à distance, le fils ne fut pas ému, et il n'alla pas vers son père ; il ne se jeta pas à son cou, et il ne l'embrassa pas.

S'étant levé, il alla vers un des serviteurs de son père, et courant il se jeta à son cou.

Là, les citoyens n'ont pas des pains en abondance.

Le fils dit : je meurs ; et après peu de jours étant allé dans le ciel, il embrassa son père.

Là, personne ne donnait des pains aux pourceaux.

J'irai vers un des citoyens et lui dirai : j'ai péché.

Les pourceaux des citoyens ont des cosses en abondance.

Le plus jeune des citoyens étant parti sur ses pas (κατὰ πόδας), s'attacha au père, et lui dit : traite-moi comme un de tes salariés ; et le père fut ému, et lui dit : mes salariés n'ont pas des pains en abondance, et moi je meurs de faim.

Le fils vivant crapuleusement donnait à l'un des citoyens les pourceaux de son père.

Le père de moi dit au fils de toi.

Cet homme fut ému de ce que son fils était mort.

Dans cette région là, ils commençaient à être appelés les esclaves des hommes.

Son père l'envoya faire paître le veau gras.

Il commençait à remplir son estomac avec (de**) le cou du veau.

Tuez des veaux pour des souliers.

Sortez des cosses au veau gras.

Les fils des citoyens commençaient à faire bonne chère.

Tuez un veau pour son estomac.

* Génitif.
** ἀπὸ suivi d'un génitif, ex : ἀπὸ τῶν κερατίων.

Dérivés.

Étole.—Prote, protocole, protase, *protomartyr*, etc. — Dattes, dactyle, etc.—*Chiragre*, *chirographaire*, chiromancie, chirurgie; déchirer, etc.—*Pedes*; pieds; podagre, polypodes. — Enduire.— Anthropophages, etc.— Moschus, nom propre.— *Nécromancie*, nécrologe, nécrologie, nécrose, Nécropolis, etc.

6ᵉ LECON.

Texte à traduire.

Ἦν δὲ ὁ υἱὸς αὐτοῦ	Etait or le fils de lui
ὁ πρεσβύτερος,	le plus âgé
ἐν ἀγρῷ·	dans un champ;
καὶ ὡς ἐρχόμενος	et comme venant
ἤγγισε τῇ οἰκίᾳ,	il s'approcha à la maison,
ἤκουσε συμφωνίας	il entendit de la symphonie
καὶ χορῶν,	et des danses.
Καὶ προσκαλεσάμενος	Et ayant appelé à lui
ἕνα τῶν παίδων,	un des enfans (serviteurs),
ἐπυνθάνετο	il s'informa
τί εἴη ταῦτα.	quelle chose pouvait être cela.
Ὁ δὲ εἶπεν αὐτῷ·	Celui-ci dit à lui:
Ὅτι ὁ ἀδελφός σου ἥκει·	c'est que le frère de toi est venu,
καὶ ὁ πατήρ σου	et le père de toi
ἔθυσε	tua
τὸν μόσχον	le veau
τὸν σιτευτόν,	le gras,
ὅτι ὑγιαίνοντα αὐτὸν	parce que bien portant lui,
ἀπέλαβεν.	il recouvra.
Ὠργίσθη δὲ,	Il fut irrité or,
καὶ οὐκ ἤθελεν	et ne voulut pas
εἰσελθεῖν.	entrer.
Ὁ οὖν πατὴρ αὐτοῦ	Le donc père de lui
ἐξελθὼν παρεκάλει αὐτόν.	sortant pria lui.

Questions.

Où était pendant ce temps-là le frère aîné?
Lequel des deux fils était absent?
Que fit l'aîné à son retour?
Qu'entendit-il?

Quand entendit-il de la musique et des danses?
Qui appela-t-il?
Que demandait-il à ce serviteur?
Quelle nouvelle lui apprend-on?
Pourquoi le père a-t-il tué le veau gras?
Quel sentiment éprouva l'aîné à cette nouvelle?
Entra-t-il dans la maison paternelle?
Où était en ce moment l'enfant prodigue?

Phrases à traduire en grec.

Donne le veau à l'enfant.
Le père revenant s'approcha de la maison, et entendit la musique des veaux dans le champ.
Le fils aîné ne voulait pas être appelé un enfant.
Le père envoya dans * la maison le frère aîné et embrassa le plus jeune.
L'enfant était dans la maison.
Un homme s'attacha aux fils de ses frères.
L'aîné n'émigra pas et ne dissipa pas sa fortune; il n'était pas digne d'être appelé le frère du plus jeune fils.
Le frère aîné demanda ce que pouvait être ce frère.
A la maison les veaux commençaient à manquer.
Le veau gras était perdu et a été retrouvé.
Le plus jeune était encore un enfant.
Donnez des anneaux aux enfans et aux esclaves du père.
Personne est venu faire paître mes pourceaux.
Le père ne tua pas le veau, parce qu'il ne l'a pas recouvré gras.
L'enfant était perdu; il n'était pas mort.
Le plus jeune frère ayant appelé un des salariés, lui dit: donne moi des pains, je meurs de faim.
Les esclaves ayant fait entrer le pourceau, le veau gras ne voulait pas entrer.

Dérivés.

Presbyte, presbytie, prêtres, presbytère.—Économie, économiser, etc. — Écouter, acoustique, etc.— Symphonie, symphoniste.—Calendes de καλέω, j'appelle.—Pédagogue, pédant, page, etc.— Orgueil.— Hygiène, hygiénique, etc.

---

* Voir (deuxième partie) la troisième déclinaison; déclinez ὁ et ἡ παῖς; τοῦ et τῆς παιδός; τὸ ὑπόδημα, τοῦ ὑποδήματος, etc.

* Quand il y a mouvement, dans s'exprime par εἰς avec l'accusatif, εἰς τοὺς ἀγρούς. Dans le cas contraire, par ἐν avec le datif, ἐν ἀγρῷ.

7ᵉ LEÇON. *

Texte à traduire.

Ὁ δὲ ἀποκριθεὶς εἶπε	Celui-ci ayant répondu dit
τῷ πατρί·	au père :
ἰδοῦ, τοσαῦτα ἔτη	voilà que, tant d'années
δουλεύω σοι,	je sers à toi,
καὶ οὐδέποτε	et jamais
ἐντολήν σου παρῆλθον·	ordre de toi je transgressai :
καὶ ἐμοὶ οὐδέποτε	et à moi jamais
ἔδωκας ἔριφον,	tu donnas un chevreau,
ἵνα μετὰ τῶν φίλων μου	afin que avec les amis de moi
εὐφρανθῶ· ὅτε δὲ	je me réjouisse : tandis que or
ὁ υἱός σου οὗτος,	le fils de toi celui-ci,
ὁ καταφαγών σου τὸν βίον	le ayant mangé de toi le bien
μετὰ πορνῶν, ἦλθεν,	avec des prostituées, revint,
ἔθυσας αὐτῷ	tu tuas à lui
τὸν μόσχον τὸν σιτευτόν.	le veau le gras.
Ὁ δὲ εἶπεν αὐτῷ·	Celui-ci dit à lui :
τέκνον, σὺ πάντοτε	Enfant, toi toujours
μετ' ἐμοῦ εἶ,	avec moi tu es,
καὶ πάντα τὰ ἐμά,	et toutes choses les miennes,
σά ἐστιν. Εὐφρανθῆναι δὲ	tiennes est **. Se réjouir or
καὶ χαρῆναι ἔδει,	et faire bonne chère il fallait,
ὅτι ὁ ἀδελφός σου οὗτός	parce que le frère de toi celui-ci
νεκρὸς ἦν καὶ ἀνέζησε,	mort était et revint à la vie),
καὶ ἀπολωλὼς ἦν,	et perdu était,
καὶ εὑρέθη.	et fut retrouvé.

Phrases à traduire en grec.

Le père partagea aux citoyens les anneaux et les tuniques, et il partagea aux serviteurs les pourceaux et les chevreaux.

Jamais tu as à moi donné la robe d'un enfant.

Tuez mon serviteur, dit le frère aîné; il n'est pas digne d'être appelé mon salarié.

Je sers à mon père et aux hommes.

Un citoyen envoya vers le père du jeune homme des anneaux et une tunique.

Le fils ne vivant plus crapuleusement commençait à faire bonne chère, et après plusieurs jours, il devint gras comme le veau.

Le père fut ému, parce que son fils n'avait pas de sandales à ses pieds.

Les habitans de cette contrée étaient * des esclaves.

Donne-moi un ordre, des ordres.

Combien de citoyens n'ont pas en abondance des tuniques et des sandales !

Vivant crapuleusement, dit le fils, j'ai péché contre le ciel, et en face de mon père, de mon frère, des serviteurs, des enfans et des citoyens de cette contrée là.

Je ne sors plus d'ici (je ne suis plus sortant).

Il leur partagea les esclaves.

Il s'approcha de la maison avec de la musique et des danses.

Il m'envoya aux champs avec mes amis.

Le père fut irrité et dit à son fils : je ne suis plus esclave.

Traite le chevreau comme le veau.

Un esclave tua l'enfant dans le champ de son père.

Jamais tu ne donnas des ordres à mes enfans.

Le jeune homme s'informa de ce que pouvaient être les cosses et les sandales.

Il fallait entrer dans la maison, lui dit le frère; il fallait faire festin et remplir ton estomac d'une partie du veau gras.

Le serviteur fut irrité et dit au plus jeune fils : en mangeant avec des prostituées la part qui te revenait, tu tuas ton père.

Il dit : tuez le pourceau, le veau et le chevreau. Un esclave tua le pourceau, etc., et partagea le veau aux mercenaires. Et ils commencèrent à faire festin et à se remplir l'estomac.

---

* Voir deuxième partie, les déclinaisons contractes de τὸ μέρος; et de τὸ κέρας, la corne, d'où vient le mot κεράτιον, petite corne, cosse. Voir la déclinaison de ὁ πατήρ.

** Lorsque le sujet du verbe est un nom neutre, le verbe se met souvent au singulier en grec : πάντα τὰ ἐμά, σά ἐστι, est.

---

* ἦν comme pour était.

Ayant appelé son père, le plus jeune dit: Père, je suis dans ta maison; rends-moi gras et bien portant.

Le pourceau gras en courant aux (dans les) champs, ne voulut pas entrer dans la maison et se jeta dans les pieds du père.

Réjouissons-nous, parce que la famine n'est pas survenue, et parce que mon fils, mes serviteurs et mes pourceaux ont des pains et des cosses en abondance.

Le pourceau dit au veau gras : frère, toutes les cosses qui sont miennes sont tiennes.

Le chevreau dit au pourceau : donne-moi des cosses, afin que je me réjouisse avec le veau gras.

Le veau ayant mangé les cosses du pourceau, celui-ci lui sauta à la gorge et le tua.

Enfant, tu es toujours ayant mangé.

J'ai transgressé les ordres de mon père.

Mon père avait tout ce qui m'appartenait (toutes choses les miennes).

Il fallait se réjouir, parce que dans les champs, le serviteur donnait des cosses aux pourceaux, et donnait, dans la maison, des pains et des sandales aux salariés.

Dans la contrée lointaine, les hommes mangeaient les morts.

Dérivés.

Anthropophages. — Pornographe. — Tuer. — Philadelphie. — Nécromancie, Nécrologie, etc.

8e LEÇON. *

Texte à traduire.

Γεωργὸς καὶ Παῖδες αὐτοῦ.	LE LABOUREUR ET LES ENFANS DE LUI.
Γεωργός τις, μέλλων καταλύειν τὸν βίον,	Laboureur un certain devant terminer la vie,

καὶ βουλόμενος	et voulant
τοὺς ἑαυτοῦ παῖδας	les de lui-même enfan
πεῖραν λαβεῖν	épreuve prendre
τῆς γεωργίας,	de l'agriculture,
προσκαλεσάμενος αὐτοὺς	ayant appelé à lui eux
ἔφη · Παῖδες ἐμοί,	dit : Enfans miens,
ἐγὼ μὲν ἤδη	moi à la vérité déjà
τὸν βίον ὑπέξειμι,	la vie je quitte;
ὑμεῖς δ' ἅπερ	vous mais les choses qu
ἐν τῇ ἀμπέλῳ	dans la vigne
μοι κέκρυπται,	par moi a été cachée,
ζητήσαντες εὑρήσετε πάντα.	ayant cherché vou trouverez toutes.
Οἱ μὲν οὖν οἰηθέντες	Les (enfans) à la verit donc pensant
θησαυρὸν ἐκεῖ που	un trésor là quelqu part
κατορωρύχθαι,	avoir été enfoui,
πᾶσαν τὴν τῆς ἀμπέλου γῆν,	toute la de la vign terre,
μετὰ τὴν ἀποβίωσιν τοῦ πατρός, κατέσκαψαν,	après la mort du père, bêchèrent,
καὶ θησαυρῷ μὲν	et (sur) un trésor à l vérité
οὗ περιέτυχον,	ils ne tombèrent pas sur,
ἡ δέ ἄμπελος καλῶς σκαφεῖσα, πολλαπλασίονα τὸν καρπὸν ἀνέδωκεν.	la du moins vigne bien bêchée, plus abondant le fruit rendit.

Ἐπιμύθιον.	Affabulation.
Ὁ μῦθος δηλοῖ,	La fable montre
ὅτι ὁ κάματος	que le travail
θησαυρός ἐστι	trésor est
τοῖς ἀνθρώποις.	aux hommes.

Questions.

Qui était à la veille de mourir?

Dans quelle situation se trouvait certain laboureur?

Quel était le désir de cet homme?

Que doit faire un fils de laboureur?

Comment se nomme l'art du laboureur ?

Le laboureur, à l'approche de la mort, est-il ému?

Comment, à l'entendre, ses enfans devaient-ils trouver un trésor?

Où devaient-ils trouver ce trésor?

Que devaient trouver dans la vigne les enfans du laboureur?

Quelle fut la pensée des enfans?

* Voir (deuxième partie) quelle est la valeur de l'accentuation grecque, et quels sont les signes de la ponctuation. Déclinez μακρός, ά, όν; νεκρός, ά, όν; σπεντός, ή, όν; πᾶς, πᾶσα, πᾶν; πολύς, πολλή, πολύ; les noms de nombre, pronoms démonstratifs, personnels, possessifs, relatifs ὅς, ἥ, ὅ, indéterminés, etc. Ces divers exercices de grammaire prennent, à mes Cours, environ trois leçons. L'élève doit s'exercer à la *traduction alternative* des substantifs, adjectifs, pronoms, etc.,

Que firent-ils pour découvrir ce prétendu résor?

Quand bêchèrent-ils la vigne paternelle?

N'en bêchèrent-ils qu'une partie?

Trouvèrent-ils le trésor?

Mais qu'obtinrent-ils en définitif?

Que rend une vigne chaque année?

Que rend une vigne bien cultivée?

Pour rendre beaucoup de fruits comment doit être une vigne?

Que prouve cette fable?

Qu'est le travail pour les hommes?

Quel trésor est-il donné à tout homme de se procurer?

Phrases à traduire en grec.

Les esclaves de ce laboureur ayant bien cherché ne trouvèrent pas (ne tombèrent pas sur) le trésor.

Un laboureur a des veaux, des chevreaux, des pourceaux, des champs, des vignes, des salariés, des esclaves; ce sont là ses trésors (ces choses est de lui-même les trésors).

Après la mort du père, le plus jeune fils en voulant s'exercer à l'agriculture (épreuve prendre de l'agriculture), dissipa toute sa fortune.

L'aîné a la part qui lui revenait de la vigne.

Devant faire paître des pourceaux et s'exercer dans l'agriculture, le plus jeune enfant eût désiré cesser de vivre.

Le laboureur, à la veille de mourir (devant terminer la vie), envoya ses enfans dans les champs s'exercer à l'agriculture.

Un certain homme ayant convoqué (appelé à lui) tous les laboureurs du pays, leur dit: Mes amis, réjouissons-nous, parce que mon fils a recouvré ses chevreaux, ses veaux et toute sa fortune, et il les invita à faire festin.

J'ai caché (a été caché par moi) ma fortune dans un champ; en la cherchant bien vous la trouverez.

Un laboureur invita tous les citoyens du pays et leur dit: Ce jeune homme là est le fils d'un de mes amis; donnez-lui des champs, des vignes, des esclaves, et vous trouverez en lui un trésor.

Les salariés pensant que l'anneau avait été enfoui quelque part, et voulant faire épreuve de la terre de la vigne, la bêchèrent toute, et après deux jours, ils ne tombèrent pas à la vérité sur l'anneau; ils tombèrent sur le soulier du laboureur; et l'un d'eux dit: Ce soulier-là n'est pas un trésor!

Dans la maison du laboureur, les salariés, les esclaves et leurs enfans ont en abondance des pains, des fruits, des tuniques, des sandales, et la part qui leur revient des veaux, des pourceaux et des chevreaux.

Le plus jeune fils revenant, vit son père et fut ému; il vit son frère aîné et fut irrité; il vit le laboureur et il se jeta à son cou; il vit les enfans de lui et les embrassa; il vit les cochons et il leur donna des cosses; il vit le trésor et il eût été heureux d'entrer dans la maison, et son père ne voulut pas; il vit les chevreaux et il eût été heureux de les faire paître; il vit l'un des esclaves et lui dit: Donne-moi la main; il vit le ciel et dit: J'ai péché.

Les enfans ayant cherché du fruit dans la tunique de l'esclave, trouvèrent un soulier, et dans ce soulier un anneau. Cet anneau, dit l'aîné, est l'anneau de notre père; l'esclave l'a tué dans la vigne du laboureur. Le premier des citoyens ayant appelé à lui l'esclave, lui dit: Tu as tué un homme... un homme considérable de cette contrée, un homme gras et bien portant, vivant bien et mangeant sa fortune avec moi. Pourquoi (*) l'as-tu tué? Voilà ta tunique; dans cette tunique un anneau perdu a été retrouvé. L'esclave fut ému et se jeta aux pieds du citoyen. Et celui-ci s'étant levé, dit: Tuez cet esclave, il n'est pas digne d'être appelé homme.

Dérivés.

Géorgique, George. — *Solution*, solvere. — *Volo*, voulant — *Cryptes*, cryptogames. — *Thesaurus*, trésor, — *Géographie*, géodésie, géologie, etc. — *Mythe*, Mythologie, etc., etc.

9e LEÇON**.

Texte à traduire.

| Κύρου ἡ παιδεία. | De Cyrus l'éducation. |
| Ὁ Κῦρος μὲν δὴ λέγεται | Le Cyrus d'un côté certes est dit |

* Διὰ τί. Voyez τίς interrogatif.
** Voir 2e partie comment se forment en grec les comparatifs et les superlatifs; étudier les noms de nombre, cardinaux et ordinaux; s'exercer à décliner εἷς, μία, ἕν; τρεῖς, τρία, etc.; en faire la traduction alternative. Voir la déclinaison de ὁ βασιλεύς.

γενέσθαι πατρὸς Καμ-
βύσου
βασιλέως Περσῶν·
(ὁ δὲ οὗτος Καμβύσης
ἦν γένους τοῦ Περσειδῶν.

οἱ δὲ Περσεῖδαι κληίζον-
ται
ἀπὸ Περσέως) ὁμολε-
γεῖται δὲ γενέσθαι

μητρὸς Μανδάνης·

ἡ δὲ αὕτη Μανδάνη
ἦν θυγάτηρ Ἀστυάγους,
τοῦ γενομένου
βασιλέως Μήδων.
Ὁ δὲ Κῦρος λέγεται,
καὶ ᾄδεται ἔτι καὶ νῦν

ὑπὸ τῶν βαρβάρων,
φῦναι * εἶδος μὲν κάλ-
λιστος,
ψυχὴν δὲ φιλανθρωπότα-
τος,
καὶ φιλομαθέστατος,
καὶ φιλοτιμότατος,

ὥστε μὲν ἀνατλῆναι
πάντα πόνον,
ὑπομεῖναι δὲ
πάντα κίνδυνον
ἕνεκα** τοῦ ἐπαινεῖσθαι.

être issu d'un père
(nommé) Cambyse
roi des Perses :
(et le ce Cambyse
était de race de la des
Perséides :
et les Perséides sont
appelés
de Persée) et il est dit
semblablement être
issu
d'une mère (nommée)
Mandane.
La or cette Mandane
était fille d'Astyage
le devenu
roi des Mèdes.
Et le Cyrus est dit,
et est chanté encore et
maintenant
par les barbares,
avoir été (quant à) la
forme très beau,
et (quant à) l'âme très
humain,
et très ami de l'étude,
et très ami des dis-
tinctions,
au point de supporter
tout travail,
et de soutenir
tout danger,
en vue d'être loué.

Questions.

Que signifie le mot *Cyropédie* ?
De qui Cyrus était-il fils ?
Quel était le rang de Cambyse ?
Comment s'appelait la mère de Cyrus ?
De qui était-elle fille ?
Quel était le rang d'Astyage ?
De qui descendait Cambyse ?
D'où vient le nom de Perséides ?
Comment Cyrus était-il au physique ?
Quelles étaient ses qualités morales ?
Était-il humain ?
Aimait-il l'étude ?
Était-il sensible à la louange ?

Jusqu'à quel point aimait-il à être loué ?
Qu'aurait affronté Cyrus pour mériter la louange ?
Qu'eût-il entrepris dans ce même but ?

Phrases à traduire en grec.

Vous trouverez des fruits dans la vigne, des chevreaux dans les champs et des enfans dans la maison.

Cyrus ne voulut pas entrer parce qu'Astyage était mangeant avec ses amis et avec deux citoyens du pays.

Jamais, dit Cyrus à Astyage, je n'ai transgressé tes ordres. Fais-moi ton fils comme je suis le fils de Mandane et de Cambyse.

Cyrus ne devint pas roi des Perses après plusieurs jours ; il le devint après plusieurs années.

Cyrus est venu, réjouissons-nous ; Mandane est avec lui ; elle est digne de lui, il est digne de sa mère.

Astyage étant sur le point de quitter la vie, ayant appelé à lui Cyrus, lui dit : Enfant, tout ce que j'ai t'appartient.

Astyage n'était pas très beau de physionomie, ni très humain par caractère.

Après sa mort, Astyage, roi des Mèdes, n'est plus chanté par les barbares.

Le frère aîné n'est pas très humain.

Mandane était très belle ; la fille d'un roi n'est pas toujours très belle.

Il vit dans la vigne la terre bien bêchée ; dans les champs, les chevreaux bien gras ; dans la maison, des serviteurs nombreux et bien portants, parce qu'ils mangeaient du pain et des fruits.

Les laboureurs tirent leur nom de la terre (les laboureurs sont appelés laboureurs de la, etc.).

Mandane était la mère de Cyrus, devenu roi des Perses, après la mort de Cambyse.

On rapporte que Cyrus étant jeune homme s'exerça à l'agriculture (Cyrus est dit prendre épreuve de l'agriculture).

Une vigne bien bêchée a toujours de nombreux trésors.

Cyrus ayant réuni tous ses trésors, les partagea à Mandane et à ses frères (aux frères d'elle).

Les Perséides sont appelés Perséides, parce qu'ils étaient les fils de Persée.

Ton frère, ne vivant plus crapuleusement, est digne de louange (d'être loué).

---

* Le verbe latin *sum*, *fui*, tire ses temps, le pré-
sent *sum* du futur ἔσομαι, je serai, du verbe εἶναι,
être ; le parfait *fui* du verbe φῦναι, être né.
** Cette préposition se met toujours après son ré-
gime : τοῦ ἐπαινεῖσθαι ἕνεκα.

.:: **Entrer** dans cette maison, c'est affronter un danger.

Mandane avait une très belle âme.

Dérivés.

Élégie.—Généalogie.— Basilique.—Homologuer.—
Fui; Je fus, tu fus, etc.— *Manere.*— Philanthrope.—
Philotime.— Psyché, psycologie.— *Nunc.* — Barbares, etc.

10ᵉ LEÇON.

Texte à traduire.

Διαμνημονεύεται μὲν δὴ ὁ Κῦρος	Est rapporté à la vérité certainement Cyrus
ἔχων τοιαύτην φύσιν τῆς ψυχῆς καὶ τῆς μορφῆς·	ayant une telle nature d'âme et de forme :
ἐπαιδεύθη γε μὴν ἐν νόμοις Περσῶν.	il fut élevé en outre dans les lois des Perses.
Οὗτοι δὲ οἱ νόμοι δοκοῦσιν ἄρχεσθαι ἐπιμελούμενοι τοῦ ἀγαθοῦ κοινοῦ·	ces or les lois paraissent commencer s'inquiétant du bien public :
ἄρχονται γὰρ οὐχ ὁμοίως ταῖς πλείσταις πόλεσιν.	elles commencent car non semblablement (dans) la plupart des cités.
Αἱ μὲν γὰρ πλεῖσται πόλεις	Car d'un côté la plupart des cités
ἀφεῖσαι παιδεύειν τοὺς ἑαυτοῦ παῖδας	permettant d'élever les de lui même enfans
ὅπως τις ἐθέλοι, καὶ αὐτοὺς	comme chacun veut, et même
τοὺς πρεσβυτέρους διάγειν	les plus âgés de vivre
ὅπως ἐθέλουσι, ἐπιτάττουσιν αὐτοῖς	comme ils veulent, elles ordonnent à eux
μὴ κλέπτειν, μὴ ἁρπάζειν,	de ne pas filouter, de ne pas voler,
μὴ παριέναι βίᾳ εἰς οἰκίαν,	de ne pas s'introduire par force dans une maison,
μὴ παίειν ὃν μὴ δίκαιον,	de ne pas frapper celui qu'il n'est pas juste,
μὴ μοιχεύειν, μὴ ἀπειθεῖν ἄρχοντι,	de ne point commettre d'adultère, de ne point désobéir au magistrat,
καὶ τὰ τοιαῦτα τἄλλα ὡσαύτως·	et les semblables autres choses également :
ἢν δὲ τις τούτων παραβαίνῃ τι	Si or quelqu'un de ceux-ci transgresse quelque chose
ἐπέθεσαν ζημίαν αὐτοῖς.	elles ont appliqué une punition à eux.
Οἱ δὲ νόμοι Περσικοὶ προλαβόντες,	Mais les lois de Perse s'y prenant par avance,
ἐπιμέλονται ὅπως οἱ πολῖται	pourvoient à ce que les citoyens
τὴν ἀρχὴν μὴ ἔσονται τοιοῦτοι	dès le commencement ne seront point tels
ὥστε ἐφίεσθαι τινος ἔργου	au point de tenter de quelque action
πονηροῦ ἢ αισχροῦ **.	perverse ou honteuse.

Questions.

Dites ce que l'on raconte de la physionomie de Cyrus et des qualités de son ame?

Comment fut-il élevé?

De quoi s'occupent avant tout les lois de Perse?

Dans les autres cités s'inquiète-t-on également avant tout de l'utilité publique?

Chez les autres peuples, qu'ordonnent les lois relativement à l'éducation des enfans?

Quelle règle de conduite ces mêmes lois prescrivent-elles aux hommes faits?

Que leur défendent-elles uniquement?

Et que font ces lois à celui qui enfreint ces défenses?

Les lois de Perse se bornent-elles aussi à punir le crime?

De quelle sorte d'action Cyrus était-il incapable, grâce à l'éducation qu'il avait reçue?

Quand et à qui les lois appliquent-elles des peines?

A quelle époque est-il plus facile d'arrêter le mal?

---

* Voyez 2ᵉ partie, leçons 13 et 14, la conjugaison du verbe, *voix active*, et en faire la traduction alternative.

* Déclinez, au moyen du tableau : ἡ φύσις, εως se décline comme ἡ πόλις, εως. Voir 2ᵉ partie, leçon 15.
—ἡ ψυχή, ης; — ἡ μορφή, ης; — ὁ νομός, ου; — ὁ Πέρσης, ου; —ἐπιμελούμενος, η, ον; — ἀγαθός, η, ον; —κοινός, η, ον; — πλεῖστος, η, ον; superlatif de πολύς, η, υ; comparatif πλείων, masculin et féminin, πλεῖον, neutre. —Conjuguez sur λύω le verbe παίω ; de même μοιχεύω ; —ὁ ἄρχων, οντός; — ἡ ζημία, ας; — ἡ ἀρχή, ης; — τὸ ἔργον, ου; — πονηρός, α, ον; — αισχρός, α, ον; comparatif αισχίων, superlatif αίσχιστος, etc.—Τοιοῦτος, αὐτή, οὗτο, *tel, telle, tel.*— ἀλλός, η, ο, *autre.*

Phrases à traduire en grec.

Jamais les lois n'appliquèrent de peine à Cyrus devenu plus âgé.

La terre à la vérité ayant été bien bêchée, le trésor ne fut pas retrouvé.

Un certain homme étant près de voler, était s'inquiétant peu des lois et du bien public.

Il n'est pas juste de s'introduire dans une maison et d'y dérober les choses qui y ont été cachées.

Dérober la vigne d'un frère n'est pas prendre épreuve de l'agriculture.

Cyrus vit un laboureur se tenant à l'écart, et l'ayant appelé à lui, il lui donna un grand nombre de champs.

Désobéir aux magistrats, c'est désobéir aux lois.

Dérober, voler, pénétrer de force dans une maison, dans une vigne, désobéir à son père, à sa mère, étant citoyen désobéir aux lois, toutes ces choses-là sont des actions perverses et honteuses.

La mère de Cyrus n'avait pas un grand nombre d'enfans.

Son père Cambyse n'est pas rapporté ayant un nombre d'esclaves.

Dans ce pays-là, tous les jeunes gens ne sont pas très avides de gloire, et tous les hommes plus âgés ne sont pas très humains.

Cet enfant est très avide de s'instruire, parce qu'il a été élevé avec des enfans très avides de s'instruire.

Après la mort du laboureur, le fils aîné ayant appelé à lui les salariés et les esclaves, leur partagea le travail et les envoya dans la vigne.

Frapper injustement est une action lâche.

Désobéir à sa mère est une action perverse.

Le laboureur, à la veille de mourir, ressuscita, et il vit dans la vigne la terre non bêchée.

Il vit dans les cités des enfans courant et des hommes s'inquiétant de leur patrimoine.

Il vit des mères et des filles s'inquiétant de leurs tuniques, de leurs sandales et de leurs anneaux.

Il vit des magistrats ne s'inquiétant pas du bien public.

Il vit des enfans de laboureurs mangeant des fruits dans les champs.

Et le plus jeune fils du laboureur fut élevé de manière à supporter la faim, le travail et le danger.

Dérivés.

Mnémonique. — Anthropomorphite. — Antinomie. — Économie. — Archonte. — Archéologie, etc.

11ᵉ LEÇON*.

Texte à traduire.

Κῦρος * μὲν γὰρ μέχρι δώδεκα ἐτῶν, ἢ ὀλίγῳ πλεῖον**, ταύτῃ τῇ παιδείᾳ ἐπαιδεύθη, καὶ ἐφαίνετο διαφέρων πάντων τῶν ἡλίκων, καὶ εἰς τὸ ταχὺ μανθάνειν ἃ δέοι, καὶ εἰς τὸ ποιεῖν ἕκαστα καλῶς καὶ ἀνδρείως.	Car Cyrus à la vérité jusqu'à douze ans, ou un peu plus, de cette éducation même fut élevé, et se montrait l'emportant sur tous ceux de son âge, et dans le vite apprendre ce qu'il fallait, et dans le faire chaque chose bien et virilement.
Ἐκ δὲ τούτου τοῦ χρόνου Ἀστυάγης μετεπέμψατο τὴν ἑαυτοῦ θυγατέρα, καὶ τὸν παῖδα αὐτῆς· ἰδεῖν γὰρ ἐπεθύμει, ὅτι ἤκουε καλὸν κἀγαθὸν αὐτὸν εἶναι. Ἔρχεται δ' αὐτή τε ἡ Μανδάνη πρὸς τὸν πατέρα, καὶ ἔχουσα τὸν Κῦρον τὸν υἱόν.	Et dès ce même temps Astyage manda à lui même fille, et l'enfant d'elle voir car il désirait, parce qu'il entendait beau et bon lui être. Vient Mandane elle-même vers le père, et ayant Cyrus le fils.

* Remarquez que les noms propres tantôt prennent l'article, et tantôt ne le prennent pas.
** Voyez leçon 15 (IIᵉ partie) la conjugaison des *voix moyenne et passive*, et en faire la *traduction alternative.* — A quel cas est ἐτῶν ? — Déclinez ἡ παιδεία, ας ; — πλεῖον, ονος, masculin et féminin, πλεῖον, neutre. Voir la note de la leçon précédente ; — ὁ ἧλιξ, ικος ; ὁ χρόνος, ου ; — καλῶς et ἀνδρείως, adverbes de manière, formés des adjectifs καλός, η, ον ; ἀνδρεῖος, α, ον ; — ἕκαστος, η, ον ; — τάχιστα superlatif de l'adverbe ταχύ ; — συντεθραμμένος, ου ; τὸ μανθάνειν, τὸ ποιεῖν, infinitifs employés substantivement comme noms neutres. — φιλόστοργος, ου. Racine : ἡ στοργή, ῆς, l'affection des pères pour les enfans, et réciproquement.

Ὡς δὲ ἀφίκετο τάχιστα, — Dès qu'elle fut arrivée très-vite,

καὶ ὁ Κῦρος ἔγνω τὸν Ἀστυάγην — et que Cyrus connut Astyage

τῆς μητρὸς πατέρα ὄντα, — de la mère père étant,

εὐθὺς, οἷα δὴ ὢν παῖς φιλόστοργος — aussitôt, comme certes étant un enfant caressant

φύσει, ἠσπάζετό τε αὐ-τὸν — par nature, et il embrassa lui

ὥσπερ ἂν ἀσπάζοιτο — comme aurait pu l'embrasser

τις πάλαι συντεθραμμέ-νος — quelqu'un autrefois nourri avec lui

καὶ τις πάλαι φιλῶν. — et quelqu'un depuis long-temps de (ses) amis.

Questions.

Jusqu'à quel âge Cyrus participa-t-il à ce genre d'instruction ?

Quelles étaient alors ses dispositions ?

En quoi l'emportait-il sur les jeunes-gens de son âge ?

Comment apprenait-il ce qu'on lui enseignait ?

Comment exécutait-il ce qui lui était prescrit ?

A quel âge Cyrus fut-il mandé près de son grand-père ?

Que fit Astyage lorsque Cyrus eut atteint environ l'âge de douze ans ?

Pourquoi Astyage manda-t-il Cyrus avec sa mère ?

Que disait-on alors de Cyrus ?

Appelée par son père, que fait Mandane ?

Se rend-elle seule près de lui ?

Cyrus tarda-t-il long-temps à embrasser son grand-père ?

Quand l'embrassa-t-il ?

Comment l'embrassa-t-il ?

Phrases à traduire en grec.

L'homme par nature est bon ; il n'est pas toujours beau par nature, et n'est pas toujours bon par éducation.

Le fils aîné, dès qu'il sut son père étant mort, manda près de lui ses frères et leurs enfans, il leur partagea les vignes et les champs, et puis il émigra dans un pays lointain.

Les lois d'une certaine contrée ordonnent aux enfans de voler des chevaux dans les champs, des fruits dans les vignes, des tuniques dans les maisons et d'autres choses semblables également : ces lois ne sont pas des lois justes.

Jamais Cyrus, étant très humain, ne voulut frapper l'esclave d'un citoyen et un enfant plus jeune que lui.

Tous les enfans ne sont pas caressans par nature.

La nature de l'âme de Cyrus montre que l'homme bon est toujours juste.

Les lois du ciel ordonnent aux citoyens de ne point frapper les esclaves.

Les lois de la nature ordonnent aux enfans de ne point désobéir à leur père.

Tous les magistrats ne sont pas s'occupant du bien public ; la plupart sont très amis des distinctions.

Il est beau quant au physique, mais non par l'âme.

Cet enfant, très ami de l'étude, est un trésor pour son père, pour sa mère, pour ses frères et ses amis.

Donnez à cet enfant un peu plus de pain.

Dès que le père fut arrivé en courant, parce qu'il désirait voir dans la contrée, les champs et les vignes dans lesquels il fut élevé, il fut ému et il embrassa la terre, cette mère de tous les hommes.

Cyrus, étant enfant, vint chez sa mère, ayant une belle tunique, un bel anneau et de belles sandales.

Cet homme est reconnu être (étant) bon, juste et caressant ; et pensant que tous les hommes sont frères, il ne voulut jamais frapper un salarié. Après sa mort toute la ville fut émue.

Battre un esclave, voler des fruits, élever crapuleusement ses enfans ; désobéir aux lois, à son père, à sa mère, aux magistrats, aux plus âgés de la contrée ; faire paître ses chevaux dans les champs d'un ami ; entrer de force dans la maison d'un homme quelconque ; ne pas supporter le travail, le danger ; toutes ces choses ne sont ni belles, ni bonnes, ni dignes, mais sont des actions perverses et honteuses.

Dérivés.

Oligarchie. — Phénomène. — Différent. — Caste.
— Tachygraphie. — Chronique, chronomètre, Chronologie, — Paléographie, etc. — Agathe, etc.

12ᵉ LEÇON. *

Texte à traduire.

Καὶ ὁ Κῦρος ὁρῶν τὸν πάππον	Et Cyrus voyant (son) grand-père
κεκοσμημένον καὶ ὑπογραφῇ ὀφθαλμῶν,	paré et par peinture des yeux
καὶ ἐντρίψει χρώματος,	et par application de fard,
καὶ κόμαις προσθέτοις,	et par chevelures postiches,
ἃ δὴ ἦν νόμιμα ἐν Μήδοις, (ταῦτα γὰρ πάντα ἐστί Μηδικά, καὶ οἱ χιτῶνες	qui certes étaient usitées chez les Mèdes (car ces toutes choses sont Médiques, ainsi que les tuniques
καὶ οἱ κάνδυες πορφυροὶ,	et les manteaux de pourpre,
καὶ οἱ στρεπτοὶ περὶ τῇ δέρῃ,	et les cercles autour du cou,
καὶ τὰ ψέλλια περὶ ταῖν χεροῖν ·	et les bracelets autour des deux mains :
ἐν Πέρσαις δε τοῖς οἴκοι,	chez les Perses or les dans leur pays,
καὶ νῦν ἔτι ἐσθῆτες πολὺ φαυλότεραι	et maintenant encore les vêtemens (sont) beaucoup plus grossiers
καὶ δίαιται εὐτελέστεραι) ὁρῶν δὴ τὸν κόσμον τοῦ πάππου,	et les mets plus simples) voyant donc la parure du grand-père,
ἐμβλέπων αὐτῷ, ἔλεγεν·	portant les yeux sur lui, il dit :
ὦ μῆτερ, ὡς καλός μοι (δοκεῖ) ὁ πάππος!	ô mère, comme beau me (semble) le grand-père!
Τῆς μητρὸς ἐρωτώσης αὐτὸν, πότερος δοκεῖ αὐτῷ εἶναι	La mère, ayant interrogé lui, lequel semble à lui être
καλλίων, ὁ πατήρ, ἢ οὗτος;	plus beau, le père, ou celui-ci ?
ἀπεκρίνατο ἄρα ὁ Κῦρος,	répondit donc Cyrus,
ὦ Μῆτερ, Περσῶν μὲν	ô mère, des Perses à la vérité
ὁ ἐμὸς πατήρ πολὺ κάλλιστος·	le mien père (est) de beaucoup le plus beau :
Μήδων μέντοι, ὅσων ἐγὼ ἑώρακα καὶ ἐν ταῖς ὁδοῖς,	mais des Mèdes, de tous ceux que moi j'ai vus et dans les chemins,
καὶ ἐπὶ θύραις, οὗτος ὁ ἐμὸς πάππος	et sur les portes, celui-ci le mien grand-père,
πολὺ κάλλιστος.	(est) de beaucoup le plus beau.

* Voir 2ᵉ partie les exercices sur les trois voix, leçons 15, 16 et 17. Déclinez : ἡ ὑπογραφή, ῆς; — ὁ ὀφθαλμὸς, οῦ; — ἡ ἐντρίψις, εως comme πολὶς, εως; — τὸ χρῶμα, ατος; — ἡ κόμη, ης; — προσθέτος, ου, masculin et féminin. — Νόμιμος, η, ον, formé de νόμος, loi, coutume, usage; — ὁ Μῆδος, ου; — ἐσθής, ῆτος; — Μηδικός, η, ον; ὁ χιτών, ῶνος; — ὁ Κάνδυς, υος; vocatif κάνδυ; accusatif singulier τὸν κάνδυν. Les noms en εος, génitif υος, font les contractions du pluriel en ῦς; κανδύες, κανδῦς; κανδύας, κανδῦς. C'est à l'imitation de ces mots que les Latins ont formé leur 4ᵉ déclinaison. — Πορφυρεὸς, α, ον, contractés en πορφυροῦς, ῆ, οῦν. Nominatif masculin pluriel πορφυρεὸς, οἵ; — τὸ ψέλλιον, ου; — ὁ στρεπτὸς, οῦ; — ἡ δέρη, ης; — ἡ χείρ, ὸς, ἱ, α. Pl. ες, ῶν. Datif χερσὶ, χεῖρας. D. χεῖρε, οῖν. On dit aussi : χερός, ί, etc.; au duel χερέ, οῖν; — φαυλός, masculin et féminin; comparatif : φαυλότερος, α, ον; — Εὐτελής, frugal; G. εὐτελέος, οῦς. D. εὐτελεῖ, ει. Acc. εὐτελέα, η. Pluriel, n., v., acc. εες, εις. G. εων, ῶν; D. εσι. Duel εε, εοιν, οῖν. Comparatif εὐτελέστερος, α, ον; — ὁ κόσμος, ου; — καλλίων, comparatif de καλὸς; — ἡ ὁδὸς, ου; — ἡ θύρα, ας, etc., ὁ Πέρσης, le Perse, fait au vocatif Πέρσα ; G. τοῦ Πέρσου, etc.

Questions.

Dans quel état se trouvait Astyage quand Cyrus lui fut présenté ?
Comment était-il paré ?
En quoi consistent les modes de la Médie ?
Comment sont les tuniques des Mèdes ?
Quelle chevelure portent-ils ?
Que portent-ils d'artificiel ?
Que se mettent-ils sur les joues ?
Par quel moyen font-ils paraître leurs yeux plus grands ?
Que portent-ils autour du cou ?
Où se porte un collier ?
Qu'ont-ils aux mains ?
Où portent-ils des bracelets ?
Pourquoi Astyage avait-il le visage fardé, les yeux peints, etc. ?
Les Perses ont-ils de semblables usages ?
Comment sont, en général, les vêtemens et les festins des Perses ?

Les Perses avaient-ils encore cette simplicité au temps de Xénophon ?

Chez quels Perses cette simplicité du costume était-elle encore plus grossière ?

Que remarque, au premier coup d'œil, Cyrus en voyant son grand-père ?

Que dit-il en l'apercevant ?

Comment s'aperçut-il de sa parure ?

Quelle question fit Mandane à Cyrus ?

Que répondit Cyrus ?

Où Cyrus avait-il, jusqu'alors, pu voir des Mèdes ?

Phrases à traduire en grec.

J'élève mon fils dans cette instruction.

J'élèverai ma fille dans les usages de la contrée ?

J'élevai cet enfant jusqu'à l'âge de sept ans.

J'ai frappé cet esclave, parce qu'il voulait me frapper.

Je frappais alors celui qu'il n'était pas juste de frapper.

Cambyse *avait élevé* beaucoup d'enfans conformément aux (dans les) lois des Perses.

Les Mèdes ont fait l'éducation des (*ont élevé* les) Perses.

Cyrus désirait beaucoup voir son grand-père paré, parce qu'il entendait (dire) lui être beau (par) ses colliers et ses bracelets, par la peinture de ses yeux, et par l'application du fard.

S'étant levé, Cyrus vint voir son père et l'embrassa.

Celui-ci fut ému et dit à l'enfant : tu es bon, beau et caressant ; après ma mort tu seras roi des Mèdes.

Et le roi dit à ses serviteurs : Sortez la plus belle tunique et en revêtez Cyrus ; donnez-lui un cercle pour son col, des anneaux et des bracelets pour ses deux mains.

Et les esclaves en courant, commençaient à se réjouir de ce que le roi avait un enfant aussi beau que bon, et qui l'emportait sur tous ceux de son âge.

Ce trésor, dit le roi à ses amis, a été à la vérité caché en Perse, mais je l'ai (*) maintenant.

---

* Ἔχω, j'ai ; ἔχεις, tu as, etc. Imparfait, εἶχον, ες ε ;
Ex. : *ἄνθρωπος τις εἶχε*, etc.

Et voulant éprouver (prendre épreuve de) son instruction, il lui demanda ce que pouvaient être les lois en Perse. A toutes ces choses, Cyrus répondit bien et virilement.

J'ai vu en Perse (dans les Perses) beaucoup d'habits grossiers, et en Médie (dans les Mèdes) beaucoup de tuniques et de manteaux de pourpre.

En Médie les magistrats s'inquiètent de leurs perruques et de leurs manteaux ; en Perse, ils sont s'inquiétant du bien public.

En Perse et en Médie j'ai vu beaucoup d'enfans sur les portes et dans les chemins.

Mandane ayant demandé à Cyrus lequel des deux était le plus beau, ou un manteau ou une tunique, Cyrus lui répondit en jetant les yeux sur elle et sur lui : Donne-moi le manteau et aussi la tunique.

La parure de Mandane est plus belle que celle d'Astyage.

Dérivés.

Ophthalmie.—Géographe.— Chrôme.—Comète.— Porphyre.— Le mot latin *vestis*.—Diète.— Diorama, Panorama, Géorama, etc. — Cosmétique. — Microcosme.—Dogme, etc.

15ᵉ LEÇON *.

Texte à traduire.

Ὁ Ἀστυάγης ἀντασπα-ζόμενος αὐτόν,	Astyage ayant embrassé à son tour lui,
καὶ ἐνέδυσε καλὴν στο-λὴν,	et (lui) revêtit une belle tunique,
καὶ ἐτίμα καὶ ἐκόσμει στρεπτοῖς καὶ ψελλίοις·	et le para et l'orna de colliers et de bracelets :
καὶ εἴ που ἐξελαύνοῖ,	Et si quelque part il allait,
περιῆγεν αὐτόν ἐφ' ἵπ-που χρυσοχαλίνου,	il promenait lui sur un cheval au frein d'or
ὥσπερ καὶ αὐτος εἰώθει	comme et lui-même avait coutume
πορεύεσθαι. Ὁ δὲ Κῦ-ρος,	d'aller. Or Cyrus,
ἅτε παῖς ὢν καὶ φιλόκα-λος	comme enfant étant et ami du beau,
καὶ φιλότιμος	et ami des distinctions

---

* Voir IIᵉ partie, leçon 17, la Revue grammaticale.

ἤδετο τῇ στολῇ	était charmé de sa tunique :
καὶ μανθάνων ἱππεύειν,	Et apprenant à monter à cheval
ὑπερέχαιρεν· ἐν Πέρσαις γὰρ,	il était ravi : car chez les Perses
διὰ τὸ εἶναι χαλεπὸν	à raison du être difficile
καὶ τρέφειν ἵππους	et de nourrir des chevaux
καὶ ἱππεύειν,	et de monter à cheval,
ἐν ὀρεινῇ οὔσῃ τῇ χώρᾳ,	dans une montagneuse étant la contrée,
καὶ ἰδεῖν ἵππον	même voir un cheval
πάνυ σπάνιον ἦν *.	tout-à-fait rare était.

Questions.

De quel costume Astyage fit-il revêtir Cyrus ?

De quels bijoux le fit-il parer ?

Comment se faisait-il accompagner de Cyrus ?

Sur quel cheval Cyrus était-il monté dans ses promenades avec Astyage ?

Quand Astyage se faisait-il accompagner de Cyrus ?

Comment Astyage avait-il coutume de faire route lui-même ?

A quoi Cyrus prenait-il grand plaisir ?

Que fit à Cyrus le don d'une tunique ?

Pourquoi avait-il tant de plaisir à contempler sa tunique ?

Quelle chose surtout le transportait de joie ?

L'équitation était-elle un grand plaisir pour Cyrus ?

Pourquoi éprouvait-il un si grand plaisir à monter à cheval ?

En Perse, est-il facile de monter à cheval ?

Est-il facile de nourrir des chevaux dans ce pays ?

Pourquoi est-il difficile, en Perse, d'avoir des chevaux et de monter à cheval ?

Voit-on même souvent des chevaux en Perse ?

La Perse est-elle une contrée éloignée de la Médie ?

Qui était alors roi de Perse ?

Comment s'appelait la reine de Perse ?

Où se trouvait-elle en ce moment ?

Phrases à traduire en grec.

Cyrus, fils du roi, n'avait pas un méchant habit comme les Perses qui restent au logis.

Astyage ayant un enfant caressant ne fut pas fâché.

Cyrus ne voulut pas faire paître des chevaux dans une contrée montagneuse.

Cyrus ayant réuni tous ses amis et les jeunes gens de son âge, leur partagea les anneaux, les bracelets, les colliers, les fruits qu'Astyage, son grand-père, lui donnait.

Si quelque enfant transgresse les ordres de son père, les lois de la maison lui appliquent une peine.

Cambyse étant roi des Perses, ne voulut point aller vers Astyage roi des Mèdes.

Je n'ai jamais transgressé les lois ; elles ne m'ont point appliqué de peine.

Et Cyrus étant parti s'attacha à son grand-père qui le promenait sur un cheval à frein d'or. Ce cheval était au roi (du roi).

Cyrus jetant les yeux sur la parure du cheval, voulut le monter et se mettre en route. Ce cheval était en effet digne d'être appelé le cheval du roi.

Ce cheval était très beau par sa forme et, quant au caractère, il était très sensible à la gloire, au point de soutenir tout danger en vue d'être loué.

Ce cheval est dit également courant très-vite, et il était caressant.

Supporter le travail n'était pas chose rare pour (à) lui.

Dès le commencement Cyrus monta bien à cheval.

Ayant monté à cheval dans un pays montagneux, Cyrus dit à son grand-père : père, je meurs de faim, donne-moi des fruits.

Cyrus (comme) montant bien à cheval, est chanté encore maintenant par les barbares.

En Perse les lois ne défendent pas de voler les

* Conjuguez au moyen du tableau (voir 2e partie) le verbe composé ἐνδύω, je revêts, futur, ἐνδύσω ; — aoriste, ἐνέδυσα ; — parfait, ἐνδέδυκα. Remarquez que l'augment et le redoublement se placent entre la préposition et le radical. Conjuguez aussi le verbe ἱππεύω, en observant que les verbes qui commencent par ι, comme ἱππεύω n'éprouvent aucun changement aux temps susceptibles d'augment. Il en est de même de ceux qui commencent par η, ω, υ, ει, ευ, ου.

chevaux, là les lois de la nature défendent de les nourrir.

Faire paître des chevaux en Perse et manger des pourceaux sont des choses rares et difficiles.

En Médie les jeunes-gens ne commencent pas semblablement à la plupart des Perses. Ils veulent surtout monter à cheval bien et virilement.

Astyage ornait et paraît tous ses chevaux par la peinture des yeux, et il donnait des colliers à ceux qui l'emportaient dans le aller très-vite.

Quand Cyrus montait à cheval, il avait coutume d'aller très-vite.

Jamais vous ne trouverez en Perse de manteaux de pourpre, de bracelets, de colliers et d'anneaux.

Le travail, ce trésor des hommes, est fort usité chez les laboureurs.

Dérivés.

Hippiatre, hippiatrique, Hippocrate, hippogriffe, hippomanie, etc.—Chrysologue, Chrysostome, Chrysopée, etc. — De ἄγω, imparfait ἦγον, ες, ες, le verbe *agere*, *ago*, etc., etc.

14ᵉ LEÇON.

Texte à traduire.

Δειπνῶν δὲ ὁ Ἀστυάγης σὺν τῇ θυγατρὶ καὶ τῷ Κύρῳ,	Soupant or Astyage avec la fille (sienne) et Cyrus,
βουλόμενος τὸν παῖδα δειπνεῖν ὡς ἥδιστα,	voulant l'enfant souper le plus agréablement que (possible),
ἵνα ποθοίη ἧσσον ·	afin qu'il regrettât moins
τὰ οἴκαδε, προσήγαγεν αὐτῷ	les choses de la maison, fit servir à lui
καὶ παροψίδας, καὶ ἐμβάμματα	et des ragouts, et des sauces
καὶ βρώματα παντοδαπά ·	et des mets de tout pays :
ἔφασαν δὲ τὸν Κῦρον λέγειν ·	ils disaient or Cyrus dire :
Ὦ πάππε, ὅσα πράγματα	O grand père, combien d'affaires
ἔχεις ἐν τῷ δείπνῳ,	tu as dans le repas,
εἰ ἀνάγκη σοι	si nécessité (est) à toi
διατείνειν τὰς χεῖρας	de tendre les mains
ἐπὶ πάντα τὰ ταῦτα λεκάνια,	vers tous ces mêmes petits plats,
καὶ ἀπογεύεσθαι παντοδαπῶν	et de déguster de tous

τῶν τούτων βρωμάτων.	ces mêmes mets.
Τὸν Ἀστυάγην φάναι · *	Astyage avoir dit : *
τί δὲ; οὐ γὰρ ** τόδε τὸ δεῖπνον	Eh quoi ? Est-ce que ce repas-ci ne
δοκεῖ σοι εἶναι πολὺ κάλλιον τοῦ ἐν Περσαῖς ;	paraît pas à toi être beaucoup plus beau que celui dans les Perses ?
Λέγεται δὲ τὸν Κῦρον ἀποκρίνασθαι πρὸς ταῦτα ·	Et il est dit Cyrus avoir répondu à ces choses :
οὐχί, ὦ πάππε ·	Non, ô grand père,
ἀλλὰ παρὰ ἡμῖν	mais chez nous
ἡ ὁδὸς ἐπὶ τὸ ἐμπλησθῆναι	le chemin vers le être rassasié
ἐστι πολὺ ἁπλουστέρα	est beaucoup plus simple
καὶ εὐθυτέρα ἢ παρ' ὑμῖν.	et plus direct que chez vous.
Ἄρτος γὰρ καὶ κρέας	Du pain car et de la viande
ἄγει ἡμᾶς μὲν εἰς τοῦτο ·	conduit nous à la vérité vers ceci :
ὑμεῖς δὲ σπεύδετε μὲν	Vous or faites effort à la vérité
εἰς τὸ αὐτὸ ἡμῖν,	vers le même (but que) nous
πλανώμενοι δὲ ἄνω καὶ κάτω πολλοὺς τινὰς ἑλιγμοὺς,	errant mais en haut et en bas (par) nombreux certains détours,
ἀφικνεῖσθε μόλις ὅποι ἡμεῖς ἥκομεν πάλαι. ***	vous parvenez à peine (là) où nous sommes arrivés depuis longtemps.

Questions.

Avec quelles personnes Astyage prenait-il le repas du soir ?

Que faisait chaque soir Astyage avec sa fille et son petit-fils ?

---

* On sous-entend ici, comme devant d'autres infinitifs, λέγεται, c'est-à-dire, *on dit*, *on rapporte*.

** οὐ γὰρ a ici la forme interrogative, comme en latin *Nonne*. Il attend pour réponse *Oui*. Μή, au contraire, répond à *Anne*, et attend pour réponse *Non*. De μή et de οὖν vient μῶν, *num*, est-ce que ?

*** Remarquez ἥδιστα, superlatif neutre, pris adverbialement, de ἡδύς, εῖα, υ, *agréable* ; ὡς qui le précède a la même signification qu'en latin *quàm* devant un superlatif d'adverbe.—Ἥσσων, ονος ; on dit aussi ἥττων, ονος, *moindre*, *inférieur* ; ἥσσον, neutre, pris adverbialement, signifie *moins*.—Ἡ παροψίς, ίδος, ce qu'on mange...

3

Que voulait Astyage en faisant souper avec lui Cyrus?

Quel était le but d'Astyage en faisant faire bonne chère à Cyrus?

Quels mets servait-on sur la table du roi des Mèdes?

Comment Cyrus appelle-t-il cette quantité de mets?

Chez quels peuples sert-on à table une si grande multitude de plats?

Dans quel moment servait-on tous ces plats?

Dans quel moment Astyage se réunissait-il avec sa fille et son petit-fils?

A raison de quelle obligation Cyrus plaignait-il Astyage?

Ce repas médique était-il moins splendide que ceux que l'on faisait en Perse?

Comment sont les festins des Perses?

Pourquoi Cyrus les préfère-t-il aux repas somptueux des Mèdes?

Cyrus voulait-il goûter de tous ces mets?

Comment appaise-t-on la faim en Perse?

Par quel chemin, au contraire, en Médie, arrive-t-on à se rassasier?

Phrases à traduire en grec.

Cyrus dans le souper est chanté par les Mèdes, et ceux-ci ne voulant pas désobéir à Astyage commencèrent à goûter de tous les plats.

En Médie manger beaucoup c'est souper le plus agréablement possible.

Dans leurs festins les Perses n'ont pas tous ces embarras.

Le festin d'Astyage ne semble pas meilleur (plus beau) à Cyrus que celui des Perses (dans les Perses).

Cyrus répondit du pain et de la viande conduire les Perses vers le être rassasié, et la nécessité n'être pas à eux de tendre les mains vers tous ces ragouts et vers toutes ces sauces.

Cyrus étant allé vers son grand père, errant en haut et en bas par de nombreux détours il n'était pas arrivé très-vite.

---

ge avec son pain, de ὀψόν, mets.—ἡ ἀνάγκη, ης, la nécessité, la fatalité; ἀναγκαῖος, nécessaire,—παντοδαπὸς, η, ον, de tout pays. Racine τὸ δάπεδον, la région.

Astyage lui dit en l'embrassant : il y avait (il était) un chemin plus simple et plus direct.

A cela Cyrus est dit avoir répondu en l'embrassant à son tour : en Perse les chemins sont beaucoup plus simples et plus directs que chez vous.

Il n'y a jamais nécessité de désobéir à son père.

Cyrus est avoir rapporté dit : donne moi tous ces petits plats afin que je me réjouisse avec les jeunes gens de mon âge.

Dès qu'il fut arrivé, Cyrus désirait voir un festin des Mèdes, et il s'informait de ce que pouvaient être tous ces mets, dont personne ne lui donnait.

Astyage était s'inquiétant beaucoup de ses sauces ; car les Rois chez les Mèdes ne s'inquiétent pas beaucoup du bien public.

Les Mèdes soupant ont appliqué des punitions à ceux qui ne mangent pas.

Cyrus eut été bien aise de remplir son estomac d'un mets perse. Ces mets semblent à lui certes de beaucoup les plus beaux de tous les ragouts dans les Mèdes.

Astyage en soupant avait coutume, à la vérité, de goûter de tous les mets, mais il n'était pas mangeant beaucoup.

Cyrus dit en regardant le vêtement d'Astyage : comme cette tunique est belle ! Certes ce manteau de pourpre est le plus beau de tous ceux que j'ai vus dans les Perses et dans les Mèdes.

Dérivés.

Οἶκαδε, à la maison, comme en anglais: at home.— Papa, pape.—Tendre.— déguster.— Broyer, brouter, —emplir, remplir.—Planète.—Opsonium.

15e LEÇON.

Texte à traduire.

Ἀλλ', ὦ παῖ, φάναι τὸν Ἀσθυάγην,	Mais, ô enfant, avoir dit Astyage,
οὐκ' ἀχθόμενοι περιπλανώμεθα ταῦτα·	non fâchés nous errons autour de ces (mets) :
σὺ δὲ καὶ γευόμενος, ἔφη,	Mais toi aussi goûtant, dit-il,
γνώσῃ ὅτι ταῦτά ἐστιν ἡδέα.	tu connaîtras que ces mets sont agréables.

Ἀλλὰ ὁρῶ καὶ σὲ, | Mais je vois aussi toi,
φάναι τὸν Κῦρον, | avoir dit Cyrus,
μυσαττόμενον ταῦτα τὰ | voyant avec dégoût ces
βρώματα. | mets eux-mêmes.
Καὶ τὸν Ἀστυάγην ἐπε- | Et Astyage avoir de-
ρέσθαι · | mandé :
Καὶ τίνι δὴ τεκμαιρόμε- | et (sur) quoi donc te
νος | fondant
λέγεις σὺ ταῦτα, ὦ παῖ; | dis-tu toi ces choses, ô
 | enfant?
Ὅτι ὁρῶ σὲ, φάναι, | Parce que je vois toi,
 | avoir dit (dit-il),
ὅταν μὲν ἅψῃ τοῦ ἄρτου, | quand d'un côté tu
 | touches du pain,
ἀποψώμενον τὴν χεῖρα | essuyant la main à rien;
εἰς οὐδὲν · |
ὅταν δὲ θίγῃς τινὸς τού- | quand au contraire tu
των, | as touché de quelqu'un
 | de ces (mets),
ὸὺς ἀποκαθαίρεις τὴν | aussitôt tu essuies la
χεῖρα | main
ἰς τὰ χειρόμακτρα, | aux essuie-mains,
ὡς πάνυ ἀχθόμενος | comme tout à-fait fâché,
ὅτι ἐγένετο σοι | de ce qu'elle est deve-
 | nue à toi
καταπλέα ἀπ' αὐτῶν. | pleine d'eux.

Questions.

Astyage était-il fâché de s'égarer ainsi au milieu de ses mets?

Astyage aimait-il les plaisirs de la table? Il eut été heureux de remplir son estomac de mets de toute espèce.

Quand, suivant Astyage, Cyrus appréciera-t-il ce plaisir?

Comment sont les mets d'Astyage pour celui qui les goûte?

---

* Πλανάω, abuser, induire en erreur; πλανάομαι, errer à l'aventure (Voir, 2e partie, la conjugaison contracte des verbes en αω, page 39). Τὸ ἄχθος, εος, poids, charge, douleur; ἄχθω, ἄχθομαι, être accablé, succomber, être fâché, ne pouvoir souffrir. — Γιγνώ-σκω, verbe irrégulier : futur γνώσομαι. — Μυσάττομαι, futur ξομαι, parfait μεμύσαγμαι, détester, avoir en horreur, en dégout. — Ἐπέρομαι, ἐπέρεσθαι, interro-ger. — Τὸ τέκμαρ fin, but; génitif τέκματος; τεκμαίρομαι, je conjecture. — Ἅπτομαι, je touche; futur ἅψομαι, etc. — Ἀποψάω, futur ήσω, essuyer, nettoyer, toucher; ἀποψάομαι, je m'essuie. — Θίγω, futur θίξω, toucher, ef-fleurer, tancer, reprendre. — Ἀποκαθαίρω, purger, es-suyer. — Κατάπλεος, α, ον, plein, rassasié. Voir, 2e partie, la conjugaison des verbes contractes, leçon 16.

Selon Cyrus, Astyage lui-même voit-il avec plaisir les mets de sa table?

Comment Cyrus s'était-il aperçu que ces mets causaient du dégoût à Astyage?

Quand Astyage s'essuie-t-il les mains à table?

S'essuie-t-il les mains quand il a touché du pain?

Après quoi s'essuie-t-on les mains?

Pourquoi Astyage s'essuie-t-il les mains, quand il a touché d'un ragoût?

Phrases à traduire en latin.

Quand le magistrat sortait quelque part, il avait sa belle robe, et les habitans de la contrée voulant le voir, étaient sur les portes et sur les chemins.

Cyrus avait coutume de souper d'un morceau de viande, et il n'était pas rare de le voir mangeant du pain.

Afin qu'il regrettât moins les choses en usage chez les Perses, Cyrus apprenait à monter à cheval et à goûter des mets de toute espèce.

Nous sommes venus très-vite voir le roi et sou-per avec lui le plus agréablement possible.

Nous sommes arrivés depuis long-temps dans cette ville.

Tu connaîtras en la goûtant que cette sauce est agréable.

Cyrus voulait à la vérité manger de la sauce, mais il ne voulait pas manger du ragoût.

Je ne serais pas fâché de voir (ayant vu) si le pain que mangent les esclaves et les laboureurs de cet homme est plus beau que celui que les citoyens mangent chez nous.

Tu dis de belles et bonnes choses; cependant sur quoi te fondant les dis-tu?

Il ne fallait pas dire à votre père que sa fille était venue très-vite et à cheval.

Je vous vois cherchant un trésor dans la terre de la vigne, vous ne le trouverez pas là. Ce trésor est dans le travail.

Je vois en cette ville des magistrats prenant en dégout le bien public et ne s'appuyant pas sur les lois.

Astyage s'essuyant les yeux, sa main lui de-vint pleine de fard, et il l'essuie à sa tunique.

La vie n'est pas pleine de biens.

L'enfant voulant voler les serviettes, n'était pas fâché de voler aussi les petits plats et les ragoûts. Or, comme il voulait entrer de force dans la maison du roi, un certain esclave le vit et le tua.

Cet homme est plus grossier que les chevreaux, les pourceaux, les veaux et les chevaux qu'il avait coutume de faire paître dans cette contrée montagneuse.

Il est dit quelque part que le fils de l'homme est ressuscité et qu'il a émigré dans le ciel.

Cyrus embrassa Astyage, et celui-ci l'embrassant à son tour, orna son fils d'une application de fard.

« Ma mère, à souper, mon frère a toujours plus de sauce que de pain. »

Tous les hommes doivent terminer leur vie : c'est une nécessité.

Faites donc des efforts vers le même but que nous, et si une bonne éducation vous conduit au travail, alors le travail vous honorera et vous ornera de trésors l'emportant sur les colliers, les ornemens et les bracelets.

L'enfant dînant avec sa mère était toujours sur le point de tendre les mains vers les plats de toute espèce.

Dérivés.

Planète.— Goût, Goûter, Déguster. —Gnostiques. —Adapter.— *Plenus, a, um* ; Plein, Pleine, etc.

16ᵉ LEÇON.

Texte à traduire.

Πρὸς ταῦτα δὴ τὸν
Ἀστύαγην εἰπεῖν ·
εἰ τοίνυν οὕτω γιγνώ-
σκεις ,
ὦ παῖ, ἀλλά γε εὐωχοῦ
χρέα ,
ἵνα ἀπέλθῃς νεανίας οἴ-
καδε.

A ces choses donc Astyage avoir dit :
Si, eh bien, ainsi tu penses,
ô enfant, mais au moins goûte des viandes,
afin que tu t'en ailles jeune homme vigoureux à la maison.

Ἅμα δὲ ταῦτα λέγοντα
παραφέρειν αὐτῷ πολλὰ
καὶ θήρεια καὶ τῶν ἡμέ-
ρων.
Καὶ τὸν Κῦρον, ἐπεὶ ἑώρα
πολλὰ τὰ χρέα, εἰπεῖν ·
ἦ καὶ δίδως, φάναι, μοι,
ὦ πάππε, ταῦτα πάντα
τὰ χρέα ,
χρῆσθαι αὐτοῖς ὅτι ἂν
βούλωμαι ;
Νὴ Δία, φάναι, ἐγώ σοι,
ὦ παῖ.
Ἐνταῦθα δὴ τὸν Κῦρον
λαβόντα τῶν χρεῶν,
διαδιδόναι τοῖς θεραπευ-
ταῖς
ἀμφὶ τὸν πάππον,
ἐπιλέγοντα ἑκάστῳ ·
Σοὶ μὲν τοῦτο, ὅτι προ-
θύμως
με ἱππεύειν διδάσκεις ·
σοὶ δὲ, ὅτι τὸν πάππον
καλῶς θεραπεύεις· σοὶ
δὲ ,
ὅτι μου τὴν μητέρα τι-
μᾷς·
τοιαῦτα ποιεῖν, ἕως διε-
δίδου
πάντα χρέα ἃ ἔλαβε *.

Et en même temps ces choses disant,
présenter à lui beaucoup de (mets)
et du gibier et des (animaux) privés.
Et Cyrus, après qu'il voyait nombreuses les viandes, avoir dit :
Est-ce que aussi tu donnes, dit-il à moi, ô grand-père, ces toutes les viandes
à me servir d'elles comme je voudrai ?
Par Jupiter, dit (Astyage), moi à toi (je donne), ô enfant.
Alors donc Cyrus ayant pris (une partie) des viandes,
(les) distribuer aux serviteurs
autour du grand-père, disant en outre à chacu
A toi d'un côté ceci (je donne), parce qu'avec zèle
moi monter à cheval tu enseignes :
à toi d'un autre côté, parce que le grand-père
bien tu sers. A toi d'un autre côté,
parce que de moi la mère tu honores :
de telles choses faire (il continua de), jusqu'à ce qu'il eût distribué toutes les viandes qu'il avait reçues.

---

* A quel temps, quel mode, quelle personne et quel nombre γιγνώσκεις ? — Τὸ χρέας, la viande ; génitif τοῦ χρέατος, αος, ως, etc. se décline comme τὸ χέρας (Voir, 2ᵉ partie, page 46). — Εὐωχέω, futur ησω ; Ηὐω-χέομαι présent-impératif, après la contraction εὐωχοῦ (Voir la conjugaison contracte de φιλέομαι, 2ᵉ partie, page 40). — Θηρεῖος, α, ον, *de bête sauvage* ; racine θήρ, θηρος, *bête sauvage*. De là le latin *Ferus.* — Ἡμέ-ρος, ου, *apprivoisé, privé*. Ne pas confondre son génitif pluriel avec celui de ἡμέρα, *jour.* — Ἦ δίδως, *est-ce que tu donnes ?* ἦ adjectif d'interrogation, comme en

Questions.

A Cyrus qui lui demandait quelle utilité il y avait à manger de la viande, que répondit Astyage?

Que devient l'enfant qui mange de la viande?

Où Cyrus devait-il retourner un jour?

Que faisait Astyage tout en parlant à Cyrus?

De quelles viandes lui faisait-il servir?

Est-ce qu'Astyage donnait à Cyrus tous ces mets?

Astyage les donnait-il à Cyrus de manière à ce que celui-ci pût en disposer à sa volonté?

Que se proposait Cyrus en demandant à Astyage la permission de disposer de ces viandes?

Pendant le dîner, où se plaçaient les serviteurs d'Astyage?

Les serviteurs d'Astyage servaient-ils bien pendant le repas?

A qui Cyrus donna-t-il les viandes du festin?

Ματιν *an* : ἤ λέγεις τοῦτο, *dis-tu cela?* Voir la conjugaison du verbe δίδωμι, 2ᵉ partie, aux verbes en μι. —Χράομαι, *je me sers*; futur ἥσομαι. Χρῆσθαι δικαίῳ, *user de son droit*; χρῆσθαι δικαιοσύνῃ, *pratiquer la justice*; χρῆσθαι τοῖς αὐτοῖς ἁμαρτήμασι, *retomber dans les mêmes fautes*. — Διαδιδόναι, infinitif de διαδίδωμι, verbe composé de δίδωμι. — Φάναι, *avoir dit*, infinitif aoriste du verbe φημί (Voir sa conjugaison, 2ᵉ partie). — Θεραπευτής, qui donne des soins; serviteur, sorte de moines, médecin : on appelle l'art de guérir : *la Thérapeutique*; ὁ θεράπων, οντος, *le serviteur*; ἡ θεράπων, ίνη, *la servante*. — Ἐπιλέγοντα, accusatif singulier de ἐπιλέγων, οντος, *disant en sus*. — Ἕκαστος, ου, *chacun, chaque*; ὁ καθ' ἕκαστον, chacun en particulier; καθ' ἑκάστην (s. e. ἡμέραν), *chaque jour*. — Διδάσκω, futur ἔξω, participe δεδίδαχα, *enseigner, instruire*. Διδάσκω σε τοῦτο, *je t'enseigne cela*; πόσου διδάσκει, *quelle rétribution prend-il pour enseigner?* Διδάσκαλος, *un professeur*; l'élève s'appelle : ὁ μαθητής, οῦ. — Προθύμως, *avec zèle*, adverbe formé de l'adjectif πρόθυμος, comme κάλως de κάλος; πρόθυμος, *plein d'ardeur, de zèle, qui prend à cœur une affaire*, de θυμός, *cœur*. — Τὸ παλτὸν, οῦ, *javelot, tout ce qui se lance*, sa racine est πάλλω, futur αλῶ, parf. αλκα, *lancer, pousser*; βαλλῶ a le même sens. — Ἔδωκα, ας, aoriste premier de δίδωμι; parfait δέδωκα, futur δώσω; imparfait ἐδίδων, ως, ω, etc., ou bien ἐδίδουν, ους, ου, etc. Nous avons vu : καὶ οὐδεὶς ἐδίδου αὐτῷ. — Que reconnaissez-vous dans τιμᾶς? dans διεδίδου?

Enumérez les divers motifs de la libéralité de Cyrus.

Phrases à traduire en grec.

Quand Cyrus partit de chez (émigra des) les Mèdes, il était jeune homme vigoureux.

Ces petits plats sont tous remplis de viandes et de sauces de toute espèce.

Vous faites bien des (errant vous êtes en haut et en bas par des nombreux) détours dans cette contrée montagneuse; vous ne trouverez jamais le chemin de (vers) la ville.

Ces hommes barbares sont les plus grossiers de tous ceux que j'ai vus dans la Médie.

Est-ce que le plus jeune ne te semble pas plus beau, plus ami des distinctions, et plus ami de l'étude que l'aîné?

Que de bonnes choses je mangeais dans la maison de mon père! D'abord, à dîner, un morceau (une part) de veau, ou de chevreau privé, du gibier, avec beaucoup de sauce; ensuite un pied de cochon que les esclaves me servaient : et après le dîner, j'avais toujours des fruits.

Toujours, après le dîner, je retourne (j'émigre) vers la maison.

Alors déjà Cyrus enfant voulant se servir d'un javelot, avait tué un chevreau.

Autrefois chez les Mèdes, personne ne donnait rien aux serviteurs qui étaient autour du roi pendant (dans) le souper.

Le précepteur de Cyrus * l'enseignait avec zèle à monter à cheval; et son élève apprenait très-vite.

Cyrus devenu grand se servira bien d'un cheval et d'un javelot.

Un serviteur qui n'a pas de zèle ne servira jamais bien dans un dîner.

C'est un serviteur qui n'a jamais bien servi ** ton père.

---

* Voir la note précédente.

** La principale différence entre le *parfait* et l'*aoriste* consiste en ce que le parfait exprime une action accomplie, mais dont l'effet subsiste au moment où l'on parle; tandis que l'aoriste présente l'action du verbe comme simplement passée, sans dire s'il en reste ou non quelque chose, et dont l'effet a pu n'être que passager. Ainsi *A bien servi* devra donc être mis au *parfait* si le serviteur sert encore ton

Ne voyez-vous pas, n'avez-vous pas vu comme les Perses sont grossiers?

Il est juste d'honorer sa mère; les lois de la nature l'exigent (le *veulent*), et si quelqu'un a transgressé ces lois, elles lui ont infligé des peines.

Enfant caressant, Cyrus était à la veille de donner des soins à sa mère devenue plus âgée.

Cyrus enfant ne touchait à rien; il détestait les sauces et s'essuyait lui-même les mains aux serviettes.

Cyrus tournant les yeux vers sa mère ne la trouva plus belle. Alors elle était plus âgée.

Si sa mère ou son grand-père sortait, Cyrus faisait toujours route avec elle ou avec lui.

A table, Cyrus n'avait pas coutume, en Perse, de goûter de tous les plats. Les mets y ** sont plus simples qu'en Médie.

Les magistrats sont devant prendre soin de leur âme, et ne faisant rien par faveur ils sont devant pratiquer la justice ***.

Dérivés.

Thérapeutique. — Castes. — *Amphithéâtre.* — Le mot latin *Ferus.* — Panthère, etc.

17ᵉ LEÇON.

Texte à traduire.

Σάκα δὲ, φάναι τὸν Ἀστυάγην,	Et à Sacas, avoir dit Astyage,
τῷ οἰνοχόῳ, ὃν ἐγὼ μάλιστα τιμῶ,	l'échanson, lequel moi surtout j'honore,
οὐδὲν δίδως; Ὁ δὲ Σάκας ἄρα	rien ne donnes? or Sacas donc
ἐτύγχανε ὢν καλός	se trouvait étant beau
καὶ ἔχων τιμὴν προσάγειν	et ayant la charge d'introduire
τοὺς δεομένους Ἀστυάγους,	les ayant-besoin d'Astyage,
καὶ ἀποκωλύειν οὕς	et d'écarter ceux que

καιρὸς προσάγειν μὴ δοκοίη	le moment favorable d'introduire ne paraissait pas
αὐτῷ εἶναι. Καὶ τὸν Κῦρον	à lui être. Et Cyrus
ἐπερέσθαι προπετῶς,	avoir demandé vivement,
ὡς ἂν παῖς μηδέπω ὑποπτήσσων ·	comme [aurait pu le faire] un enfant nullement craintif;
Διὰ τί δὴ, ὦ πάππε,	Pourquoi donc, ô grand-père,
τιμᾷς οὕτω τοῦτον; Καὶ τὸν Ἀστυάγην	honores-tu ainsi celui-ci? Et Astyage
σκώψαντα εἰπεῖν · οὐχ ὁρᾷς,	en badinant avoir dit: ne vois-tu pas,
φάναι, ὡς καλῶς οἰνοχοεῖ	dit-il, comme bien il verse le vin
καὶ εὐσχημόνως;	et avec quelle dignité?
Οἱ δὲ τῶν τούτων βασιλέων οἰνοχόοι	Or de ces rois les échansons,
κομψῶς τε οἰνοχοοῦσι,	et élégamment versent le vin
καὶ καθαρίως ἐγχέουσι,	et proprement versent dedans,
καὶ διδόασι τὴν φιάλην ὀχοῦντες τοῖς τρισὶ δακτύλοις,	et donnent la coupe (la) soutenant à trois doigts,
καὶ προσφέρουσι τὸ ἔκπωμα εὐληπτότατα τῷ μέλλοντι πίνειν *.	et présentent le vase à boire de la manière la plus facile à prendre à celui qui est à la veille de boire.

---

* ὁ οἰνοχόος, ου, l'*échanson*, composé de οἶνος, *vin* et de χέω, *je verse* : de οἶνος (prononcé *inos*) les Romains ont fait *vinum*. — Τυγχάνω. Ce verbe qui n'est usité qu'au présent et à l'imparfait est formé de τύχω, d'où vient aussi τυχεῖν auquel il emprunte plusieurs temps. Il emporte toujours une idée de hasard (τύχη) ou d'inattendu; τυγχάνει, *il arrive*; *le hasard veut*; ὁ τυχών, *le premier venu*. Quand il cesse d'être neutre, il veut son complément au génitif : τυγχάνειν τῶν δικαίων, *obtenir justice*; τυγχάνειν λόγου, *obtenir la parole*. Remarquez cette construction grecque : ἐτύγχανε ὢν pour ἐτύγχανε εἶναι. — Δέομαι, *j'ai besoin de* : χρημάτων δεόμενος, *ayant besoin d'argent*; δέομαι, futur δεήσομαι, signifie *prier, implorer*. — Καιρός, οῦ, *temps favorable, occasion* : πρὸς καιρὸν λέγειν, *parler à propos*. — Δοκοίη, troisième personne singulier de l'optatif du présent δοκοίην, ης, η, au lieu de δοκοῖμι, οῖς, etc. (Voir, 2ᵉ partie, les remarques sur le verbe contracte φιλέω). Δοκέω, futur ήσω, plus souvent δόξω, parfait δεδόκηκα; parfait passif δέδογμαι, *paraître, sembler*, en latin *videri* : Εἰ δοκεῖ, *si (cela te) semble*,

---

père; à l'*aoriste*, s'il ne le sert plus ou s'il est possible qu'il ne le serve plus.

De plus, il y a entre l'*imparfait* et l'*aoriste* la même différence qu'entre *je lisais* et *je lus*. Mais, en racontant, les Grecs font un usage très fréquent de l'imparfait.

** οἷ, adverbe de lieu, signifiant *où* et prononcé *i* par les Grecs, a donné naissance à notre *y*.

*** Voir la note ci-dessus, au mot χράομαι.

Questions.

Pourquoi Cyrus ne donnait-il rien à Sacas ?

Comment était Sacas physiquement, et quel était son emploi ?

En quoi consistent les fonctions d'un échanson ?

Sacas était-il en grande considération auprès d'Astyage ?

En quoi consistaient les autres fonctions de Sacas ?

A quelles personnes Sacas donnait-il accès auprès d'Astyage ?

Quelles personnes éconduisait-il ?

Pourquoi renvoyait-il certaines personnes ?

Au lieu de répondre à la question d'Astyage, que fait Cyrus ?

De quelle manière interroge-t-il son aïeul ?

Comment si jeune osait-il lui parler avec tant d'impétuosité ?

Quelle question Cyrus adresse-t-il à son aïeul ?

Comment celui-ci lui répond-il ?

Comment, suivant Astyage, Sacas remplissait-il son emploi d'échanson ?

Comment les échansons des rois Mèdes servent-ils à boire ?

Comment versent-ils le vin ?

Comment soutiennent-ils la coupe ?

A qui la présentent-ils ?

Phrases à traduire en grec.

Les rois Mèdes honorent particulièrement leurs

échansons; ils s'occupent plutôt (μᾶλλον) d'eux que du bien public.

L'échanson qu'honorait surtout Astyage était beau, mais n'était pas digne d'être appelé un homme. Cette fonction de servir à boire est digne non d'un homme, mais d'un esclave.

Après la mort du beau Sacas, Astyage se fit venir un autre échanson ; mais celui-là ne verse pas le vin avec élégance.

Cet enfant est craintif; plus âgé il sera brave.

Cyrus exécutait (faisait) très-vite et parlait toujours avec vivacité.

Sacas, qu'Astyage disait beau, ne l'était nullement.

Je vous dirai pourquoi Astyage honorait si fort Sacas. Il avait été nourri avec lui.

Conduis-moi vers Astyage, je désire le voir paré de ses cheveux postiches, de son manteau de pourpre, de ses bracelets, de son fard et de ses colliers.

Dis-moi, Astyage ainsi paré est il très-beau ?

Présente-moi le vase à boire, la coupe, afin que je goûte de ton vin.

Il est difficile de boire un vin plus agréable que celui-là.

Je te donne cette viande afin que tu la manges avec ton pain et non voulant la distribuer à tous les porcs et à tous les chevaux qui sont autour de ce cheval.

Dis à chacun, en outre, que je leur donne toutes les choses qui ont été cachées par mon grand-père dans la maison du magistrat, et qui ont été retrouvées après sa mort.

Tu m'as donné autrefois un collier ; mais je ne l'ai plus maintenant : il orne le cou de ma mère.

Si tu me sers bien et avec zèle, je te donne tout ce qui m'appartient et à t'en servir comme tu voudras.

Il fallait donner un peu de pain et de viande à cet homme qui, je le pense, n'est pas bien portant.

Dis promptement aux esclaves de distribuer les cosses aux chevaux.

Si je mange de tous ces mets étant dans le souper de cet homme, je me remplirai l'estomac et je ne ferai point route, jeune homme vigoureux, vers la maison.

Que dis-tu à tous ces citoyens qui t'entourent

---

si tu le juges à propos. — Ὑποπτήσσω, se cacher de peur, se blottir. — Προσάγειν, conduire vers ; ἄγω ; futur ἄξω, parfait ἦχα, etc., déjà nous l'avons vu : ἄγει ἡμᾶς εἰς τοῦτο ; nous connaissons aussi περιάγω, autre composé du même verbe, etc. — Προπετῶς adverbe formé de l'adjectif προπετὴς, prompt à parler. — Διά τί, pourquoi, quare. Remarquez cette formule d'interrogation ; nous en ferons bientôt usage. — Σκώπτω, railler; futur ψω; aoriste ἐσκωψα, participe σκώψας, αντος, αντι, αντα. — Καθαρίως, avec propreté; nous avons vu le verbe καθαίρω, essuyer. — Ἐγχέω, je verse dans, futur ἐγχεύσω; aoriste ἐνεχέα et ἐνεχεύα. — Ὁ δάκτυλος, le doigt ; nous avons vu ὁ δακτύλιος, l'anneau. — De φιάλη, le mot fiole. — A quel temps προσφέρουσι ? — Que reconnaissez-vous dans τῷ μέλλοντι ? — Ἐκπωμα, dans lequel on boit ; de πίνω, boire, futur πίωσω (de πόω), parfait πέπωκα. — Διδόαϊ forme attique pour διδόναι.

(à les autour de toi)? Je leur dis qu'il ne faut jamais désobéir aux lois.

Après qu'il eût vu tous ces plats, il n'en voulut pas goûter ; après qu'il eut vu toutes les choses en usage chez les Mèdes, il eut désiré faire route chez son père.

Ces mets me paraissent agréables. En voulez-vous goûter un peu?

Dérivés.

Calligraphie. — Dattes, Dactyles. — Fiole, etc.

18e LEÇON.

Texte à traduire.

Κέλευσον δὴ, φάναι τὸν Κῦρον,	Ordonne donc, avoir dit Cyrus,
ὦ πάππε, τῷ Σάκα	ô grand-père, à Sacas
δοῦναι τὸ ἔκπωμα καὶ ἐμοί,	de donner le vase à boire aussi à moi,
ἵνα κἀγὼ * ἐγχέας	afin que moi aussi ayant versé
καλῶς πιεῖν σοι,	bien à boire à toi,
ἀνακτήσωμαί σε,	je me concilie toi,
ἢν δύνωμαι. Καὶ τόν	si je puis. Et le (Astyage)
κελεῦσαι δοῦναι.	avoir ordonné de donner.
Λαβόντα δὲ τὸν Κῦρον,	(L')ayant pris or Cyrus,
κλύσαι μὲν τὸ ἔκπωμα	avoir lavé d'abord le vase à boire
εὖ οὕτω ὥσπερ ἑώρα	bien ainsi comme il avait vu
τὸν Σάκαν· στήσαντα δὲ	Sacas (faire) : et ayant composé
οὕτω τὸ πρόσωπον,	ainsi le visage,
προσενεγκεῖν καὶ ἐνδοῦναι	avoir présenté et avoir donné
σπουδαίως καὶ εὐσχημόνως	soigneusement et avec dignité
πως τὴν φιάλην τῷ πάππῳ,	en quelque sorte la coupe au grand-père,
ὥστε παρασχεῖν πολὺν γέλωτα	au point de causer un grand rire
τῇ μητρὶ καὶ τῷ Ἀστυάγη.	à (sa) mère et à Astyage.
Καὶ αὐτὸν δὲ τὸν Κῦρον	Et lui-même aussi Cyrus
ἐκγελάσαντα ἀναπηδῆσαι	ayant ri de cela s'êt[re] élancé
πρὸς τὸν πάππον, καὶ φιλοῦντα	vers son grand-père et (l')embrassant
εἰπεῖν ἅμα· ὦ Σάκα, ἀπόλωλας * !	avoir dit en même temps : ô Sacas, tu es perdu !
ἐκβαλῶ σε τῆς τιμῆς·	Je renverserai toi de (ta) charge :
τά τε γὰρ ἄλλα, φάναι,	et dans les autres choses, dit-il,
κάλλιον σοῦ οἰνοχοήσω,	mieux que toi je fera[i] l'échanson,
καὶ οὐκ ἐκπίομαι αὐτὸς τὸν οἶνον. Οἱ γὰρ	et je ne boirai pas moi-même le vin. Ca[r] les
τῶν βασιλέων οἰνοχόοι,	des rois échansons,
ἐπειδὰν ἐνδιδῶσι τὴν φιάλην,	lorsqu'ils présentent l[a] coupe,
ἀρύσαντες ἀπ' αὐτῆς	ayant puisé d'elle
τῷ κυάθῳ, ἐγχεάμενοι	avec le Cyathe, ayan[t] versé
εἰς τὴν ἀριστερὰν χεῖρα	dans la gauche main
καταρροφοῦσι· τοῦ δὴ,	avalent : (en vue) d[e] cela certes,
εἰ ἐγχέοιεν φάρμακα,	s'ils versaient des poison[s]
μὴ λυσιτελεῖν αὐτοῖς **.	n'être point profitable[s] à eux-mêmes.

* Κἀγὼ pour καὶ ἐγώ.

** Ἀπόλωλα, *je suis perdu*, parfait second. Nous en avons vu le participe ἀπολωλώς. Voir sur les futurs, les aoristes et les parfaits *seconds*, la 2e partie.

** Quel temps et quel mode κέλευσον du verbe κελεύω? — Ἐγχέω; futur ἐγχεύσω; aoriste ἐνέχεα et ἐνέχεα. Ôtez l'augment de ἐνέχεα vous formerez le *participe* ἐγχέας; ν se change en γ devant χ. — Πιεῖν infinitif de πίω, comme πινεῖν de πίνω. — Ἀνακτίομαι, futur ἥσομαι, *se concilier l'amitié*; ἀνακτήσις, *recouvrement*. — δύναμαι, *je peux*, futur ἥσομαι, parfait δεδύνημαι, aoriste ἐδυνήθην; ἡ δύναμις, *puissance, force*; κατὰ δύναμιν, *suivant ses forces*. — Κλύζω, *laver*, futur κλύσω, aor. ἔκλυσα, inf. κλύσαι, *laver*. — Ὁράω, f. ὄψομαι, p. ἑώρακα, seconde forme de l'aoriste εἶδον, ες, ε : εἶδεν αὐτὸν ὁ πατὴρ αὐτοῦ. (Voyez sur cette deuxième forme de l'aoriste, 2e partie.) — Ἵστημι, *je place*, aoriste ἔστησα, participe στήσας, αντος, αντι, αντα : de là le verbe *stare*. — Πρὸς ἐνεγκεῖν, inf. de πρὸς ἥνεγκον aoriste second de προσφέρω. — Le verbe φέρω, *je porte*, en grec comme en latin, est très irrégulier. Il fait au futur οἴσω; imparfait ἔφερον; aoriste premier ἤνεγκα. Nous venons de voir la deuxième forme de l'aoriste : il fait au parfait ἐνήνοχα. On voit que ce verbe emprunte la plupart de ses temps aux primitifs inusités οἴω et ἐνέγκω. — Παρέχω, futur ἕξω; aoriste second παρέσχον, infinitif παρασχεῖν; imparf. παρεῖχον, *donner, fournir, procurer*. — Ὁ γέλως, ωτος, *rire, ris*. — Ἀναπηδάω, *s'élancer sur*, futur ήσω; infinitif de l'aoriste ἀναπηδῆσαι. —

Questions.

Que demanda Cyrus à Astyage ?

Dans quel but Cyrus voulait-il avoir la coupe ?

Astyage lui accorda-t-il sa demande ?

Que fait d'abord Cyrus ?

De quelle manière rince-t-il la coupe ?

Comment présenta-t-il la coupe à son grand-père ?

Quelle impression fit sur Astyage et sur Mandane l'air sérieux de Cyrus ?

Alors que fait Cyru lui-même tout en riant aux éclats ?

Que disait-il de Sacas ?

Ne voulait-il pas lui faire perdre son emploi ?

Croyait-il pouvoir, désormais, faire l'échanson mieux que Sacas ?

En quoi ne voulait-il pas imiter Sacas ?

Quel est l'usage pratiqué par les échansons des rois mèdes, lorsqu'ils présentent la coupe ?

Pourquoi cet usage est-il établi ?

Phrases à traduire en grec.

Ordonne, ô roi, de verser du vin à ta fille, car elle désire boire.

Si je puis, je te chasserai de l'entrée de la maison, ô Sacas, et en riant je m'élancerai vers mon grand-père.

Que dis-tu à tous les citoyens qui t'entourent (à les autour de toi) ? Je leur dis qu'il ne faut jamais désobéir aux lois.

Après qu'il eut vu tous ces plats, il n'en voulut pas goûter. Et après qu'il eut vu toutes les choses en usage chez les Mèdes, il désirait aller vers son père Cambyse.

Tous ces mets me paraissent agréables. Pourquoi n'en voulez-vous pas goûter ?

Me donnes-tu ce plat ? Je te le donne ; et cette tunique ? Je te la donne également ; et ces deux chevaux que j'ai vus sur le chemin ? Je te les donne aussi ; et cet anneau, me le donnes-tu ? Non, par Jupiter, car c'est ma mère qui me l'a donné, et je ne veux donner à personne l'anneau de cette bonne mère.

Les échansons sont des esclaves gros et grands, ne mangeant pas avec les rois, mais ayant la charge, quand l'instant de souper est venu, de verser le vin dans une coupe et de le présenter avec dignité et de la manière la plus facile à prendre au roi se disposant à boire.

Avoir une telle charge, c'est préparer un grand rire à tous les citoyens philosophes et dignes d'être appelés des hommes.

Alors il se trouvait par hasard dans la Médie un homme l'emportant sur tous les autres dans le nourrir et faire paître les chevaux.

Cyrus nullement craintif apprenait avec zèle à monter à cheval.

Alors Cyrus dit à l'esclave : moi aussi je veux faire l'échanson ; donne-moi la coupe, le cyathe et le vase à boire ; et l'esclave lui donna la coupe, le cyathe et le vase à boire. Alors regardant ceux (qui étaient) autour du roi : voyez, dit-il, comme je suis un bel échanson ; voyez comme je tiens délicatement cette coupe avec trois doigts ; voyez comme je verse habilement le vin ; voyez comme je le présente avec dignité à mon grand-père ; voyez comme. . . . et disant ces choses, en même-temps il se jeta à terre et aux pieds d'Astyage.

S'étant levé, il dit : je ne boirai plus de vin et jamais je ne ferai l'échanson.

Dérivés.

Prosopopée. — Balle, Ballon, Emballer, etc. — Pharmacie, Pharmacien, etc., etc.

Conjuguez φιλέω, futur ήσω (Voir sa conjugaison, 2ᵉ partie, page 39.) Comme deux aspirées ne peuvent pas commencer deux syllabes de suite, φιλέω fait au parfait πεφίληκα. — Ἀπολέω, futur έσω, parf. ἀπώλεκα, parfait second ἀπόλωλα (Voir la note ci-dessus).— Βάλλω, lancer, futur βαλῶ (Voir cette deuxième forme de futur, 2ᵉ partie) ; parf. βέβληκα; aoriste second ἔβαλον ; parfait second βέβολα. — Ἐκπίομαι pour ἐκπιοῦμαι, futur second, voix moyenne, du verbe ἐκπίω. — Ἀρύω, futur ἀρύσω, parf. ἤρυκα, puiser. — Ὁ κυάθος, ου, sorte de petite mesure servant à puiser le vin dans le cratère, et à le verser dans les coupes.— Καταρροφέω, avaler en humant, futur ήσω ; parf. ἐρρό-φηκα.— Τὸ φάρμακον, remède, drogue, poison. — Λυσι-τελέω, être utile, de λυσιτελής, utile.

19ᵉ LEÇON.

Texte à traduire.

Ὁ Ἀστυάγης δὴ ἐπι-σκώπτων	Astyage donc plaisan-tant sur (ce sujet)
ἐκ τούτου, ἔφη· καὶ τί δὴ,	d'après cela, dit : et pourquoi donc,
ὦ Κῦρε, μιμούμενος τὸν Σάκαν	ô Cyrus, imitant Sacas
τὰ ἄλλα, οὐκ ἀπερρόφη-σας	(dans) les autres (cho-ses), n'as-tu pas avalé
τοῦ οἴνου; Ὅτι νὴ Δία, ἔφη,	du vin? Parceque, par Jupiter, dit-il,
ἐδεδοίκειν μὴ φάρμακα εἴη	je craignais que des poisons n'eussent été
μεμιγμένα ἐν τῷ κρα-τῆρι.	mêlés dans le cratère.
Καὶ γὰρ ὅτε σὺ εἱστίας	Car et quand tu réga-lais
τοὺς φίλους ἐν τοῖς γενε-θλίοις,	les amis dans les fêtes de ta naissance,
σαφῶς κατέμαθον,	clairement j'appris
αὐτὸν ἐγχέαντα φάρμακα ὑμῖν.	lui ayant versé des poisons à vous.
Καὶ πῶς δὴ, ἔφη, σὺ, ὦ παῖ,	Et comment donc, dit-il, ô enfant?
τοῦτο κατέγνως; Ὅτι, νὴ Δία,	cela as-tu reconnu? parceque, par Jupiter,
ἔφη, ἑώρων ὑμᾶς	dit-il, je voyais vous
σφαλλομένους καὶ ταῖς γνώμαις	chancelant et dans les pensées
καὶ τοῖς σώμασι. Πρῶτον μὲν γὰρ,	et dans les corps. Pre-mièrement à la vérité car
ἃ οὐκ ἐᾶτε ἡμᾶς τοὺς παῖδας	les choses que vous ne permettez pas nous les enfans
ποιεῖν, ταῦτα αὐτοὶ ἐποι-εῖτε·	de faire, ces choses (vous) mêmes fesiez :
πάντες μὲν γὰρ ἅμα	Tous d'un côté car en-semble
ἐκεκράγειτε, ἐμανθάνετε δὲ	vous croassiez, et n'ap-preniez pas
οὐδὲ ἓν ἀλλήλων·	même une seule (chose) les uns des autres ;
ᾔδετε δὲ καὶ μάλα γε-λοίως,	vous chantiez et tout-à-fait ridiculement,
οὐκ ἀκροώμενοι δὲ τοῦ ᾄδοντος,	et n'entendant pas le chantant,
ὠμνύετε ᾄδειν ἄριστα.	vous juriez (lui) chanter très-bien.
Λέγων δὲ ἕκαστος ὑμῶν	Et citant chacun de vous
τὴν ἑαυτοῦ ῥώμην,	la de lui-même force,
ἐπεὶ ἀναστάιητε ὀρχη-σόμενοι,	après que vous vous étiez levés devant dan-ser,
μὴ ὅπως ἐδύνασθε	non-seulement vous ne pouviez
ὀρχεῖσθαι ἐν ῥυθμῷ, ἀλλ' οὐδ' ὀρθοῦσθαι.	danser en mesure, mais ni même vous te-nir droit.
Ἐπιλέλησθε δὲ παντά-πασι,	Et vous aviez oublié en-tièrement
σύ τε, ὅτι βασιλεὺς ἦσθα,	et toi, que roi tu étais,
οἵ τε ἄλλοι, ὅτι σὺ ἄρ-χων.	et les autres, que toi (étais) souverain.
Τότε γὰρ δὴ ἔγωγε καὶ πρῶτον	Alors car, assurément moi-même et pour la première fois
κατέμαθον, ὅτι τοῦτ' ἄρα ἦν	j'appris, que cela certes était
ἡ ἰσηγορία δ' ὑμεῖς τότε ἐποιεῖτε·	la liberté de la parole ce que vous alors fe-siez ;
οὐδέποτε γοῦν ἐσιωπᾶ-τε. *	Jamais en effet vous ne vous taisiez.

---

* Σκώπτω, railler, futur σκώψω; ἐπί, sur; σκῶψις, εως, raillerie, dérision. — Μιμέρμαι se contracte en μιμοῦμαι, futur ησομαι, parf. μεμίμημαι, imiter, con-trefaire. — Ἀπορροφέω et ἀπορροφάω, futur ησω, com-posé de ἀπό et de ῥοφέω, avaler, voir la note précé-dente. — Δείδω, craindre, futur δείσω, parfait δέδοικα, plus-que-parfait ἐδεδοίκειν, parfait second δέδοια et δέδια (de δίω); δέδοικά σοι ou περί σοι, je crains pour toi. — Ὁ κρατήρ, ηρος, cratère, grand vase à boire. — Μίγνυμι, μιγνύω, fut. ξω, parf. passif μέμιγμαι, mix-tionner, mélanger. — Ἑστιάω, ῶ; imp. ἡστίαον, con-tracte ἑστίων, ᾶς, α, etc. (Voyez la conjugaison de τιμάω, 2ᵉ partie, page 40.). — Κατέμαθον de κατά et de μανθάνω, apprendre, futur μαθήσομαι, parf. μεμάθηκα, aoriste second ἔμαθον, apprendre (Voyez sur la forme dite aoriste second, 2ᵉ partie.). — Γιγνώσκω et γινώσκω, con-naître, reconnaître, fait au futur γνώσομαι (de γνόω), parf. ἔγνωκα, aoriste premier ἔγνωσα, et aoriste second ἔγνων, ως, ω, etc. — Σφάλλειν, faillir, chanceler, d'où fallo; le passif σφάλλομαι signifie trébucher. Ἐάω, fut. ἐάσω, parf. εἴακα, aoriste premier εἴασα; imp. εἴαον, εἴων, permettre, laisser. — Κράζω, vociférer, croasser, fut. κράξω, aoriste second ἔκραγον; parfait second κέκραγα; plus-que-parfait ἐκεκράγειν, etc. Ἄδω, chanter, fut. ᾄσω, parf. ᾖκα, vient de ἀείδω, imp. ᾖδον. — Ἀκροάομαι, fut. άσομαι, entendre. — Ὄμνυμι, ju-rer, imp. ὤμνυον, ες, ε, etc.; fut. ὀμόσω, parf. ὤμοκα (d'ὀμόω). — Ἀναστάιητε, composé de ἀνά et de στάιητε, deuxième personne plur. de στάιην, ης, η, etc., op-tatif de l'aoriste second ἔστην du verbe ἵστημι (Voir sa conjugaison 2ᵉ partie). — Ἐπιλέλησθε, deuxième personne du pluriel de ἐπιλέλησμαι, parfait passif de

Questions.

Astyage répondit-il sérieusement à Cyrus ?
De qui Cyrus venait-il de faire la caricature ?
Cyrus imita-t-il en tout Sacas ?
Pourquoi ne goûta-t-il pas le vin, ainsi que faisait cet échanson ?
Dans quelle circonstance Cyrus croyait-il que les convives avaient été empoisonnés par Sacas ?
Selon Cyrus, qu'avait fait Sacas dans le festin donné par Astyage, à l'anniversaire de sa naissance ?
Comment Cyrus avait-il fait cette remarque ?
A entendre Cyrus, dans quel état étaient les convives à ce festin ?
Comment se conduisaient-ils ?
Quelles choses précisément fesaient-ils ?
Que font quelquefois les enfans ? Ce que nous ne leur permettons pas.
Un convive joyeux se borne-t-il à parler ?
Écoute-t-il ce qu'on lui dit ?
Entend-il même celui qui chante ?
Et cependant que dit-il de ses chants ?
A table, n'arrive-t-il pas à l'homme le moins fort de citer sa force ?
L'homme ivre peut-il danser en mesure ?
Peut-il seulement se tenir debout ?
Dans une orgie, quelle chose un roi oublie-t-il ?
Et qu'oublient alors ses sujets ?
Des convives joyeux peuvent-ils garder le silence ?
Comment se nomme, en grec, cette égale liberté de tout dire ?
Dans quelle circonstance Cyrus apprit-il à la connaître pour la première fois ?

ἐπί et de λανθάνω, futur λήσω (de λήθω), aoriste second ἐλάθον, parfait second λελήθα, être caché, en latin, latere ; λανθάνομαι signifie j'oublie. — Κατέμαθον, aoriste second de καταμανθάνω, futur μαθήσομαι, parf. μεμάθηκα, apprendre. — ἰσηγορία, droit de parler avec une égale liberté, composé de ἴσος, η, ον, égal, et de ἀγορεύω, parler, haranguer. — Ἐποιεῖτε, dites le temps, le mode, le nombre et la personne de ce verbe ? — Σιωπάω, futur ήσω, parf. σεσιώπηκα. Traduisez : ὦ παῖ, σιώπα · πολλὰ ἔχει ἡ σιώπη καλα. Voir, 2e partie, la conjugaison des verbes en αω, page 40.

Phrases à traduire en grec.

Que dis-tu donc en te raillant ? Ami, tu chantes d'une manière bien ridicule.

Pourquoi, ô Cyrus, imitant ton grand-père, ton frère et le frère de ta mère, n'as-tu pas mangé de tous ces mets et avalé de tous ces vins ? C'est que je ne suis pas imitant les gens qui chancèlent dans leurs corps et dans leurs pensées.

Cyrus ayant pris le cratère, s'approcha d'Astyage et le présenta au roi qui voulait boire.

Les hommes qui chancèlent dans leurs corps se conduisent comme des enfans ; ceux qui chancèlent dans leurs pensées, font eux-mêmes ce qu'ils ne permettent pas à leurs esclaves de faire. Ils crient tous ensemble, et n'apprennent rien les uns des autres.

Aux fêtes de la naissance de notre père, il fallait faire bonne chère et se réjouir ; il fallait goûter des vins de tous les pays ; il fallait souper le plus agréablement que possible. Alors jamais le poison n'était mêlé au vin ; nous n'avions pas d'échansons ; nous-mêmes nous nous versions à boire ; nous n'avions pas, dans ces repas, de nombreux ragoûts, mais de bons mets et de petits plats très-agréables : aussi sans être fâchés (non fâchés), nous arrivons toujours vers le être rassasiés.

Mes enfans, en suivant cette route, vous ne pouviez rien apprendre de bon les uns des autres.

Chacun de vous se plaît excessivement à vanter sa force (vantant sa force est ravi), et cependant aucun de vous n'est fort, car vous n'êtes pas des jeunes gens vigoureux.

Nous sommes venus pour danser (devant danser), et nous n'entendons pas la musique et les danses.

Enfant, tais-toi et écoute le chanteur ; car, par Jupiter, il chante très-bien. Ce que tu fais, tu le fais ridiculement.

Un roi n'est pas toujours souverain ; car un roi chancelant dans son corps et dans sa pensée n'est pas même maître de lui-même.

O enfant, tais-toi, le silence (ἡ σιώπη) a beaucoup d'avantages (de biens) ; et la liberté égale de parler n'est pas toujours utile.

Étant levé pour danser, il faut d'abord danser en mesure.

Les citoyens oublient souvent que les rois son

les souverains, et les rois oublient que les hommes sont des citoyens.

Le fils du roi n'était pas beau physiquement ; vous juriez cependant qu'il était très-beau. Il ne se montrait pas l'emportant sur ses condisciples ; vous juriez cependant qu'il l'emportait sur eux et dans le faire très-promptement les choses qu'il fallait, et dans le apprendre virilement chaque chose.

C'est que les fils des rois sont toujours beaux, et sont toujours très-humains et très-avides de s'instruire. Il disait ces choses en plaisantant.

Dérivés.

Mime, Pantomime, etc. — Cratère. — Mixtion, Mixture, le latin *miscere*. — Le latin *cognosco*, *novi*, etc. — Somatique. — *Fallo*, faillir. — Croasser. — Orchestre. — Rhythme, etc.

20ᵉ LEÇON.

Texte à traduire.

Καὶ ὁ Ἀστυάγης εἶπεν· ὁ δὲ σὸς πατήρ, ὦ παῖ,	Et Astyage dit : Le ou tien père, ô enfant,
πίνων οὐ μεθύσκεται;	buvant ne s'enivre-t-il pas?
Οὐ μὰ Δια, ἔφη.	Non, par Jupiter, dit-il.
Ἀλλὰ πῶς ποιεῖ; Διψῶν παύεται,	Mais comment fait-il? Ayant (d'avoir) soif il cesse,
πάσχει δὲ οὐδὲν ἄλλο κακόν·	et il souffre aucun autre mal :
Σάκας γάρ, ὦ πάππε, οἶμαι, οὐκ οἰνοχοεῖ αὐτῷ.	car Sacas, ô grand père, je pense, ne verse pas du vin à lui.
Καὶ ἡ μήτηρ εἶπεν· ἀλλὰ τί ποτε, ὦ παῖ,	Et la mère dit : Mais pourquoi, ô enfant,
σὺ πολεμεῖς οὕτω τῷ Σάκᾳ; Τὸν δὲ Κῦρον εἰπεῖν ὅτι, νὴ Δία,	toi fais la guerre ainsi à Sacas? Et Cyrus avoir dit : C'est que, par Jupiter,
μισῶ αὐτόν· οὗτος γὰρ	je déteste lui; car celui-ci
ὁ μιαρώτατος ἀποκωλύει	le très-scélérat empêche
πολλάκις με ἐπιθυμοῦντα	souvent moi désirant
προςδραμεῖν πρὸς τὸν πάππον.	accourir vers le grand-père.
Ἀλλά, ὦ πάππε, ἱκετεύω, φάναι, δός μοι ἄρξαι αὐτοῦ	Mais, ô grand-père, je (t'en) supplie, dit-il, donne-moi à commander à (être le commandant de) lui
τρεῖς ἡμέρας. Καὶ τὸν Ἀστυάγην εἰπεῖν·	trois jours. Et Astyage avoir dit :
καὶ πῶς δὴ ἂν ἄρξαις αὐτοῦ·	Et comment donc commanderais-tu à lui?
Καὶ τὸν Κῦρον φάναι· στὰς ἂν, ὥσπερ οὗτος,	Et Cyrus avoir dit : Étant debout, comme celui-ci,
ἐπὶ τῇ εἰσόδῳ,	sur l'entrée,
ἔπειτα, ὁπότε βούλοιτο	ensuite, lorsqu'il voudrait
εἰσιέναι ἐπ' ἄριστον, λέγοιμ' ἂν, ὅτι οὔπω δυνατὸν	entrer pour dîner, je dirais, qu'il n'est pas encore possible
ἐντυγεῖν τῷ ἀρίστῳ· σπουδάζει γὰρ πρὸς τινας.	de se rendre au dîner : car il est occupé (le roi) auprès de quelques (personnes).
Εἶθ' ὁπόταν ἥκῃ	Ensuite lorsqu'il viendrait
ἐπὶ τὸ δεῖπνον, λέγοιμ' ἂν	pour le souper, je dirais
ὅτι λοῦται. Εἰ δὲ	que (le roi) se lave. Et si
πάνυ σπουδάζοι φαγεῖν,	tout-à-fait il était pressé de manger,
εἴποιμ' ἂν ὅτι ἐστι παρὰ ταῖς γυναιξίν·	je dirais qu'il est [roi] auprès des femmes :
ἕως παρατείναιμι τοῦτον,	de sorte que je retarderais celui-ci,
ὥσπερ οὗτος παρατείνει ἐμέ,	comme celui-ci me retarde,
κωλύων ἀπὸ σοῦ *.	(m') éloignant de toi.

---

* Μεθύσκω, futur μεθύσω, parf. μέθυκα, enivrer, au propre et au figuré; le moyen μεθύσκομαι, s'enivrer : racine : τὸ μέθυ, le vin. — Διψάω, ῶ, futur διψήσω; parf. δεδίψηκα, avoir soif, racine : ἡ δίψα, la soif. — Παύω, fut. παύσω; parf. πέπαυκα, mettre fin. Παύομαι, s'appaiser : παύομαι διψῶν, je cesse d'avoir soif. — Πάσχω, futur πείσομαι et πήσομαι (de πηθόμαι), parf. πεπάθηκα (de παθέω); aoriste second ἔπαθον, parfait second πέπονθα, souffrir, endurer, supporter : de là le mot latin pati. — Πολεμέω, fut. ήσω, faire la guerre, combattre. Racine, ὁ πόλεμος, ου, la guerre. — Μισέω, ῶ, fut. ήσω; parf. ηκα, haïr, avoir en aversion; racine : τὸ μῖσος, εος, la haine. — Δρέμω, inusité au présent, fait au futur δραμῶ, aoriste ἔδραμον, parf. δεδράμηκα, parfait second δέδρομα, courir. Nous avons vu le participe de l'aoriste de ce verbe dans l'histoire de l'*Enfant pro-*

Questions.

Comment Astyage s'enivrait-il?

Cambyse s'enivre-t-il quand il boit?

Comment donc fait-il pour ne pas s'enivrer?

Qu'arrive-t-il à Cambyse lorsqu'il boit?

Eprouve-t-il en buvant quelqu'autre incommodité?

A qui Cyrus faisait-il continuellement la guerre par ses paroles?

Pourquoi Cyrus provoquait-il sans cesse Sacas?

Pourquoi lui en voulait-il?

Quelle épithète lui infligeait-il?

Pendant combien de temps Cyrus aurait-il désiré être le maître absolu de Sacas?

Quel usage se proposait-il de faire de son autorité sur lui?

Où Cyrus se serait-il posté pour attendre Sacas?

Que se proposait-il de dire à Sacas, lorsque celui-ci se présenterait pour dîner?

Et que devait-il dire à Sacas, lorsque celui-ci arriverait pour souper?

Et si Sacas montrait alors trop d'empressement, que devait lui dire Cyrus?

Et en cela quel était le but de Cyrus?

Phrases à traduire en grec.

Dans chaque souper toujours Astyage s'enivre et enivre tous ses amis comme dans les fêtes de sa naissance.

Mèdes, à dîner Astyage ne s'enivre jamais, et vous n'aviez point oublié, toi Astyage que tu étais roi, et vous autres qu'Astyage était votre souverain.

L'homme qui s'enivre ne se tait jamais et souvent il cite sa force. Le vin est à lui un poison.

Esclave, quand vous tuez un chevreau, il faut d'abord le laver proprement.

Dans les soupers d'Astyage, un esclave avait la charge de présenter et de distribuer des essuie-mains à tous les amis du roi, et de soutenir avec les mains ceux qui étant ivres étaient voulant encore boire.

Cyrus étant jeune homme ne voulut jamais s'enivrer, comme il avait vu son grand-père (faire).

Mandane supplia Astyage de permettre à Cyrus de chanter, jurant qu'il chantait très bien.

Cyrus devenu roi renversera les échansons de leur charge; et ceux-ci ne boiront plus le vin du roi.

Rincez les cyathes, les cratères, les vases-à-boire, et présentez du vin à tous ceux de mes amis qui veulent boire.

J'appris clairement pourquoi Cambyse en buvant ne s'enivrait jamais: c'est qu'il buvait modérément et ne dégustait pas de plusieurs vins. Quand il avait soif, il buvait.

Je vous ferai la guerre, disait Astyage, parce que vous buvez modérément.

Tu ne te laves pas chaque jour; ce n'est point là vivre avec propreté.

Je suis pressé de manger; donne-moi des mets de toutes sortes et des vins excellens.

A souper, Cyrus sera pressé de manger, parce qu'il a monté à cheval dans une contrée montagneuse. Alors celui qui l'écarterait du souper ne serait pas son ami.

La parure des femmes est toujours plus belle que celle des hommes.

Ce maraud d'esclave n'ajournera plus Cyrus, quand il voudra pénétrer vers son grand-père.

L'ivresse et la soif sont deux très grands maux. Il faut leur faire la guerre, mais il n'est pas toujours possible de leur commander.

---

digue. — Μιαρός, οῦ, souillé, impur, scélérat. — Κώλυω, fut. υσω, réprimer, empêcher, défendre. — Ἄρχω, fut. άρξω, aor. ἦρξα; parf. ἦρχα; ce verbe a deux sens bien distincts: commencer et commander à: ἡ ἀρχὴ signifie de même commencement et commandement. — Ἡ εἴσοδος, ου, entrée, vestibule; racine: ἡ ὁδός, le chemin. Nous l'avons vu page 14. — Βούλομαι, ἐομαι, fut. βουλήσομαι, parf. βεβούλημαι, parf. second βέϐουλα, vouloir. Ce verbe a les mêmes significations en grec que le mot vouloir en français, quand nous disons: vouloir du bien; que veut dire ce mot; les enfants veulent être menés par la crainte, etc. — Λέγω, fut. λέξω, parf. λελέχα, dire, choisir (Voyez la formation des temps des verbes en γω, 2e partie. — Τὸ ἄριστον, le repas du matin; τὸ δεῖπνόν, le repas du soir. — Ἐντυγχάνω, fut. ἐντεύξομαι, parf. ἐντετύχηκα, aoriste second ἐνέτυχον, inf. ἐντυχεῖν, assister, se trouver présent, hanter, fréquenter, etc. — Σπουδάζω, futur άσω, parler sérieusement, etc. — Λούω, fut. λούσω, laver; λούομαι, et par syncope λοῦμαι, se laver. — Παρατείνω, fut. ενῶ, parf. παρατέτηχα, remettre. — Ἡ γύνη, la femme, gén. αἰκός, etc.

Dérivés.

Polémique. — Pause. — Pathos, Passion, le mot latin *Pati*; Pâtir, etc.; Homœopathie. — Maraud. — Station, etc. — Lotion. — Misogyne, Gynecée, Monogynie, etc.

21ᵉ LEÇON.

Texte à traduire.

Ἐπειδὴ δὲ ἡ Μανδάνη παρεσκευάζετο ὡς ἀπιοῦσα	Et lorsque Mandane se préparait comme devant s'en aller
πάλιν πρὸς τὸν ἄνδρα,	de nouveau vers le (sien) mari,
ὁ Ἀστυάγης ἐδεῖτο αὐτῆς	Astyage demanda d'elle
καταλιπεῖν τὸν Κῦρον.	de laisser Cyrus.
Ἡ δὲ ἀπεκρίνατο, ὅτι βούλοιτο ἂν μὲν χαρίζεσθαι	Et elle répondit, que elle voudrait à la vérité être agréable
ἅπαντα τῷ πατρὶ,	(en) toutes choses au (sien) père,
νομίζειν μέντοι εἶναι χαλεπὸν	croire cependant être difficile
καταλιπεῖν ἄκοντα τὸν παῖδα.	de laisser ne le voulant pas l'enfant.
Ἔνθα δὴ ὁ Ἀστυάγης λέγει πρὸς τὸν Κῦρον·	Alors donc Astyage dit à Cyrus :
ὦ παῖ, ἢν μένῃς παρ' ἐμοὶ,	ô enfant, si tu restes auprès de moi,
πρῶτον μὲν Σάκας οὐκ ἄρξει σοὶ	d'abord d'un coté Sacas ne éloignera plus (pour) toi
τῆς παρ' ἐμὲ εἰσόδου,	de la auprès de moi entrée,
ἀλλ' ὁπόταν βούλῃ εἰσιέναι ὡς ἐμὲ, ἔσται ἐπὶ σοὶ·	mais lorsque tu veux pénétrer vers moi, il sera en toi.
καὶ εἴσομαι χάριν σοὶ,	et je fonderai grâce à toi,
μᾶλλον, ἔφη, ὅσῳ ἂν εἰσίῃς πλεονάκις ὡς ἐμέ.	d'autant plus, dit-il, que tu viendras plus souvent vers moi.
Ἔπειτα δὲ, χρήσῃ	Et ensuite, tu te serviras
ἵπποις τοῖς ἐμοῖς,	des chevaux les miens,
καὶ ἄλλοις ὁπόσοις, ἂν βούλῃ·	et d'autres autant que tu veux :
καὶ ὅταν ἀπίῃς, ἄπει	et quand tu t'en vas, tu t'en vas
ἔχων οὓς ἂν αὐτὸς ἐθέλῃς	ayant ceux que (toi) même peux vouloir.
Ἔπειτα δὲ, ἐν τῷ δείπνῳ,	Et ensuite dans le souper,
ἐπὶ τὸ δοκοῦν σοὶ ἔχειν μετρίως	vers le paraissant à toi être modérément
πορεύσῃ ὁδὸν ὁποίαν βούλει.	tu suivras le chemin que tu veux.
Ἔπειτα τε δίδωμί σοι τὰ θηρία νῦν	Et ensuite, je donne à toi les animaux maintenant
ἐν τῷ παραδείσῳ,	dans le parc,
καὶ συλλέξω ἄλλα παντοδαπὰ,	et je (en) réunirai d'autres de tous pays,
ἅ, ἐπειδὰν τάχιστα μάθῃς	lesquels, après que très promptement tu auras appris
ἱππεύειν, σὺ διώξῃ	à monter à cheval, tu poursuivras
καὶ καταβαλεῖς τοξεύων καὶ ἀκοντίζων,	et abattras tirant de l'arc et lançant le javelot,
ὥσπερ οἱ μεγάλοι ἄνδρες,	comme les grands hommes.
Καὶ δὲ σοὶ ἐγὼ παρέξω	Et en outre à toi moi je présenterai
παῖδας συμπαίκτορας·	des enfans camarades de jeux :
καὶ λέγων πρὸς ἐμὲ ἄλλα ὅσα ἂν βούλῃ,	et disant à moi les autres (choses) que tu peux vouloir,
οὐκ ἀτυχήσεις *.	tu ne seras malheureux.

---

* Παρασκευάζω, f. άσω; *faire des préparatifs*. Ce verbe est composé de la préposition παρὰ et du verbe σκευάζω, qui lui-même vient de σκευός, εος, *vase meuble, ustensile de toute espèce*. — Δέομαι, f. εήσομαι, *prier, implorer*. Ce verbe signifie aussi *avoir besoin de* : χρημάτων δεόμενος, *ayant besoin d'argent* Sans régime il signifie *être dans le besoin*. — Καταλείπω, *laisser après soi*. Λείπω, f. ψω, parf. λέλειφα aor. second ἔλιπον, part. second λέλοιπα; à quel mode et à quel temps καταλιπεῖν? Il faut se rappeler que l'augment n'existe qu'au mode *indicatif*. — Ἀποκρίνω, f. ινῶ, *séparer, choisir*; Ἀποκρίνομαι, aoriste premier ἀπεκρινάμην et ἀπεκρίθην, *répondre*; nous avons rencontré ἀποκριθεὶς participe de ce dernier aoriste: ἀπόκριναί μοι, *réponds-moi*. — Χαρίζομαι, f. ίσομαι, part. passé κεχάρισμαι, *faire plaisir*. Κεχαρισμένος, le *bienfaiteur*. Τὸ κεχαρισμένον, *la grâce*. Racine χάρις, *grâce*. — Ἑκὼν, *libens, qui agit de son plein gré*; en y joignant α privatif on a fait ἀέκων, qui se contracte en ἄκων, *invitus, qui agit par contrainte*. — Μένω, fut. μενῶ, parf. μεμένηκα, aor. premier ἔμεινα, *demeurer, rester*. Μένει σὲ δίκη, *pœna te manet*. — Ἄρχω, f. ἄρξω, p. ἦρχα, aor. premier ἦρξα; deux significations bien distinctes : *commencer* et *commander*. Peut-être est-il ici plutôt le futur du verbe ἀρκέω, parf. ἦρκεκα, *éloigner, repousser*, comme en latin *arcere* : « Odi

Questions.

Que fesait Mandane quand Astyage la pria
de lui laisser Cyrus?

Quelle grâce Astyage demanda-t-il à Mandane, quand celle-ci fesait ses dispositions
de départ?

Quelle personne Mandane se disposait-elle
aller retrouver?

Mandane désirait-elle faire ce qui pouvait
être agréable à son père?

Mais pouvait-elle consentir à laisser son
fils malgré lui près d'Astyage?

Qui se chargea de solliciter Cyrus de rester
en Médie?

Quelles différentes promesses fit Astyage à
Cyrus pour l'engager à rester près de lui? (*)

Quand sera-t-il désormais permis à Cyrus
de se présenter à Astyage?

Astyage saura-t-il gré à Cyrus de venir le
visiter souvent?

Cyrus ne pourra-t-il se servir que des chevaux appartenant à Astyage?

Quand Cyrus retournera plus tard en Perse,
lui sera-t-il permis d'emmener des chevaux?

Combien de chevaux pourra-t-il emmener
avec lui?

Dans ses repas à la cour d'Astyage, Cyrus sera-t-il obligé de goûter de tous les mets
et de suivre Astyage dans ses excursions gas-
tronomiques?

Dans quel lieu sont enfermées les bêtes
fauves appartenant à Astyage?

A qui appartiendront-elles désormais?

Mais à quelle condition?

Astyage ne donnera-t-il à Cyrus que les
bêtes fauves enfermées dans son parc?

---

profanum vulgus et arceo » — Εἴσομαι χάριν, je fon-
erai, je placerai grâce, futur du verbe εἴω. — Μᾶλ-
ν, plus, comparatif de μάλα, beaucoup dont le su-
erlatif est μάλιστα, surtout, extrêmement. Μᾶλλον est
posé à ἧττον, moins : μᾶλλον τοῦ δέοντος, plus qu'il
 faut. Τοσούτῳ μᾶλλον, d'autant plus. — Πλεονάκις,
us souvent, comparatif de πολλάκις, souvent, de
ême que πολύς, beaucoup, fait au comparatif πλεῖον
πλέον. — Εἰξῇς, deuxième personne du subjonctif
αω du verbe εἶμι, aller, formé de ἔω, εἴω, ἴω et de la
réposition εἰς, dans. — Ἀπῇς, même verbe ; modifi-
ation de sens par la préposition ἀπὸ qui marque sé-
aration. — Ἄπει, deuxième personne singulier du pré-
nt indicatif du même verbe ἄπειμι. Remarquez que ces
rbes sont mis ici au présent pour le futur. L'emploi
u présent pour le futur a lieu très fréquemment ; il
n est de même de ἐθέλῃς, subjonctif de ἐθέλω, f. ήσω,
vuloir. — Μετρίως, adverbe de manière, formé de
adjectif μέτριος, modéré. Racine, μέτρον, mesure, au
opre et au figuré. Δοκοῦν, neutre du participe pré-
nt du verbe δοκέω, paraître (Voir la conjugaison
ntractée de φιλέω, 2e partie, page 40). — Ἔχω,
voir, qui s'est joint comme ici avec un adverbe
arque simplement un état ou une disposition ha-
tuelle et peut se traduire par le verbe être : εὖ ἔχω
ει τῷ σῶμα, je suis bien (par) le corps, je me porte bien.
ει οὕτως, (la chose) est ainsi. Πῶς ἔχεις, comment
-tu, comment te portes-tu? — Βούλει, deuxième per-
nne du singulier du présent indicatif βούλομαι. Rap-
lons-nous que la deuxième personne βούλεται se con-
acte ordinairement en η (Voir la conjugaison de
ομαι, 2e partie, page 34), et nous voyons ici qu'elle
contracte quelquefois en ει. — Πορεύομαι, f. σομαι,
rtir, se mettre en route. Nous l'avons rencontré
ans l'histoire de l'Enfant prodigue : καὶ πορεύ-
ς, etc. ; quel est ce mode? et puis : πορεύσομαι πρὸς
ν πατέρα. — Συλλέξω, futur du verbe συλλέγω, com-
osé de λέγω et de συν, avec. Remarquez ce change-

ment de ν en λ devant λ : nous le fesons de même en
français dans les mots illimité, collection. — Μάθῃς,
quid? — Διώκω, f. διώξω, et διώξομαι, parf. δεδίωχα,
poursuivre. — Τοξεύω, tirer de l'arc, de τόξον, arc;
τοξικόν, venin, parce que les flèches étaient empoison-
nées. — Ἀκοντίζω, tirer une flèche. Racine ἄκων, flèche.
— Καταβάλλω, f. καταβαλῶ ; la préposition κατα dans
la composition des verbes, comme l'adverbe κάτω,
indique un mouvement de haut en bas. Βάλλω, je
jette; καταβάλλω, je jette en bas, je renverse. Ἀνὰ et
ἀνώ indiquent le mouvement opposé, celui de bas en
haut; nous avons vu ἀναστάς, s'étant levé. — Μεγάλοι,
nominatif pluriel masculin de μέγας, μεγάλη, μέγα,
gén. μεγάλου, qui se décline comme πολύς, πολλή, πολλή, πολύ (Voir 2e partie, page 18). — Ἀνήρ, homme
(en latin vir), se décline à peu près comme πατήρ et
rejette l'ε à tous les cas : N. ἀνήρ, V. ἄνερ, G. ἀνδρός,
D. ἀνδρί, A. ἄνδρα. P. N. V. ἄνδρες, G. ἀνδρῶν, D. ἀν-
δράσι, A. ἄνδρας, D. ἄνδρε, ἀνδροῖν — Συμπαίκτωρ, ορος,
camarade de jeux. Racine, παίζω, jouer. — Παρέχω,
fut. ξω, aor. second, παρέσχον, imparf. παρεῖχον, donner, fournir, procurer (Voir page 15, la note). — Ἀτυχέω, fut. ήσω, parf. ἠτύχηκα, être malheureux, composé de α privatif et de τύχη, fortune, bonheur.

* L'élève parlant de Cyrus à la troisième personne,
il s'ensuit que les verbes doivent éprouver quelques
changements de personnes, et aussi que l'élève devra
opérer quelques autres changements de noms, qu'il
fera très-facilement pour peu qu'il y réfléchisse.

Comment Astyage et les hommes faits abattent-ils à la chasse les bêtes fauves?

Faudra-t-il encore beaucoup de temps à Cyrus pour apprendre à monter à cheval?

Cyrus est-il déjà un homme fait?

Quels camarades Astyage lui procurera-t-il?

Désormais Cyrus éprouvera-t-il quelque refus de la part d'Astyage dans les autres demandes qu'il pourra lui adresser?

Phrases à traduire en grec.

Si Cyrus reste de bon gré en Médie, il aura des manteaux de pourpre, des bracelets, des colliers; il dînera quand il voudra; et quand il fera ses préparatifs comme devant retourner vers sa mère et son père, il se mettra en route ayant tous les chevaux que son grand-père lui a donnés.

Il dépendra de lui (il sera en lui) d'apprendre les choses qu'il désire, de manger le plus agréablement (possible) et de n'avoir point d'embarras dans ses soupers.

Ce chemin nous conduit à la ville; il faut y entrer et ne point errer à l'aventure par de nombreux détours en haut et en bas.

Si tu montes à cheval n'ayant pas appris, ton cheval te renversera bien certainement.

Étant renversé et rentrant en moi-même, je dirai : je ne monterai plus à cheval et j'aurai toujours en horreur les chevaux.

Le précepteur fait souvent ce qu'il ne permet pas à ses élèves de faire. Alors il est chancelant dans sa pensée.

Élèves, jamais vous ne faites silence quand je parle. Ici cependant (ἐνταῦθα μέντοι) vous n'avez pas la liberté égale de parler. Cessez de crier (criant mettez fin); car vous n'apprenez rien les uns des autres. Écoutez votre maître.

Cambyse, comment fais-tu donc? Jamais tu n'as soif, et boire est à toi une chose rare.

Devant partir, je laisserai mon fils à mon grand-père, et malgré lui mon grand-père l'aimera, parce que l'enfant est caressant.

Si je reste près de toi, ô grand père, je suivrai le chemin que je voudrai dans ce qui me semblera le plus conforme à la modération.

Quand j'aurai appris à monter à cheval, à tirer de l'arc et à lancer le javelot, je poursuivrai, comme un homme fait, les veaux, les chevreaux

et les bêtes fauves que tu m'as donnés, et je ferai servir des mets plus abondans.

Tous les jeunes gens de mon âge ne sont [pas] mes camarades de jeux; et n'ayant pas toutes choses que je veux et je désire, je suis malheureux.

Dérivés.

Apprêts.—Androgyne, Monandrie, etc.— Crise, κρίνω, *juger.* — *Arceo.* — Mètre. — Paradis. — D[..] mes, etc., etc.

22ᵉ LEÇON.

Texte à traduire.

Ἐπεὶ δὲ ταῦτα εἶπεν ὁ Ἀστυάγης,	Et après que ces chos[es] eut dit Astyage,
ἡ μήτηρ διηρώτα τὸν Κῦρον,	la mère interrogea C[y]rus,
πότερα βούλοιτο, μένειν ἢ ἀπιέναι.	lequel des deux il vo[u]lait, rester ou s'en a[l]ler.
Ὁ δὲ οὐκ ἠμέλλησεν, ἀλλὰ ταχὺ εἶπεν, ὅτι μένειν βούλοιτο.	Or il n'hésita pas, ma[is] promptement dit, que rester il voulait.
Ἐπερωτηθεὶς δὲ πάλιν ὑπὸ τῆς μητρός,	Et interrogé sur (cel[a]) de nouveau par [sa] mère,
διὰ τί, εἰπεῖν λέγεται·	pourquoi, avoir dit est rapporté :
ὅτι οἴκοι μὲν καὶ εἰμὶ	parce que à la mais[on] d'un côté et je suis
καὶ δοκῶ εἶναι τῶν ἡλίκων	et je parais être des en[fans] de mon âge
κράτιστος, ὦ μῆτερ, καὶ τοξεύων, καὶ ἀκοντίζων·	le plus fort, ô mère, et tirant de l'arc et lan[çant] le javelot :
ἐνταῦθα δὲ εὖ οἶδα, ὅτι ἱππεύων ἥττων εἰμὶ	mais ici bien je sais, que montant à chev[al] inférieur je suis,
τῶν ἡλίκων· καὶ εὖ ἴσθι,	des enfans de mon âge et bien sache,
ὦ μῆτερ, ὅτι τοῦτο ἐμὲ πάνυ ἀνιᾷ. Ἢν δὲ κατα-λίπῃς	ô mère, que cela moi tout-à-fait ennuie. Ma[is] si tu laisses
με ἐνθάδε, καὶ μάθω ἱππεύειν,	moi ici, et que j'ap[prenne] à monter à che[val,
ὅταν μὲν ἐν Πέρσαις ὦ,	quand d'un côté dans les Perses je suis (serai)
οἶμαί σοι νικήσειν ῥᾳδίως.	je pense te devoir vain[c]re aisément

* Étudier les verbes en μι, 2ᵉ partie.

ἐκείνους τοὺς ἀγαθοὺς τὰ πεζικὰ·
Ὅταν δέ ἔλθω ἐνθάδε

εἰς Μήδους, ὢν κράτιστος
ἱππεὺς ἀγαθῶν ἱππέων,

πειράσομαι συμμαχεῖν

αὐτῷ τῷ πάππῳ.
Τὴν δὲ μητέρα εἰπεῖν·
Πῶς δὲ μαθήσῃ, ὦ παῖ,

ἐνθάδε τὴν δικαιοσύνην, τῶν διδασκάλων σοὶ ὄντων ἐκεῖ;
Καὶ τὸν Κῦρον φάναι·
Ἀλλ᾽, ὦ μῆτερ, ἀκριβῶς ταύτην γε οἶδα.
Πῶς σὺ οἶσθα,
εἰπεῖν τὴν Μανδάνην·
Ὅτι, φάναι, ὁ διδάσκαλος

καθίστη μὲ ὡς ἀκριβοῦντα

ἤδη τὴν δικαιοσύνην, καὶ δικάζειν ἄλλοις.

Καὶ τοίνυν, φάναι,

ποτὲ ἐπὶ μιᾷ δίκη,

ἔλαβον πληγάς,
ὡς οὐκ ὀρθῶς δικάσας *.

ceux-là les bons (dans) les exercices à pied :
et quand je suis (serai) revenu ici
dans les Mèdes, étant le plus fort
cavalier des bons cavaliers,
Je tâcherai de combattre conjointement avec le grand-père lui-même.
Et la mère avoir dit :
Et comment apprendras-tu, ô enfant,
ici la justice,
les maîtres à toi étant là bas ?
Et Cyrus avoir dit :
Mais, ô mère,
exactement elle je sais.
Comment toi tu sais,
avoir dit Mandane ?
Parce que, dit-il, le maître
plaçait moi comme connaissant
déjà la justice,
même pour juger les autres.
Et en conséquence, dit-il,
un jour pour une seule cause,
je reçus des coups,
comme non droitement ayant jugé.

Questions.

Que demanda Mandane à Cyrus après qu'Astyage eut ainsi parlé?

Cyrus eut-il de la peine à prendre un parti?

Pour quel motif Cyrus préférait-il rester en Médie?

Quel sentiment éprouve Cyrus de son infériorité dans l'art de monter à cheval?

Qu'arrivera-t-il si Cyrus ne retourne en Perse que lorsqu'il aura appris à bien manier un cheval?

Et si ensuite il revient en Médie, que fera-t-il alors?

Dans quels exercices les enfans des Perses sont-ils particulièrement instruits?

Dans quel exercice les enfans des Mèdes se distinguent-ils, au contraire?

Pourquoi les jeunes Perses n'apprennent-ils point à monter à cheval?

En apprenant à monter à cheval que veut devenir Cyrus?

---

* Διηρώτα, quel temps du verbe contracte διερωτάω? — Ἠμήλλησε pour ἐμέλλησε, aoriste premier de μέλλω, être sur point de, tarder, différer, temporiser. — Ταχὺ, vite; nous avons vu son superlatif ταχίστα, très vite. — Ἐπερωτηθεὶς, quel temps, quel mode? — Κράτιστος, très fort, adjectif superlatif formé de κράτος, force; κραταιὸς, fort, robuste; κρείσσων, κρείττων, plus fort; supérieur; κρατέω, commander, l'emporter. — Ἴσθι pour ἴσθι, sache, impératif d'ἴσημι; ne pas confondre avec ἴσθι, sois, impératif d'εἰμί. — Ἡ ἀνία, chagrin, tristesse; ἀνιάζω et ἀνιάω, fut. άσω, chagriner, affliger; ἀνιαρὸς, οῦ, adj. affligeant. — Καταλίπῃς: nous avons vu que καταλείπω faisait à l'aoriste second l'indicatif κατέλιπον; mais comme l'augment n'existe qu'à l'indicatif, il s'ensuit que le subjonctif sera καταλιπῶ, ῃς. — Μάθω, subjonctif de ἐμάθον aoriste second du verbe μανθάνω que nous connaissons. — Νικάω, vaincre, fut. ήσω, inf. νικήσειν. — Ῥᾴδιος, facile, comp. ῥᾴων, plus facile; superl. ῥᾶστος, très facile;

adv. ῥᾳδίως, facilement. — Πεζικὸς, ἡ, ὸν, de pied, qui concerne l'infanterie. — Ἔλθω, subjonctif de l'aoriste second ἦλθον, dont nous avons vu la troisième personne ἦλθε, du verbe irrégulier ἔρχομαι. — Πειράσομαι, ωμαι, fut. ήσομαι et αοομαι, essayer, s'efforcer. Racine, Πεῖρα, épreuve. Nous avons vu dans la fable d'Ésope: πεῖραν λαβεῖν. De là le mot français empirique. — Συμμαχέω, ῶ, et συμμάχομαι, faire la guerre avec. Racine, μάχη, combat. — Ἀκριβὴς, gén. έως, juste, exact; ἀκριβῶς, exactement; ἀκριβόω, savoir parfaitement, se décline comme δηλόω. — Οἶδα, je sais, comme novi, parfait second du verbe εἴδω, voir, fut. εἴσω, aoriste second εἶδον et ἴδον : nous avons vu εἶδεν αὐτὸν ὁ πατὴρ αὐτοῦ. Le présent de ce verbe n'est pas usité; le parfait second οἶδα signifie j'ai vu, donc je sais. Voici comment il se conjugue: S. οἶδα, οἶσθα, οἶδε; P. ἴσμεν (d'ἴσημι), ἴστε, ἴσασι. Imp. ἴσθι, ἴστω, etc.; subj. εἰδῶ; opt. εἰδείην; inf. εἰδέναι; part. εἰδὼς, υἶα, ὸς; plus-que-parfait ᾔδειν, comme noveram signifie, je savais. — Καθίστημι, je place, imparf. καθίστην, ης. η, etc. — Ἔλαβον, aoriste second du verbe irrégulier λαμβάνω, prendre, recevoir, fut. λήψομαι, parf. λέλαφα, plus-que-parf. λέλαμμαι. — Ἡ πληγὴ, ῆς, coup, blessure, plaie. — Ὀρθος, adj. droit; ὀρθόω, rendre droit; nous avons vu l'infinitif du présent moyen ὀρθοῦσθαι, se tenir droit, adv. ὀρθῶς, droitement, avec justice. — Δικάσας participe de l'aoriste de δικάζω, juger. Racine, δίκη, affaire, cause.

5

Par qui, en Perse, la justice est-elle enseignée?

Dans quelle contrée Cyrus pouvait-il apprendre les règles de la justice?

Pourquoi ne pouvait-il aussi bien s'instruire en Médie dans les règles de la justice?

Cyrus alors y était-il entièrement étranger?

Sur quoi Cyrus jugeait-il qu'il connaissait les principes de la justice?

Dans quelle occasion Cyrus, un jour, fut-il puni?

Pourquoi fut-il puni?

Comment fut-il puni?

Phrases à traduire en grec

Astyage demanda à Cyrus lequel il voulait ou d'un manteau ou d'une tunique?

Cyrus en Perse n'avait jamais monté à cheval; cependant, en Médie, il n'hésita pas à y monter et de faire comme il avait vu Astyage faire, quand celui-ci fesait route sur son cheval à frein doré.

Interrogé de nouveau par Astyage lequel il préférait ou de rester à la maison ou de sortir dehors à cheval, Cyrus répondit sur le champ, qu'il voulait sortir.

Bientôt (promptement), dit Cyrus, je tirerai de l'arc et je lancerai le javelot comme les hommes faits; bientôt je ne serai plus inférieur à mes camarades dans le monter à cheval; et alors j'essaierai d'abattre les bêtes fauves qui sont maintenant dans le parc et aussi celles qui sont dans les champs de cette contrée montagneuse.

Je réunirai beaucoup d'enfans braves; je serai leur commandant, leur roi, et combattant avec eux, je ne serai pas malheureux; car alors je serai très fort.

Des cavaliers ne vaincront pas aisément ces Perses si bons dans les exercices du fantassin.

Sache bien, ô grand père, dit Cyrus, que tous tes mets, tes sauces et tes plats m'ennuient extrêmement; traite-moi à table comme un de tes serviteurs, donne-moi du pain, du vin et de la viande, et ainsi je souperai le plus agréablement possible.

Quand j'apprends à monter à cheval, souvent mon cheval me renverse, et cela m'ennuie extrêmement.

Quand je serai un homme fait, je serai très fort, et alors je combattrai avec les Mèdes et les Perses; car déjà j'ai vaincu les bêtes fauves du parc.

Désobéir aux lois de la cité, c'est désobéir aux lois de la justice.

En Perse, il y a des maîtres qui enseignent la justice, comme il y en a d'autres qui enseignent les exercices du fantassin.

Astyage, roi des Mèdes, ne connaît pas, à la vérité, exactement les règles de la justice; mais il connaît les règles des festins.

Nous jugeons avec justice et droitement quand nous connaissons exactement les lois de la justice et si nous voulons ainsi juger.

Celui qui connaît exactement la justice et ses lois, est digne de recevoir des coups, s'il ne juge pas avec droiture.

Celui-là est dit être juge (δικαστής) qui est préposé pour juger les autres.

Dérivés.

Manere, Abesse. — Tachygraphie. — *Toxique* poison, parce que les barbares empoisonnaient leurs flèches. — Mathématiques. — Nicanor, Nicodème, Nicolas. — Laodicée, etc.

23ᵉ LEÇON.

Texte à traduire.

Ἡ δίκη ἦν τοιάδε· παῖς μέγας ἔχων μικρὸν χιτῶνα, ἐκδύσας ἕτερον παῖδα μικρὸν ἔχοντα μέγαν χιτῶνα,	L'affaire était telle : un enfant grand ayant une petite tunique, ayant dépouillé un autre enfant petit ayant une grande tunique,
ἠμφίεσε μὲν ἐκεῖνον τὸν ἑαυτοῦ,	revêtit d'abord celui-là de lui-même (tunique),
αὐτὸς δὲ ἐνέδυ τὸν ἐκείνου. Δικάζων γοῦν τούτοις, ἐγὼ ἔγνων εἶναι βέλτιον	et lui-même endossa la de celui-là (tunique) Jugeant donc ceux-ci, je reconnus être meilleur
ἀμφοτέροις ἑκάτερον ἔχειν τὸν ἁρμόζοντα χιτῶνα. Ἐν δὲ τούτῳ	à tous deux chacun avoir la proportionnée tunique. Et en cette (circonstance),
ὁ διδάσκαλος ἔπαισε με, λέγων ὅτι ὁπότε μὲν	le maître frappa moi, disant que lorsque à la vérité

κατασταθείην κριτὴς τοῦ ἁρμόττοντος, je serais établi juge du convenable,

δέοι ποιεῖν οὕτω · ὁπότε δὲ δέοι κρῖναι il faudrait faire ainsi : mais que lorsqu'il fallait juger

ὁποτέρου ὁ χιτὼν εἴη, duquel des deux la tunique serait,

ἔφη τοῦτο εἶναι σκεπτέον il dit ceci être devant être regardé

τίς κτῆσίς ἐστι δικαία · laquelle possession est juste :

πότερα τὸν ἀφελόμενον βίᾳ laquelle des deux (choses il faut, ou) celui ayant enlevé par violence

ἔχειν, ἢ τὸν ποιησάμενον, ἢ πριάμενον κεκτῆσθαι. (l') avoir, ou celui (l') ayant confectionnée ou (l')ayant achetée (la) conserver.

Ἔπειτα δὲ ἔφη τὸ μὲν νόμιμον δίκαιον εἶναι · τὸ δὲ ἄνομον, βίαιον. Et ensuite il dit le légal d'un côté juste être : et de l'autre l'illégal, (être) violent.

Ἐκέλευε οὖν δεῖν τὸν δικαστὴν τίθεσθαι τὴν ψῆφον σὺν τῷ νόμῳ. Il ordonnait donc falloir le juge déposer le suffrage avec la loi.

Οὕτως ἐγώ σοι οἶδα, ἔφη, ἀκριβῶς πάντά πασι τὰ δίκαια · ἢν δέ ἄρα Ainsi je le sais, dit-il, exactement en tout les choses justes : Et si cependant

προσδέωμαί τι, οὗτος ὁ πάππος,- j'ai besoin en outre de quelque chose, celui-ci le grand-père

ἔφη, ἐπιδιδάξει με *. dit-il, en instruira moi.

Auquel des deux enfans appartenait la petite tunique?

Quelle tunique avait le plus petit enfant?

Que fit d'abord le plus grand enfant au plus petit?

Après l'avoir dépouillé, laissa-t-il le plus petit sans tunique ?

Quel rôle joua Cyrus dans cette affaire? Racontez l'affaire.

Que trouva convenable Cyrus de décider?

Que fit alors son précepteur ?

Pourquoi le frappa-t-il?

En quoi Cyrus avait-il mal jugé?

---

bon, βελτιόω, *rendre meilleur*, fut. ώσω; βέλτιστος, ου, adj. superl. *très bon*. — Ἀμφότερος, ου, *l'un et l'autre*, *tous les deux*. — Ἑκάτερος, ου, *l'un et l'autre et l'un ou l'autre*. Ἐφ' ἑκάτερα, *de part et d'autre*. — Ἁρμόζω, ἁρμόττω, fut. όσω, parf. ἥρμοκα, *convenir*, *s'accorder*, *s'harmoniser*. — Παίω, fut. παίσω et παιήσομαι, parf. πέπαικα, plus-que-parf. πέπαισμαι, *frapper*. Conjuguez ce verbe.— Κατασταθείην, optatif de l'aoriste premier, κατεστάθην, du verbe καθίσταμαι, passif du verbe καθίστημι, fut. καταστήσω, parf. κατέστηκα, aor. second κατέστην, *établir*, *placer*, *constituer*. — Κρίνω, *juger*, fut. κρινῶ, parf. κέκρικα, aor. premier ἔκρινα, plus-que-parf. κέκριμαι; ὁ κριτὴς, *juge*; ἡ κρίσις, εως, *jugement*; τὸ κριτήριον, la faculté de l'âme qui juge.— Σκεπτέον, *il faut examiner*, *adjectif verbal* formé de σκέπτομαι, *considérer avec attention*. On sait qu'en latin le participe en *dus*, *da*, *dum* exprime nécessité, obligation : « *Scribenda est epistola*, il faut écrire une lettre. » Les Grecs ont, pour suppléer à cet emploi du participe, des adjectifs verbaux en τέος, τέα, τέον : γραπτέον ἐστί, *il faut écrire*, τιμητέα ἐστὶν ἡ ἀρετή, *la vertu est devant être honorée*. Ces adjectifs se forment du participe aoriste premier passif, en changeant la terminaison θείς en τέος. — Ἡ κτῆσις, εως, *la possession* de κτάομαι, *posséder*, fut. κτήσομαι, parf. κέκτημαι. De là ἀνακτάομαι, *recouvrer*, *se concilier l'amitié*; nous l'avons vu page 24. — Ἀφελόμενος, participe de l'aoriste second moyen ἀφειλόμην, du verbe ἀφαιρέω, fut. ήσω et έσω, parf. ηκα, aor. second ἀφεῖλον (Nous l'avons vu δεῖλεν αὐτοῖς·), fut. second ἀφελῶ, aor. premier ἀφεῖλα, *enlever*, *ôter*. Ἀφαιρέομαι, au moyen, a la même signification : Ἀφαιρέομαί σοι τοῦτο, *je t'ôte cela*, composé de ἀπὸ et de αἱρέω. — Ποιησάμενος, quid? — Πλάομαι, fut. πρίωμαι, impér. πρίω, *acheter*; Μικροῦ πρίασθαι, *acheter à bas prix*. — κεκτῆσθαι, quid ?— Νόμιμος, ἄνομος, Racine, νόμος, *loi*; *usage*.— Βίαιος, Racine, ἡ βία, *la force*.

---

* Ἐκδύω, *déshabiller*, *dépouiller* est le contraire de ἐνδύω, *revêtir*, que nous connaissons : ἐνδύσατε αὐτὴν τὴν στολήν, etc. Quel mode et quel temps ἐκδύσας ?—Ἀμφιέννυμι, ἀμφιέννυω, fut. ἀμφιέσω, aor. ἠμφίεσα, ας, ε, *habiller*, *revêtir*.—Ἐνδύω, troisième personne du singulier de l'imparfait et de l'aoriste second ἐνέδυν du verbe ἔνδυμι, formé d'ἐνδύω, fut. ύσω. (Voir la note, page 16; voir aussi les verbes en μι, 2ᵉ partie, leçon 20).— Ἡ δίκη, ης, *procès*, δικάζω, *juger*, ὁ δικάστης, ου, *juge*, τὸ δικαστήριον, ου, *tribunal*. = Γινώσκω et γιγνώσκω, fut. γνώσομαι (de γνῶ), parf. ἔγνωκα, aoriste premier ἔγνωσα, aoriste second ἔγνων (de γνῶμι); nous en avons vu la troisième personne du singulier, page 13; l'impératif de l'aoriste second est γνῶθι, d'où le fameux mot : Γνῶθι σεαυτὸν, *connais-toi toi-même*, l'optatif γνοίην, subj. γνῶ, infin. γνῶναι, part. γνοὺς, *connaître*, *reconnaître*, *penser*: εἰ τοίνυν οὕτω γιγνώσκεις (Voir le texte de la seizième leçon).— Βελτίων, masc. et fém., βέλτιον, *meilleur*; on dit aussi βέλτερος, comparatif irrégulier de ἀγαθός,

S'il avait eu à prononcer sur la convenance, le jugement de Cyrus eût-il été bon?

Mais dans l'état des choses que fallait-il seulement examiner?

Si quelqu'un a enlevé de force une tunique, sa possession est-elle juste?

Si, au contraire, quelqu'un a acheté une tunique, ou l'a confectionnée de ses mains, la possède-t-il justement?

Dans un état quelles sont les choses réputées justes?

Quels actes sont regardés comme actes de violence?

Sur quoi tout juge doit-il baser sa sentence?

Cyrus pensait-il connaître parfaitement les règles du juste et de l'injuste?

Qui pourra d'ailleurs lui donner des leçons à cet égard, s'il en a encore besoin?

Que pourra, dans l'occasion, enseigner Astyage à Cyrus?

Phrases à traduire en grec.

Le cheval de Cyrus était tel : d'abord il était très beau par sa forme, ayant de grands yeux, de petits pieds, le cou gras; il avait (il était ayant) un frein d'or et courait très vite. Il n'était pas possible de sortir sur un cheval plus beau. Il avait ensuite une force proportionnée à sa beauté et n'était nullement timide.

Le juge qui jugeait, au tribunal, les affaires, n'était pas toujours juste.

Chacun des esclaves aura une tunique proportionnée (à sa taille), et chaque jour s'habillera et se déshabillera avant (πρὸ avec le génitif) le travail et après le souper.

Maintenant je goûte vos vins, et je reconnais le premier être le meilleur; mais tous cependant sont très agréables.

Chaque jour je suis frappé par (ὑπὸ avec le génitif) mon maître, parce que je ne sais pas encore m'habiller élégamment ni me déshabiller; je ne sais pas même laver ma tunique; et toujours je reçois des coups.

Je te dirai auquel des deux appartient (duquel des deux est) cette tunique. Ma mère l'ayant faite, l'a donnée à ton frère dans les fêtes de sa naissance.

Si jamais je manque de pain, tu m'en donneras, mon très bon ami.

Je veux recouvrer mes camps, la vigne de mon père, la maison de ma mère; car cette possession est juste et légale.

Je te dis que tu ne sais pas exactement la justice. Il faut le juge toujours juger et déposer son suffrage avec la loi.

Ordonnant à un Perse de monter à cheval, je lui ordonne de se jeter à terre.

Ayant acheté un beau cheval, moi, laboureur, je ne suis pas ayant acheté le cheval convenable pour mon travail et pour l'agriculture.

Un bon laboureur ordonne ses serviteurs jamais frapper méchamment un cheval.

Je ne veux point posséder les suffrages des méchans; mais il faut considérer ceux des bons.

Les juges ordonnent souvent des choses injustes et contraires aux lois.

Dérivés.

Harmonie, Harmoniser. — Crise, Critique. — Bias. — Prix, etc.

24e LEÇON.

Texte à traduire.

Ἀλλ', ὦ παῖ, ἔφη ἡ Μανδάνη,	Mais, ô enfant, dit Mandane,
ταυτὰ οὐ ὁμολογεῖται δίκαια	les mêmes (choses) ne sont pas reconnues justes
παράτε τῷ πάππῳ καὶ ἐν Πέρσαις. Οὗτος μὲν γὰρ	et chez le grand-père et dans les Perses. Celui-ci d'un côté car
πεποίηκεν ἑαυτὸν δεσπότην	a fait lui-même despote
πάντων τῶν ἐν Μήδοις·	de toutes les choses dans les Mèdes :
ἐν Πέρσαις δὲ	chez les Perses au contraire
τὸ ἔχειν ἴσον νομίζεται δίκαιον.	le avoir (droit) égal est réputé juste.
Καὶ ὁ σὸς πατὴρ πρῶτος	Et le tien père le premier
μὲν ποιεῖ τεταγμένα	d'un côté fait ayant été prescrites (les choses)
ἃ ποιεῖ τῇ πόλει,	qu'il fait pour l'État,
λαμβάνει δὲ τεταγμένα·	et il reçoit (des choses) ayant été prescrites :
μέτρον δὲ αὐτῷ οὐκ' ἐστὶν	et sa mesure à lui n'est pas

ἡ ψυχή , ἀλλὰ ὁ νόμος.	la volonté, mais la loi.
Ὅπως οὖν μὴ ἀπολῇ	Pour que donc tu ne pé- risses
μαστιγούμενος , ἐπειδὰν εἴης οἴκοι, ἂν ἥκῃς	étant fouetté, après que tu serais à la maison, si tu viens
μαθὼν παρὰ τούτου ἀντὶ τοῦ βασιλικοῦ	ayant appris de celui-ci au lieu du (gouverne- ment) royal
τὸ τυραννικὸν, ἐν ᾧ	le (gouvernement) ty- rannique, dans lequel
ἐστι τὸ οἴεσθαι χρῆναι ἔχειν πλέον ἁπάντων.	il est le penser falloir avoir plus (que) tous.
Ἀλλά γε ὅ σὸς πατήρ , εἶπεν ὁ Κῦρος , ἐστὶ δεινότερος , ὦ μῆ- τερ,	Mais certes le tien père, dit Cyrus ; est plus capable, ô mère,
διδάσκειν ἔχειν μεῖον ἢ πλέον.	d'enseigner à avoir moins que plus.
Ἦ οὐχ ὁρᾷς, ἔφη;	Est-ce que tu ne vois pas, dit-il,
ὅτι δεδίδαχεν καὶ ἅπαν- τας Μήδους	qu'il a instruit tous les Mèdes
ἔχειν μεῖον ἑαυτοῦ ;	à avoir moins que lui- même ?
ὥστε θάρσει, ὡς ὁ σός γε πατὴρ	Ainsi aie confiance, puis- que le tien certes père
ἀποπέμψεται οὔτ' ἐμὲ , οὔτ' ἄλλον οὐδένα μαθόντα πλεονεκτεῖν. *	(ne) congédiera ni moi ni autre aucun ayant appris à désirer plus.

---

* Ὁμολογέω, fut. ήσω, parf. ὡμολόγηκα, être du même avis, convenir, homologuer.— Ὁ δεσπότης, ου, le chef absolu, le maître d'un esclave, et κύριος, le maître d'un affranchi, ou d'un serviteur libre. — Ἴσος, ου, égal : ἰσόχρονος, temps égal, qui a une égale durée. — Τάσσω ou τάττω, mettre en ordre, disposer, établir, fut. ξω, parf. τέταχα, plus-que-parf. τέταγμαι, part. τεταγμένος, η, ον : Τάσσω ἐμαυτὸν μετά σου, je me range de ton avis. — Ἀπολοῦμαι, futur second moyen de ἀ- πόλλω, je périrai, ἀπολῇ ou ἀπολεῖ, tu périras. — Μα- στιγόω, fut. ώσω, fouetter, fustiger. Racine : ἡ μάστιξ, γος, fouet, étrivière.—Μαθὼν, participe de l'aoriste se- cond ἔμαθον du verbe μανθάνω, apprendre. — Ἄν ἥκῃς, si tu viens ; remarquez ἄν suivi du subjonctif présent du verbe ἥκω : ὁ ἀδελφός σου ἥκει. — Βασιλεύς, roi, fait βασιλικὸς, royal. Racines : λαὸς, peuple et βαω, mar- cher, celui qui marche avant le peuple ; βασιλεία, reine. — De même τύραννος, tyran, fait τυραννικὸς, tyranni- que; τυραννίς, τυραννία, tyrannie. — Οἴω et οἴομαι, et par contraction οἶμαι, fut. οἰήσομαι, parf. ᾤηθην, pen- ser, croire, présumer. — Χρῆμι, inusité au présent, fait à l'imparfait ἐχρῆν et χρῆν, il fallait, il était be- soin : subj. χρῇ, inf. χρῆναι. Ἀπόχρη, il suffit. — Δει- νὸς, οῦ, terrible, habile, δεινότης, fierté, vivacité d'es-

Questions.

Ce qu'Astyage trouve juste est-il toujours regardé comme tel par les Perses?

Astyage s'est-il contenté d'être roi des Mè- des?

De quoi Astyage s'est-il rendu souverain absolu?

Quelle chose est réputée juste chez les Per- ses?

Cambyse, dans ce qu'il fait pour l'état, ne suit-il que son bon plaisir?

Dans quels actes Cambyse est-il obligé de se conformer aux lois?

Quelle est la règle de sa conduite?

Quelle est, au contraire, la règle qui di- rige les actes d'Astyage?

Quel régime Cyrus peut-il apprendre d'As- tyage?

Que lui arrivera-t-il à son retour en Perse, s'il y rapporte des habitudes tyranniques?

Quel précepte suit particulièrement un ty- ran?

Astyage ne regarde donc point comme juste l'égalité de droits?

Selon Cyrus, que pourrait enseigner As- tyage?

A quelle condition Astyage a-t-il su accou- tumer ses sujets?

Astyage renverra-t-il jamais quelqu'un avec l'ambition d'être plus riche que les au- tres?

Qu'apprend un sujet près d'un tel souve- rain ?

Phrases à traduire en grec.

Chez les Perses et près d'Astyage la justice n'est pas égale. Je veux en conséquence être jugé chez les Perses, où l'égalité de droits est réputée la justice.

---

prit, δεινόω, irriter. — Remarquez πλέον et πλεῖον, comparatif de πολύ ; πλεονεκτέω, fut. ήσω, avoir plus, obtenir une plus grande part. — Μεῖον, moins, opposé à πλεῖον ; μειονεκτέω, fut. ήσω; avoir moins, μειόω, di- minuer, fut. ώσω.— Θαρσέω, fut. ήσω, se rassurer. Ra- cine, τὸ θάρσος, εος, confiance, audace.— Ἀποπέμπω et ομαι, fut. εμψω et ψομαι, renvoyer, congédier, com- posé de πέμπω, j'envoie : ἐπέμψεν αὐτὸν, etc.

En Perse, Cambyse le premier ne voudrait * pas désobéir aux lois; car alors il serait jugé par les Perses eux-mêmes.

Le souverain est le premier esclave de la loi... en Perse.

Dans ce que je ferai pour l'État, je ne ferai que mon devoir (des choses prescrites).

La parure et le caprice sont la loi des filles des rois ainsi que des autres femmes. Elles ne font pas toujours ce que la justice leur prescrit de beau et de bien.

Un roi veut toujours prendre ; mais il n'aime pas souvent de donner. Cependant donner est royal, et prendre est tyrannique.

Un tyran n'est jamais juste; les Perses ne veulent point être les esclaves d'un tyran; Cambyse est pour eux un père, et commandant il est lui-même esclave de la loi.

J'irai chez les Perses apprendre le régime royal, et je ne ferai point route vers Astyage devant apprendre la tyrannie. Les tyrans veulent avoir tout ne l'ayant point acheté, ni ne l'ayant point confectionné ; ils enlèvent tout par violence : aussi il n'est pas rare de voir les esclaves tuer les tyrans, et ils font bien, c'est juste.

Cambyse était plus capable qu'Astyage, et Cyrus était plus humain que tous deux.

En Perse les maîtres fustigeaient les élèves et les élevaient dans cette instruction.

Si tu viens à la maison, je t'apprendrai à avoir moins que plus dans les repas, parce que du pain et de la viande conduisent également l'estomac vers le être rassasié ; et ce chemin est beaucoup plus court et plus direct.

Depuis long-temps je pense falloir à tous les hommes la loi et non le caprice être une règle.

Père, rassure-toi, je ne dissiperai ** pas ta fortune et jamais je ne congédierai ni cette femme, ni mes frères, ni aucun autre de tes amis.

Un certain Mède tua un jour le despote qui avait enseigné à ses esclaves à ne pas avoir beaucoup ; et comme le trésor royal fut alors trouvé, cet homme le partagea à tous les Mèdes, après la mort du roi.

---

* Se rappeler que notre conditionnel est ordinairement remplacé par l'optatif grec accompagné de ἄν.

** Διασκορπίζω, fut. σω, aor. διεσκόρπισα, ας, ε : διεσκόρπισε τὴν οὐσίαν, etc.

Dis-moi comment un esclave peut devenir citoyen ?

Dérivés.

Homologuer. — Despote, Despotique, etc. — Entasser, Tactique. — Mètre, Métrique. — Basilique. — Tyran, Tyrannique, etc. — Moins. — Plus, etc., etc.

25ᵉ LEÇON. *

Texte à traduire.

Ὁ Κῦρος μὲν ἐλάλει τοιαῦτα πολλά · τέλος δὲ,	Cyrus donc babillait de tels nombreux (propos) : enfin mais
ἡ μὲν Μήτηρ ἀπῆλθε,	la d'un côté mère s'en alla,
Κῦρος δὲ κατέμενε, καὶ αὐτοῦ ἐτρέφετο. Καὶ ταχὺ μὲν συνεκέκρατο	et Cyrus de l'autre resta, et là fut nourri. Et bientôt d'un côté il se fut lié avec
τοῖς ἡλικιώταις, ὥστε οἰκείως διακεῖσθαι·	les enfans de son âge, de manière à familièrement vivre (avec eux) :
ταχὺ δὲ προσιὼν	bientôt d'un autre côté allant vers
τοὺς πατέρας αὐτῶν, καὶ ὧν ἔνδηλος ὅτι ἠσπάζετο τοὺς υἱεῖς αὐτῶν,	les pères d'eux, et étant manifeste que il chérissait les fils d'eux,
ἀνήρτητο · ὥστε καὶ	il se (les) attacha : et au point que
εἴ τι δέοιντο τοῦ βασιλέως, ἐκέλευον τοὺς παῖδας	si (en) quelque chose ils avaient besoin du roi, ils ordonnaient (à) leurs enfans
δεῖσθαι Κύρου διαπράξασθαι σφίσιν.	prier Cyrus de (l')obtenir à eux-mêmes.
Ὁ δὲ Κῦρος, διὰ τὴν φιλανθρωπίαν καὶ φιλοτιμίαν, περὶ παντὸς ἐποιεῖτο διαπράττεσθαι ὅτι οἱ παῖδες δέοιντο αὐτοῦ.	Cyrus or, à raison de la philanthropie et de son amour de la gloire, au dessus de tout fesait d'obtenir ce que les enfans avaient besoin de lui.
Καὶ ὁ Ἀστυάγης δὲ, ὅ τι δέοιτο αὐτοῦ ὁ Κῦρος, οὐδὲν ἐδύνατο ἀντιλέγειν, μὴ οὐ χαρίζεσθαι.	Et Astyage de son côté, ce que demandait de lui Cyrus, rien pouvait contredire, de crainte de ne pas être agréable.
Καὶ γὰρ αὐτοῦ ἀσθενήσαντος,	Et car lui ayant été malade,

...ὐδέποτε ἀπέλειπε τὸν πάππον,	jamais (Cyrus) n'abandonna son grand-père,
οὐδὲ κλαίων ποτὲ ἐπαύετο·	ni pleurant jamais cessait ;
ἀλλὰ δῆλός τε ἦν πᾶσιν	mais et il était évident à tous
ὅτι ὑπερεφοβεῖτο·	que il craignait extrêmement
μή οἱ ὁ πάππος ἀποθάνοι.	que à lui le grand-père mourût.
Καὶ γὰρ ἐκ νυκτὸς	Et car de nuit
εἴ τινος δέοιτο ὁ Ἀστυάγης,	si de quelque chose avait besoin Astyage,
πρῶτος ᾐσθάνετο Κῦρος,	le premier s'(en) apercevait Cyrus
καὶ πάντων ἀοκνότατα	et de tous le plus diligemment
ἀνεπήδα, ὑπηρετήσων	il s'élançait, devant (lui) servir
ὅ τι οἴοιτο χαριεῖσθαι·	ce qu'il présumait être agréable :
ὥστε παντάπασιν	de sorte que entièrement
ἀνεκτήσατο τὸν Ἀστυάγην *.	il avait gagné Astyage.

---

* Λαλέω, ῶ, fut. ἠσω, *parler*, et aussi *parler inconsidérément* ; λάληθρος, ου, *babillard* ; τὸ λάλημα, ατος, *causerie, bavardage* ; λαλητέος, *qui doit être dit.*—Τὸ τέλος, εος, *fin, terme.* — Αὐτοῦ, adverbe de lieu et de repos, *là, ici.*—Τρέφω, fut. θρέψω, parf. τέθρεφα, parf. passif τέτραμμαι, parf. second τέτροφα, *nourrir, élever*, quid ἐτρέφετο ? — Ὁ ἡλικιώτης, ου, même signification que ἧλιξ, ικος, que nous avons vu page 12. — Κεράννυμι, κεράννυμι, κεράω, κράω, fut. ἀσω, parf. κέκρακα, parf. passif κέκρασμαι, *mêler, unir,* σὺν, *avec.* — Διάκειμαι, *être établi, être disposé ;* κακῶς διακείμενος, *indisposé ;* διακεῖσθαι οἰκείως, *vivre familièrement.* — Πρόσειμι, *aller vers, aller trouver*, part.ιών, οντος(Voyez la conjugaison d'εἰμι, *aller.* 2e partie). — Ἀναρτάομαι, ῶμαι, *s'attacher, se concilier*, parf. ἀνήρτημαι, quid ἀνήρτητο ? —Διαπράσσω et διαπράττω, *achever, conclure, gagner, obtenir*, etc., fut. διαπράξω, quid διαπράξασθαι ? — Χαρίζομαι, fut. ισομαι, parf. passif κεχάρισμαι, *gratifier, faire plaisir, faire une chose agréable à quelqu'un.* — Λσθενέω, fut. ήσω, parf. ἠσθένηκα, *être faible, malade ;* ἀσθενὴς, έος, *faible, languissant.* Racine, α privatif et σθένος, *force, puissance.* — Quel temps ἀπέλειπε ? quel temps ἀπέλιπε ? — Κλαίω ; les Attiques disaient κλάω, fut. κλαύσω, *pleurer* ; Ὑπερφοβέομαι, *craindre excessivement* ; ὑπὲρ dans la composition des mots marque *excès* ; les Latins en ont tiré *super, hypercritique, hyperbole*, etc. ; quid ὑπερεφοβεῖτο ? —Ἀποθνήσκω, parf. ἀποτέθνηκα, aor. second ἀπέθανον, fut. second moyen ἀποθανοῦμαι, *mourir* ; ὁ θάνατος, ου, *la mort.* Racine, ἀπό et θνήσκω : quid ἀποθανοι ? —Νυκτός, *de nuit*, génitif de νύξ. Il y a

---

Questions.

Quel fut le résultat de tous ces discours ?
Cyrus se mit-il en route avec sa mère ?
Près de qui resta-t-il ?
Avec quelles personnes se lia-t-il d'amitié ?
Qui s'attacha-t-il encore ?
Comment s'attacha-t-il les parens de ses camarades ?
Pourquoi ceux-ci lui devinrent-ils dévoués ?
A qui s'adressaient-ils pour obtenir quelque grâce du roi ?
Comment s'y prenaient-ils ?
Cyrus avait-il à cœur d'obtenir ce qu'on le priait de demander ?
Quelles étaient les deux principales qualités de Cyrus ?
Astyage pouvait-il refuser quelque chose à Cyrus ?
Cyrus abandonna-t-il Astyage dans la maladie qu'il fit ?
Cyrus se livra-t-il à la joie pendant le temps que dura cette maladie ?
Que paraissait-il craindre excessivement ?
Pendant la nuit qui soignait Astyage ?
De quoi s'appercevait alors Cyrus avant tous les autres ?
Était-il alors le dernier à se lever ?
Dans quel but se levait-il si précipitamment ?
Quel fut pour Cyrus la conséquence de sa conduite envers son grand-père ?

Phrases à traduire en grec.

Un enfant aime mieux babiller qu'apprendre.
Toute la journée Cyrus ne cessait de babiller.

---

plusieurs mots qui, sans être adverbes, sont employés adverbialement ; alors on sous-entend une préposition. Ainsi, gén. νυκτός, *de nuit*, sous-entendu διὰ, *pendant* ; nous avons vu βίᾳ, *par force*, s. e. σὺν, *avec*, τέλος, *enfin*, s. e. κατὰ, etc.— Αἰσθάνομαι, fut. αἰσθήσομαι (d'αἰσθέομαι, inusité), parf. ᾔσθημαι, aor. second moyen ᾐσθόμην, *sentir, s'apercevoir*, quid ᾐσθάνετο ?— Ἄοκνος, ου, *diligent, actif*, ἀοκνῶς, adv. *diligemment.* Racine, α privatif et ὄκνος, *crainte, paresse.* — Ὑπηρετέω, ῶ, fut. ήσω, *servir, être aux ordres, obéir.* — Ἀνακτάομαι, fut. ησομαι (Voir la note page 35.). *Quid* ἀνεκτήσατο ?

Ses camarades de jeu le disaient babillard , et un jour même il se fâcha d'être appelé ainsi.

Je nourris des chevaux pour mes fils ; ils iront aux champs avec eux , et ils se les attacheront de manière à vivre familièrement avec eux.

Les compagnons de mes fils resteront ici et seront nourris avec eux ; ils useront de la même éducation, et ils s'apprendront beaucoup de choses en même temps les uns des autres. En fesant cela, je ferai une chose agréable à mes fils ; ils ne seront plus malades et ils ne pleureront plus.

La nuit et le jour, ô mon père, j'obéirai à tes ordres. Ordonne et je ferai promptement les choses ayant été prescrites. Car si tu meurs, je meurs.

Sois le même pour (à) tes amis (étant) heureux ou malheureux (1). Mais pourquoi donc, Astyage, crains-tu ainsi la mort ? C'est que les rois meurent comme les autres hommes. La mort ne respecte pas même eux pleurant.

Cet esclave voulait voir le roi lui-même : il pleurait et se tenant nuit et jour dans le vestibule, ne mangeant pas il devint malade. Alors Astyage le manda près de lui, et le voyant non bien portant, il ordonna à son échanson de servir à cet homme des mets et du vin. Mais déjà il ne pouvait plus parler, et bientôt il mourut. Le roi ne connut jamais ce que cet esclave voulait lui dire.

Cet esclave était digne de mort vis-à-vis de (à) l'État, (la cité). Il reçut des coups de son maître.

La plupart des enfans pleurant ne s'aperçoivent pas.

Je m'aperçus d'eux pensant être très sages.

Faites cesser ces enfans babillants ; leur bavardage est à moi une fatigue.

Un serviteur diligent est à moi ; je veux me l'attacher ; jamais il ne me contredit, il m'aime et il me craint extrêmement, et il est toujours prêt à obéir à mes ordres. C'est pour moi un trésor ; car si je suis malade, il ne m'abandonnera pas.

Naître et mourir est le commencement et la fin de la vie.

Dérivés.

Le mot latin *Deesse*. — Asthénie, Asthénique. — Démosthène, etc. — Hydrophobe, etc. — Athanase. — *Nox, Noctis*, nocturne, etc.

---

*Εὐτυχέω, *être heureux*, ἀτυχέω, *être malheureux*.

26ᵉ LEÇON.

Texte à traduire.

Καὶ ἦν μὲν ἴσως ὁ Κῦρος	Et était à la vérité peut-être Cyrus
πολυλογώτερος , ἅμα μὲν	plus babillard (qu'il ne fallait), à la fois d'un côté,
διὰ τὴν παιδείαν, ὅτι	à raison de l'éducation , parce que
ἠναγκάζετο ὑπὸ τοῦ διδασκάλου	il était forcé par le maître
διδόναι λόγον ὧν ἐποίει,	de donner compte (des choses) qu'il fesait,
καὶ λαμβάνειν παρ' ἄλλων,	et de recevoir (ce compte) de la part des autres,
ὁπότε δικάζοι· ἔτι δὲ καὶ	quand il jugeait encore et aussi
διὰ τὸ φιλομαθὴς εἶναι,	à raison du ami d'apprendre être,
αὐτὸς μὲν ἀεὶ ἀνηρώτα	lui-même à la vérité toujours interrogeait
πολλὰ τοὺς παρόντας ,	(sur) beaucoup (de choses) les (personnes) présentes ,
πῶς ἔχοντα τυγχάνοι·	comment étant elles se trouvaient.
καὶ ταχὺ ἀπεκρίνετο	et promptement répondait
ὅσα αὐτὸς ἐρωτῷτο	sur lesquelles (choses) lui-même était interrogé
ὑπ' ἄλλων, διὰ τὸ ἀγχίνους εἶναι·	par les autres, à raison du pénétrant être ;
ὥστε ἐκ πάντων τούτων	de sorte que de toutes ces choses
ἡ πολυλογία συνέγετο	la loquacité était résultée
αὐτῷ.	pour lui.
Ἀλλὰ γὰρ ὥσπερ	Mais en effet de même que
ἐν σώμασιν, ὅσοι νέοι ὄντες	dans les corps, tous ceux qui jeunes étant
μέγεθος ἔλαβον, ὅμως	de la grandeur ont pris, semblablement
ἐμφαίνεταί τι αὐτοῖς νεαρόν,	se manifeste quelque chose (en) eux d'enfantin
ὃ κατηγορεῖ τὴν ὀλιγοετίαν,	qui accuse le peu d'années,
οὕτω καὶ ἐκ τῆς πολυλογίας	de même aussi de la loquacité

Κύρου διεφαίνετο οὐ θρά- | de Cyrus se manifestait
σος, | non de l'audace,
ἀλλ' ἁπλότης καὶ | mais de la naïveté et
φιλοστοργία· ὥστε τις | de la bienveillance : de
| sorte que quelqu'un
εἶχεν ἐπιθυμίαν ἀκούειν | avait le désir d'entendre
αὐτοῦ | lui
ἔτι πλείω, ἢ παρεῖναι | encore plus, que d'être
| auprès (de lui)
σιωπῶντι *. | se taisant.

Questions.

Quel était le défaut de Cyrus?

D'où lui venait ce défaut?

Comment sa loquacité lui venait-elle de son éducation?

De quoi Cyrus était-il obligé de rendre compte?

Quand interrogeait-il ses camarades sur leurs actes?

Quelles personnes Cyrus questionnait-il habituellement?

Sur quoi Cyrus questionnait-il les personnes présentes?

Comment répondait-il aux questions qui lui étaient adressées?

D'où lui venait cette facilité dans la repartie?

Quelle habitude était résultée pour Cyrus de toutes ces circonstances?

Que remarque-t-on dans les adolescens qui, de bonne heure, ont pris leur croissance?

Que décèle cet air enfantin?

De même qu'annonçait le babil du jeune Cyrus?

Les personnes qui l'entouraient désiraient-elles le voir silencieux?

Phrases à traduire en grec.

Les femmes sont élevées dans l'habitude de parler beaucoup, parce qu'elles sont obligées de rendre compte de ce qu'elles font, d'abord à leurs mères, et ensuite à leurs maris.

Je reçois, chaque jour, compte de mes esclaves, et je leur demande dans quel état se trouvent mes champs et mes vignes.

Je n'ai pas encore pris ma taille. Quand je serai grand, je serai studieux.

Il y a toujours de l'impudence dans la loquacité ; et le bavardage décèle le défaut d'instruction.

Rends-moi compte des choses que tu fis en ces temps-là ? Te dire ces choses serait de ma part tout-à-fait naïf. Je me tairai.

Quand ton grand-père jugeait, il était plus babillard que les autres juges. Il mettait et ôtait sa tunique; il répondait très promptement sur tout ce qu'on lui demandait : et maintenant encore il me paraît pénétrant.

De toutes ces choses un sentiment de tendresse pour sa mère était résulté pour lui; il demandait toujours aux personnes comment sa mère se portait (se trouvait être); et maintenant qu'il est (étant) père, il chérit de même ses fils.

Tu es plus avide d'apprendre, mais il est plus capable que toi. La nature lui a donné beaucoup de loquacité ; il a appris à questionner ses camarades et à rendre compte à ses maîtres des choses qu'il a faites. Sa taille n'accuse pas son peu d'années.

Ton corps a pris sa grandeur ; il est préférable pour un homme d'avoir une tunique d'homme que d'avoir une tunique d'enfant. Donne ta première tunique à ton frère. Il est petit. Elle sera convenable pour lui.

Je te frapperai, si tu ne cesses d'être (étant) babillard.

Je veux rester ici ; si tu t'en vas, je pleurerai. Reste avec moi, ô ma mère, j'ai besoin de toi. Si t'en aller est nécessaire à toi, ne me le dis pas.

---

* Ἀναγκάζω, fut. ασω, parf. ακα, forcer, contraindre, Rac. ἀνάγκη, nécessité, ἀναγκαῖος, nécessaire, ἀναγκαίως, nécessairement. — Παρόντας, accusatif pluriel du participe présent du verbe πάρειμι, adsum, composé du verbe substantif. — Πῶς ἔχοντα τυγχάνοι. Nous avons vu que le verbe ἔχω, signifiait souvent être dans tel ou tel état; et d'un autre côté, nous savons que le verbe τυγχάνω, avec un participe, signifie se trouver par hasard. — Ἄγχι, adverbe, auprès, proche, νόος, esprit, ἀγχίνοος, οῦς, qui a de la présence d'esprit. — Κατηγορέω, ῶ, fut. ήσω, accuser, reprocher : Τοῦτο κατηγορεῖται σου, voilà ce qu'on te reproche. — Ἡ ἁπλότης, simplicité, candeur. Racine ἁπλοος, non-navigable.

Dérivés.

27ᵉ LEÇON*.

Texte français à retraduire en grec.*

Histoire de l'Enfant prodigue.

Un homme avait deux fils. Le plus jeune dit à son père : Mon père, donnez-moi ce qui me revient du patrimoine. Le père fit alors le partage du bien. Peu de jours après, le plus jeune des fils, rassemblant tout ce qu'il avait, partit pour un pays lointain : là il dissipa son bien en menant une vie déréglée. Il avait tout perdu, lorsqu'une famine terrible affligea cette contrée : il commença à sentir l'indigence. Il fut donc obligé de s'attacher à un des citoyens du pays : cet homme l'envoya garder les pourceaux à sa campagne. Et alors il eût bien désiré pouvoir appaiser sa faim avec les cosses dont les pourceaux se nourrissaient ; mais personne ne lui en donnait.

Enfin rentrant en lui-même, il se dit : Chez mon père, combien de mercenaires ont du pain en abondance, tandis que moi je meurs de faim. Oui, je partirai, j'irai vers mon père et je lui dirai : Mon père, j'ai péché contre le ciel et contre vous, et je ne suis plus digne d'être appelé votre fils ; traitez-moi comme un de vos mercenaires. Il partit donc et vint trouver son père. Comme il était encore loin, le père l'aperçut ; ses entrailles s'émurent ; il courut à lui, se jeta à son cou, et l'embrassa tendrement. Mon père, dit le fils, j'ai péché contre le ciel et contre vous, et je ne suis plus digne d'être appelé votre fils.

Mais le père dit à ses serviteurs : Apportez à mon fils sa première robe, hâtez-vous de l'en couvrir ; mettez un anneau à son doigt, et des sandales à ses pieds. Amenez aussi le veau gras, tuez-le et célébrons un festin joyeux. Car voilà mon fils : il était mort, et il est revenu à la vie ; il était perdu, et le voilà retrouvé. Ils se mirent donc à se réjouir.

Le fils aîné, qui était aux champs, revint dans ce moment à la maison, et il entendit le bruit des concerts et des danses. Il appela un des serviteurs, et lui demanda ce que c'était. Le serviteur lui répondit : C'est votre frère qui est de retour, et votre père a fait tuer le veau gras, parce qu'il a retrouvé son fils en santé.

A ces mots, le fils aîné s'irrita et ne voulut pas entrer. Son père sortit donc et vint le prier. Quoi, répondit-il à son père, je vous obéis depuis tant d'années, je n'ai pas manqué une seule fois à vos ordres, et jamais vous ne m'avez donné un chevreau pour me réjouir avec mes amis : mais parce que cet autre fils est revenu après avoir mangé son bien avec des courtisanes, vous avez tué pour lui le veau gras. Son père lui répondit : Mon fils, vous êtes toujours avec moi, et tout ce que j'ai est à vous. Mais il fallait se réjouir et célébrer une fête ; car votre frère était mort, et il est revenu à la vie ; il était perdu, et le voilà retrouvé. (*S. Luc. Evang.* 15, 11.)

Le Laboureur et ses Enfans.

Un laboureur sur le point de mourir, voulant que ses enfans se livrassent à l'agriculture, les fit appeler et leur dit : Mes chers enfans, je vais bientôt quitter la vie ; vous cependant, si vous cherchez avec soin, vous trouverez ce que j'ai caché dans la vigne. Ceux-ci, s'imaginant qu'un trésor y était enfoui quelque part, bêchèrent tout le terrain après la mort de leur père. A la vérité ils ne trouvèrent pas le trésor, mais en récompense la vigne bien bêchée, produisit des fruits plus abondamment.

Moralité. Cette fable nous apprend que le travail est un trésor pour les hommes.

REVUE

DES VERBES CONTENUS DANS CES DEUX MORCEAUX, ET DONT NOUS SOMMES MAINTENANT EN ÉTAT DE COMPRENDRE L'ANALYSE.*

Εἶχε, nous l'avons vu page 15. — Δός pour δόθι,

---

* Le but de cet exercice est de faire sentir à l'élève les différences de constructions et de génie des deux langues, et aussi de s'assurer qu'il s'est bien approprié les mots et les tournures des textes qu'il a traduits.

* Le professeur doit reprendre la lecture des textes, et à mesure qu'il rencontre les verbes, en donner l'analyse ci-dessus à ses élèves, et puis, à la leçon suivante, la leur faire donner à eux-mêmes.

pluriel δότε, impératif de l'aoriste second du verbe δίδωμι (Voir 2ᵉ partie, aux verbes en μι, sa conjugaison). — Ἐπιβάλλον, participe présent neutre du verbe ἐπιβάλλω, fut. ἐπιβαλῶ, parf. ἐπιβέβληκα, aor. second ἐπέβαλον, jeter sur, avoir rapport à, concerner, etc. — Διεῖλε, troisième personne singulier de διεῖλον, aoriste second de διαιρέω, fut. ήσω, parf. διήρηκα, diviser, partager. — Ἀπεδήμησε, troisième personne singulier de l'aoriste du verbe ἀποδημέω, fut. ήσω, aller hors de sa patrie, émigrer. Racine, ἀπὸ, préposition qui marque séparation, et δῆμος, peuple. — Διεσκόρπισε, troisième personne, singulier, aoriste, de διασκορπίζω. — ζήσω, parf. ἔζηκα, vivre, οἱ ζῶντες, les vivans, les riches. — Δαπανήσας, αντος, participe de l'aoriste du verbe δαπανάω, fut. ήσω, dépenser. — Ὑστερέομαι, οῦμαι, infinitif contracte εἶσθαι, être privé, manquer. — Ἐκολλήθη, quid? du verbe κολλάω, fut. ήσω, coller. — Ἔπεμψε, quid? — Βόσκω, fut. βοσκήσω, faire paître. — Ἐπεθύμει, troisième personne contracte de l'imparfait du verbe ἐπιθυμέω. — Γεμίσαι, infinitif de l'aoriste du verbe γεμίζω, fut. ίσω, remplir. — Ἐσθίω, fut. ίσω, manger, dévorer, imparf. ἤσθιον. — Ἐδίδου, troisième personne singulier contracte de l'imparfait du verbe δόω. — Ελθὼν, participe de ἦλθον, aoriste second du verbe ἔρχομαι, fut. ἐλεύσομαι (d'ἐλεύθω), aor. second ἤλυθον, et par syncope ἦλθον, parf. second ἐλήλυθα, parf. passif ἐλήλευσμαι, et par syncope ἤλυσμαι, venir, aller. — Εἶπε, troisième personne du singulier de l'aoriste du verbe ἔπω, aor. premier εἶπα, impér εἶπον, opt. εἴποιμι, participe εἰπάς, aor. second εἶπον, impér. εἰπὲ, dire. — Περισσεύω, περιττεύω, abonder; de l'adjectif περισσὸς et περιττὸς, excessif, superflu, etc. — Ἀπόλλυμι, passif ἀπόλλυμαι, périr, parf. second ἀπόλωλα, part. ἀπολώλως. — Ἀναστάς, participe de l'aoriste second ἀνέστην du verbe composé ἀνίστημι (Voir sa conjugaison 2ᵉ partie.) — Πορεύομαι, fut. εύσομαι, partir, se mettre en route, quid πορεύθεις? Racine πορός, passage, trajet; le mot français pore. — Ἠρῶ pour ἐρέω futur du verbe εἴρω, dire; εἴρων, ονος, qui parle autrement qu'il ne pense; εἰρωνεία, ironie — ἥμαρτον, aoriste second du verbe ἁμαρτάνω, fut. ἁμαρτήσω (d'ἁμαρτέω), parf. ἡμάρτηκα, s'égarer, s'écarter de, se tromper, faillir, pécher. — Κληθῆναι, infinitif de l'aoriste passif du verbe καλέω, fut. ήσω, parf. κέκληκα, parfait passif κέκλημαι, appeler, nommer. — Εἴδω, fut. εἴσω, aor. second εἶδον, ες, ε, etc. et ἴδον, premier moyen εἰσάμην, aor. second moyen εἰδόμην, parf. second οἶδα, voir, regarder. — Σπλαγχνίζομαι, fut. ίσομαι, être ému de compassion. Racine, τὸ σπλάγχνον, ου, entraille. — Δρέμω, inusité au présent, fait au futur second δραμῶ, parf. δεδράμηκα (de δραμέω), parf. second δέδορμαι, courir. Ce verbe prête ses temps à τρέχω, courir, aor. second ἔδραμον. — Ἐπιπίπτω, fut. ἐπιπτώσω, parf. ἐπιπέπτωκα, aor. second ἐπέπεσον, ες, ε, etc., tomber sur. Racine, πίπτω, tomber. — Ἐξήνεγκα, aoriste irrégulier du verbe ἐκφέρω, fut. ἐξοίσω, etc (Voir la note sur φέρω, page 24); ἐκέγκαντες,

nominatif pluriel d'ἐνέγκας, αντος, participe de cet aoriste. — Θύσατε, quid? — Εὐφρανθῶ, pluriel ὦμεν, subjonctif de εὐφράνθην, aor. premier d'εὐφραίνομαι, se réjouir de, s'amuser. — Εὑρέθη, troisième personne singulier de εὑρέθην, aoriste passif du verbe εὑρίσκω, fut. εὑρήσω, parf. εὕρηκα, aor. second εὗρον, aor. premier moyen εὑράμην et εὑρησαμην, trouver, rencontrer. — Ἤγγιζω, fut. ἐγγίσω, parf. ἤγγικα; par conséquent aoriste premier ἤγγισα, ας, ε, etc., s'approcher. Racine, ἐγγὺς, proche, auprès. — Πυνθάνομαι, fut. πεύσομαι, parf. πέπυσμαι, aor. second ἐπυθόμην (du verbe πύθομαι), interroger, apprendre; ἡ πεῦσις, εως, question, demande. — Ὀργίζω, fut. ίσω, parf. ἄργικα; ὀργίζομαι, parf. ὤργισμαι; aoriste premier ὠργίσθην, se mettre en colère, s'irriter; ὀργή, colère, d'où orgueil. — Ἐθέλω, Attique ἐῶ, fut. ήσω, parf. ηκα, vouloir, pouvoir.

28ᵉ LEÇON.

Texte français à retraduire en grec.

Éducation de Cyrus.

Cyrus était fils de Cambyse, roi des Perses. Cambyse était de la race des Perséides qui tirent leur nom de Persée. La mère de Cyrus s'appelait Mandane et était fille d'Astyage, roi des Mèdes. On dit, et les chants des Barbares en ont conservé jusqu'à présent la tradition, que Cyrus était d'un physique très agréable, très humain de caractère, et possédé d'un si grand amour de l'étude et de la gloire, que pour mériter des éloges, il n'y avait point de fatigues qu'il ne supportât, point de dangers qu'il ne voulût braver. Voilà ce qu'on raconte de sa physionomie et des qualités de son âme.

Il fut élevé suivant les usages des Perses qui diffèrent de la plupart des autres peuples, s'occupant avant tout de l'utilité publique. En effet dans les autres états on laisse un père élever à son gré ses enfans; et ceux-ci devenus plus âgés, vivent eux-mêmes comme il leur plaît : on leur défend seulement de voler ou par ruse ou par violence, de forcer les maisons, de frapper injustement, de séduire la femme d'autrui, de désobéir aux magistrats et d'autres actes semblables, et seulement la loi punit les infracteurs de ces défenses. Les lois des Perses au contraire préviennent le mal, et élèvent les citoyens de manière qu'ils ne se portent jamais à commettre des actions honteuses ou criminelles.

Cyrus participa à l'éducation des Perses jusqu'à l'âge de 12 ans et un peu plus. Il l'emportait sur tous ceux de son âge, tant par son extrême facilité à apprendre que par son adresse et son courage dans l'exécution de ce qui leur était prescrit. Vers ce temps, Astyage invita Mandane à se rendre près de lui avec son fils qu'il désirait voir, sur ce qu'il avait ouï dire de sa beauté et de ses qualités morales. Mandane se rendit donc près de son père, accompagnée de Cyrus. Dès l'abord et à peine instruit qu'Astyage est le père de sa mère, Cyrus, naturellement caressant, embrassa son grand-père comme aurait pu l'embrasser un ancien camarade d'enfance, ou un ancien ami.

Voyant ensuite qu'Astyage avait les yeux peints, le visage fardé et une chevelure artificielle (car toutes ces choses sont d'usage en Médie, de même que les tuniques et les manteaux de pourpre, les colliers et les bracelets; tandis que les Perses, encore aujourd'hui, lorsqu'ils sont au logis, sont aussi simples dans leur costume que sobres dans leurs repas); voyant, dis-je, la parure de son grand-père, et l'examinant avec soin : Oh, ma mère, s'écria-t-il, que mon grand-père est beau! Et sa mère lui ayant demandé lequel il trouvait le plus beau de Cambyse ou d'Astyage? Mon père, répondit-il, est le plus beau des Perses, mais mon grand-père est bien certainement le plus beau des Mèdes que j'ai vus sur la route et devant les maisons.

Astyage l'embrassant à son tour, le fit revêtir d'une superbe tunique et parer de colliers et de bracelets. Depuis lors le roi ne sortait plus sans être accompagné de son petit-fils, monté comme lui-même sur un cheval dont le frein était d'or. Cyrus, enfant et ami de l'éclat, flatté des distinctions, prenait un grand plaisir à voir sa robe, et était ravi surtout d'apprendre à monter à cheval; car il est rare de voir des chevaux en Perse, parce que dans cette contrée montagneuse, il serait difficile de les élever et de s'en servir.

Astyage soupant donc un jour, avec sa fille et Cyrus, et voulant disposer celui-ci par la bonne chère à moins regretter la Perse, lui servit une multitude de ragoûts, de sauces et de mets de toute espèce : O grand-père, dit Cyrus, que d'embarras tu te donnes, si tu es obligé de porter la main à chacun de ces plats, et de goûter de tous ces mets? Eh quoi! dit Astyage, ce souper ne te semble-t-il pas plus agréable que ceux que l'on fait en Perse? Non, répliqua Cyrus; en Perse nous parvenons à apaiser la faim par une voie beaucoup plus simple et plus courte : du pain et de la viande nous conduisent à ce but; au lieu que vous qui tendez au même but, vous vous égarez en chemin dans des détours sans nombre, et vous n'arrivez qu'à peine au point où nous sommes déjà depuis longtemps.

Mais, reprit Astyage, nous ne sommes pas fâchés de nous égarer ainsi : tu connaîtras toi aussi, en les goûtant, combien ces mets sont agréables. Cependant, répliqua Cyrus, je vois qu'ils te causent à toi-même du dégoût. A quoi, dit Astyage, le vois-tu? C'est que j'ai observé, répondit Cyrus, que quand tu as touché à ces ragoûts, tu essuies promptement tes mains avec une serviette, comme contrarié de les voir pleines de sauce; ce que tu ne fais pas quand tu touches du pain.

Si telle est ta manière de voir, dit Astyage, au moins, mon fils, mange moi de la viande afin de retourner vigoureux dans ta patrie. En même temps il fit servir devant lui un grand nombre de plats, tant de gibier que de viande d'animaux domestiques. Alors Cyrus lui dit : Toutes ces viandes me les donnes-tu et puis-je en faire ce que je voudrai? Oui, mon fils, répondit Astyage, je te les donne.

Alors Cyrus s'empare des viandes, les distribue aux serviteurs de son grand-père, en ajoutant quelques mots à chacun. Je te fais ce présent, disait-il à l'un, parce que tu m'enseignes avec zèle à monter à cheval; à un autre : parce que tu m'as donné un javelot et je l'ai encore; à un autre : parce que tu sers fidèlement mon grand-père; à un autre enfin : parce que tu as pour ma mère beaucoup de vénération; et ainsi de suite jusqu'à ce qu'il eut distribué toutes les viandes qu'il avait reçues.

Mais pourquoi donc, lui dit Astyage, ne donnes-tu rien à Sacas, mon échanson, que je considère beaucoup? (or Sacas était un très bel homme, chargé d'introduire chez Astyage les personnes qui avaient à lui parler, et d'éconduire celles qu'il ne croyait pas à propos de laisser entrer.) Au lieu de répondre, Cyrus comme un enfant nullement timide, demande avec vivacité à son aïeul : Mais pourquoi donc as-tu tant de considération pour Sacas?

Ne vois-tu pas, reprit Astyage en plaisantant, avec quelle grâce et avec quelle adresse il verse à boire? En effet les échansons des rois mèdes servent adroitement; ils versent le vin avec une extrême propreté, tiennent la coupe avec trois doigts seulement, et la présentent à celui qui doit boire, de manière à ce que celui-ci la prenne sans peine.

Eh bien! grand-père, dit Cyrus, commande à Sacas de me donner la coupe, afin que moi aussi j'obtienne ton affection en te servant aussi bien que lui, s'il m'est possible. Astyage ordonne à Sacas de donner la coupe; Cyrus s'en empare, la rince avec grâce comme il l'avait vu faire à Sacas, puis composant son visage, prenant un air sérieux et un maintien grave, il la présente au roi qui en rit beaucoup ainsi que Mandane. Cyrus lui-même riant aux éclats, s'élance vers son grand-père et dit en l'embrassant : O Sacas, tu es perdu ! je te chasserai de ta charge et je ferai mieux que toi l'échanson, car moi je ne boirai pas le vin.

Car lorsque les échansons des rois présentent la coupe, puisant avec le cyathe un peu de la liqueur qu'elle contient, ils la versent dans leur main gauche, et l'avalent en humant ; et cela afin que s'ils y avaient mêlé du poison, ils en fussent les premières victimes.

29ᵉ LEÇON.

Suite du texte à retraduire en grec.

Astyage continuant de plaisanter : Mais pourquoi, mon fils, dit-il à Cyrus, puisque tu imites Sacas dans le reste, n'as-tu pas aussi dégusté le vin? J'ai craint, répondit Cyrus, que du poison n'eût été mêlé dans le vase. Car au festin que tu donnas à tes amis dans les fêtes d'anniversaire de ta naissance, je vis clairement que Sacas vous avait versé à tous du poison. Mais comment donc vis-tu cela, dit Astyage? C'est que, par Jupiter, répartit Cyrus, je m'aperçus que vous chanceliez et dans vos corps et dans vos pensées. Vous fesiez des choses que vous ne pardonneriez pas à nous autres enfans; vous vociféreriez tous à la fois, vous ne vous entendiez plus les uns les autres, vous chantiez d'une manière ridicule; et même sans avoir écouté celui qui chantait vous juriez qu'il chantait le mieux du monde. Chacun de vous

vantait sa force; mais lorsqu'il fallut se lever pour danser, loin de pouvoir faire un pas en mesure, vous ne pouviez pas seulement vous tenir debout. Vous aviez oublié, toi que tu étais roi, eux qu'ils étaient tes sujets. Alors pour la première fois j'appris ce que c'était que la liberté de parler, car vous ne vous taisiez pas. Mais ton père, reprit Astyage, ne s'enivre-t-il donc jamais? Non jamais, répondit Cyrus. Comment donc fait-il, poursuivit Astyage? Quand il a bu il cesse d'avoir soif, et c'est là tout ce qu'il éprouve. Et cela tient, comme je le pense, à ce qu'il n'a pas Sacas pour échanson. Mon fils, lui dit Mandane, pourquoi donc provoques-tu ainsi Sacas? Je le hais, répondit-il, parce que souvent lorsque j'accours avec empressement pour voir le roi, ce maraud m'interdit l'entrée. Laisse-moi, grand-père, je t'en prie, pour trois jours seulement le maître de Sacas. Quel usage, reprit le roi, ferais-tu de ton autorité sur lui? Comme lui je me posterais à l'entrée de l'appartement, et je lui dirais quand il se présenterait pour dîner : « Il n'est pas encore temps de se mettre à table ; le roi est en affaire avec quelques personnes; » quand il arriverait pour souper : « Le roi est au bain. » Si la faim le pressait : « Le roi est dans l'appartement des femmes. » Enfin je l'ajournerais comme lui-même aujourd'hui me remet sans cesse en m'écartant de toi.

C'était ainsi que Cyrus les amusait pendant le souper. Dans le cours de la journée, si son aïeul ou son oncle désirait quelque chose, il eût été difficile à tout autre de se montrer plus empressé, tant il avait à cœur de leur être agréable.

Lorsqu'Astyage vit Mandane se préparer pour retourner vers son mari, il la pria de lui laisser Cyrus. Elle répondit qu'elle ne souhaitait rien tant que de plaire à son père, mais elle avouait en même temps qu'il lui serait pénible de laisser son fils malgré lui.

Sur quoi Astyage dit à Cyrus : Mon enfant, si tu veux demeurer près de moi, Sacas ne t'empêchera plus d'entrer; quand tu voudras venir chez moi, tu en seras le maître, et plus souvent tu y viendras, plus je t'en saurai gré. Tu te serviras de mes chevaux et d'autres encore, autant que tu voudras; et quand tu t'en retourneras, tu emmèneras ceux qui te plairont davantage. Ensuite, à tes repas, tu suivras le régime que tu croiras le plus conforme à ta frugalité. Je te donne tous les animaux sauvages qui sont maintenant dans mon parc ; j'en rassemblerai d'autres de toute espèce ; et aussitôt que tu sauras monter à cheval, tu les chasseras, tu les abattras à coups de flèche et de javelot à l'exemple des hommes faits. Je te procurerai aussi des camarades de jeux ; enfin quelque chose que tu me demandes, tu n'éprouveras jamais de refus.

Après qu'Astyage eut ainsi parlé, Mandane demanda à Cyrus, lequel il aimait le mieux, de rester en Médie, ou de retourner en Perse. Il répondit sur le champ et sans hésiter qu'il aimait mieux rester. Sa mère lui ayant demandé pour quelle raison ? C'est qu'en Perse, répondit Cyrus, je passe pour le plus adroit de ceux de mon âge à tirer de l'arc et à lancer le javelot, tandis qu'ici tous l'emportent sur moi dans l'art de monter à cheval, ce qui m'ennuie fort, je t'assure. Mais si, au contraire, tu me laisses ici, et que j'apprenne à monter à cheval, j'espère qu'à mon retour en Perse, je surpasserai ces jeunes gens si forts dans les exercices à pied ; et revenant en Médie où je serai devenu le meilleur cavalier, je m'efforcerai de servir mon aïeul à la guerre.

Mais, mon fils, reprit Mandane, comment étudieras-tu ici la justice ? tes maîtres sont en Perse. J'en connais à fond les principes, répliqua Cyrus. Sur quoi t'en flattes-tu, ajouta Mandane ? Sur ce que mon maître me trouvait déjà tellement instruit sous ce rapport, qu'il m'avait établi juge de mes camarades. Un jour cependant je fus puni très sévèrement pour avoir mal jugé.

Voici l'affaire : Un enfant déjà grand, dont la robe était trop courte pour sa taille, ayant remarqué qu'un autre enfant plus petit que lui avait une longue robe, l'en dépouilla, s'en revêtit, et lui mit la sienne sur le corps. Juge de la contestation, je trouvai convenable que chacun gardât la robe qui allait le mieux à sa taille. Le maître me corrigea et me dit que lorsque j'aurais à prononcer sur la convenance, il faudrait juger de la sorte, mais que, puisqu'il s'agissait de décider à qui la robe appartenait, il fallait examiner lequel devait en avoir la possession, ou celui qui l'avait enlevée de force, ou celui qui l'avait soit achetée, soit travaillée de ses mains. Ce qui est conforme à la loi seul est juste ; tout acte qui y déroge est un acte de violence. Il voulait donc qu'un juge réglât sa sentence d'après la loi. Ainsi donc, ma mère, je sais parfaitement ce qui est juste ; et si j'ai encore besoin de leçons, mon grand-père qui est ici me les donnera.

Mais, mon fils, répartit Mandane, ce que ton grand-père trouve juste n'est pas toujours regardé comme tel chez les Perses. Astyage s'est rendu, en Médie, maître absolu de toutes choses, tandis que l'on croit chez les Perses que la justice consiste dans l'égalité de droits. Ton père le premier dans ses actes publics n'agit que conformément à la loi, et c'est la loi qui règle aussi ce qu'il reçoit, car c'est elle et non sa volonté qui dirige sa puissance. Afin donc, ô mon fils, que tu ne sois point cruellement puni à ton retour en Perse, garde-toi de rapporter d'ici au lieu de maximes royales des maximes tyranniques d'après lesquelles un homme doit posséder, seul, plus de biens que tous les autres ensemble. Mais ton père, répliqua Cyrus, m'enseignerait plutôt à me contenter de peu qu'à désirer beaucoup. N'as-tu pas remarqué qu'il a su accoutumer les Mèdes à posséder moins que lui ? Rassure-toi donc, et sois persuadée que ni moi ni personne ne le quitterons avec l'ambition d'être plus riches que les autres.

Telles étaient les causeries de Cyrus. Enfin Mandane partit et son fils resta en Médie où il fut élevé. Il eut bientôt fait connaissance et formé des liaisons intimes avec les jeunes gens de son âge : bientôt il se concilia l'affection des pères qu'il visitait quelquefois et qui voyaient sa bienveillance pour leurs fils ; de sorte que, s'ils avaient quelque grâce à demander au roi, ils chargeaient ceux-ci d'engager Cyrus à la solliciter pour eux. De son côté Cyrus, naturellement généreux et obligeant, n'avait rien plus à cœur que d'obtenir ce qu'ils désiraient.

D'un autre côté, Astyage, quelque chose que son petit-fils lui demandât, ne se sentait pas la force de le contrarier par un refus. Dans le cours d'une maladie, Cyrus ne l'avait jamais quitté ; il n'avait cessé un instant de pleurer, et manifestait surtout la crainte que la mort ne lui enlevât son aïeul. Lorsque, pendant la nuit, Astyage semblait avoir besoin de quelque chose, Cyrus était le premier à s'en apercevoir ; il était debout avant tous les autres, pour le servir dans ce qu'il présumait lui être agréable ; et c'est ainsi que Cyrus avait entièrement gagné le cœur d'Astyage.

Cyrus était peut-être un peu babillard ; mais ce défaut venait en partie de son éducation. Son maître l'obligeait à rendre compte de ce qu'il faisait et d'interroger ses camarades, lorsqu'il jugeait leurs différens ; d'ailleurs dans son envie d'apprendre il questionnait beaucoup les personnes avec lesquelles il se trouvait, sur l'état de leurs affaires : lui fesait-on des questions, la vivacité de son esprit lui fournissait de promptes réparties. La réunion de ces différentes causes l'avaient rendu grand parleur. Mais de même que dans les adolescens qui ont pris de bonne heure leur croissance, on remarque un certain air enfantin qui décèle leur extrême jeunesse, de même aussi le babil de Cyrus annonçait non point une confiance présomptueuse, mais une simplicité naïve et un penchant à la bienveillance : aussi quand on se trouvait avec lui, préférait-on l'entendre parler beaucoup que de le voir silencieux.

50° LEÇON.

ΔΙΑΛΟΓΟΣ *.

— Εἶπέ μοί · ποσούς υἱούς εἶχε ἄνθρωπός τις;
— Τί εἶπεν ὁ νεώτερος αὐτῶν τῷ πατρί;
— Τί μέρος ὁ πατὴρ ἐδῶκε τῷ νεωτέρῳ;
— Ποῖ ἀπεδήμησεν ὁ νεώτερος υἱός συναγαγὼν ἅπαντα;

---

* Maintenant, l'élève est en état de comprendre les questions que son professeur lui adresse sur ses textes, et aussi d'y répondre en grec. C'est au professeur à préparer dorénavant ses questions de manière à n'y faire entrer que des mots connus de l'élève. L'exercice que nous donnons dans cette seule leçon doit être constamment répété, et comprendre, en se développant, tous les nouveaux textes ; de cette manière, bientôt l'élève, presque sans effort, contractera l'habitude de s'exprimer en grec ; il parlera ses auteurs même à propos de sujets étrangers. Chaque jour, il verra très-rapidement se grossir son dictionnaire ; car ce dictionnaire qui compte aujourd'hui déjà plus de 1000 mots peut, avant la fin de l'année, en compter plus de 6000.

Passons d'abord en revue les mots dont il est essentiel de rappeler la signification pour comprendre la phrase interrogative :

Pronom interrogatif, qui? quel? quoi? m. et f. Τίς et τί, Τίς εἶ, qui est-tu? Διὰ τί (pourquoi) τοῦτον οὕτω τιμᾷς;—Τί δὴ, ὦ Κῦρε, μιμούμενος τὸν Σάκαν τὰ ἄλλα, etc.

Quel, quelle, se dit aussi ποῖος, ά, ὄν : Τὰ ποῖα ταῦτα; quelles sont ces choses?— Il fait voir quel il est? ὅς ἐστι δηλοῖ.—Quelle heure est-il? trois heures, πόση ἡ ὥρα; τρίτη.—De quelle grandeur, de quel âge? πηλίκος, ἡ ον; quel âge avez-vous? πηλίκος εἶ;

— Πῶς ἐκεῖ διεσκόρπισε τὴν οὐσίαν ἑαυτοῦ;
— Τί κακοῦ ἐγένετο κατὰ τὴν χώραν ἐκείνην, δαπανήσαντος τοῦ νεωτέρου υἱοῦ πάντα;
— Τίνι ἀνθρώπῳ ἐκολλήθη ὁ νεώτερος, δαπανήσαντος δὲ αὐτοῦ πάντα, καὶ λιμοῦ γενομένου;
— Ποῖ ἔπεμψεν αὐτὸν οὗτοσι;
— Τί ποιεῖν;
— Ἆρα μή τίς ἐδίδου αὐτῷ κεράτια;
— Πρὸς τίνα ἀναστὰς ὁ νεώτερος λιμῷ ἀπολλύμενος πορεύσεται;
— Ἆρα μή ἄξιος ἐστί κληθῆναι υἱος τοῦ πατρός ἑαυτοῦ;
— Τίς δραμὼν πρῶτος ἐπέπεσεν ἐπὶ τὸν τράχηλον αὐτοῦ μακρὰν ἀπέχοντος; τίς κατεφίλησεν αὐτόν;

Comment, πῶς; Comment se porte-t-il, πῶς ἔχει;— πῶς σὺ τοῦτο πατέγνως; — πῶς ποιεῖ, etc.

Combien de, πόσος, η, ον : πόσοι μίσθιοι τοῦ πάτρος μοῦ, etc. — Combien sont-ils? πόσοι εἰσί;— Combien de temps? πόσον χρόνον;

Lequel des deux? Qui des deux? πότερος, α, ον : πότερος δοκεῖ καλλίων εἶναι, ὁ πατὴρ, ἢ οὗτος;

Est-ce que? Ἆρα; — Est-ce que, suivi d'une négation, Ἆρα μή, Ἆρα οὐ. En grec l'intonation seule de la voix peut suffire pour exprimer l'interrogation ; mais on peut aussi, pour la rendre plus vive et plus pressante, ajouter des particules suivantes : ἆρα, ἆρα γε, ἦ, ἦ γάρ, μῶν, etc. Alors, si l'interrogation renferme une négation, on fait suivre ces particules de οὐ, ou bien μή ; de ἆρα οὐ, si la réponse doit être affirmative ; de ἆρα μή, si la réponse doit être négative, incertaine, ou si la demande marque de la crainte.

La réponse affirmative se fait au moyen de καὶ, καὶ μάλα, ναι (oui), πῶς γὰρ οὔ (car comment non), de λέγω, φημί, aio, j'affirme ; ἐγώ γε, equidem ; ἴσως, peut-être.

La réponse négative se fait par οὔ, οὐκ, οὐχὶ, ou par οὔ φημί, nego, je nie. L'une et l'autre réponse peuvent se faire aussi en répétant, comme en latin, le verbe de la demande ; par exemple : Νομίζεις τὸν θάνατον ἀγαθὸν εἶναι; Νομίζω.—N'y a-t-il pas un Dieu? Ἆρα οὐ Θεός ἐστι;—N'est-il pas venu quelqu'un? Ἆρα μή ἦλθέ τις;—N'est-il pas malade? Ἆρ' οὐκ ἐστιν ἀσθενής; —Serait-il malade? Ἆρα μή ἐστιν ἀσθενής;

Οὖ marquant interrogation, s'exprime par ποῦ, et, s'il y a mouvement, par ποῖ : Mais où est-il? Οὖ il est? là. Ἀλλὰ ποῦ ἐστι; ὅπου ἐστί; ταυτῇ.— Où est-il allé? ποῖ γῆς ἦλθε; ἐκεῖσε. — D'où avec interrogation, πόθεν; D'où êtes-vous? pour de quel pays? ποδαπός εἶ; D'où est-elle? ποδαπή ἐστι; — Par où? πῇ; etc.

Quand, interrogatif, πότε; quand ferez-vous ce qu'il faut? πότε ἃ δεῖ πράξετε; —Depuis quand êtes-vous venu? ποσταῖος ἦλθες; jusques à quand combattrons nous? μέχρις οὖ πολεμήσομεν;

— Διὰ τί ὁ πατὴρ ἔθυσε τὸν μόσχον τὸν σιτευτόν;

— Ποῦ ἦν τότε ὁ πρεσβύτερος υἱός;

— Τίνος ἤκουσε, ὡς ὁ πρεσβύτερος ἐρχόμενος ἤγγισε τῇ οἰκίᾳ;

— Ἆρα ὁ πρεσβύτερος υἱός ἄξιος ἦν κληθῆναι τοῦ νεωτέρου ἀδελφός;

— Πότερος δοκεῖ σοί καλλίων εἶναι, ὁ πρεσβύτερος, ἢ ὁ νεώτερος;

— Τίς, ἐν μυθῷ, ἦν μέλλων καταλύειν τόν βίον;

— Τί ἐβούλετο ὁ γεωργός;

— Τί εὑρήσουσι οἱ παῖδες ζητήσαντες ἐν τῇ ἀμπέλῳ; τίνα θησαυρόν;

— Τί ἐποίησαν οἱ τοῦ γεώργου παῖδες μετὰ τὴν τοῦ πατρὸς ἀποβίωσιν;

— Ἆρα ἡ ἄμπελος καλῶς σκαφεῖσα, ἀνέδωκεν αὐτοῖς πολλαπλασίονα τὸν καρπόν;

— Τίς ἦν ὁ πατήρ τοῦ Κύρου;

— Τίς ἦν ἡ μητήρ αὐτοῦ;

— Τίνος γένους ἦν οὗτος Καμβύσης;

— Ἡ Μανδάνη, τίνος βασιλέως ἦν θυγατηρ;

— Ἡ γὰρ ὁ Κύρος σὺν τῇ μητρί ἥξει, πορεύσεται πρὸς τὸν Ἀστυάγην;

— Τίνι παιδείᾳ ἐπαιδεύθη ὁ Κῦρος;

— Πῶς, ἐν Πέρσαις, ἄρχεσθαι δοκοῦσιν οἱ νόμοι;

— Ἡ γὰρ ἐστὶ νομίμον τὸ παίειν ὃν μὴ δικαίον, ἢ παριέναι βίᾳ εἰς οἰκίαν;

— Ἡ γὰρ τὸ ταχὺ μανθάνειν ἃ δέοι ἐστίν ἀγαθόν;

— Διὰ τί ὁ Ἀστυάγης μετεπέμψατο τὸν τῆς Μανδάνης υἱόν;

— Τί ἐποίησε ὁ Κῦρος, ὡς ἔγνω τὸν Ἀστυάγην τῆς μητρὸς πατέρα ὄντα;

— Τίνα ἐστί νόμιμα ἐν Μήδοις;

— Ἆρ' οὐκ' ἔχουσι οἱ Μήδοι στρεπτούς περὶ τῇ δερῇ καὶ ψέλλια περὶ ταῖν χεροῖν;

— Πότερος δοκεῖ τῷ Κυρῷ εἶναι καλλίων, ὁ πατήρ, ἢ ὁ πάππος;

— Ποῦ ὁ Κῦρος ἑώρακε Μήδους τινάς;

— Ποῖος ἦν ὁ ἵππός ἐφ' οὗ Ἀστυάγης περιῆγε τὸν Κῦρον;

— Ἆρ' οὐκ' ἐστί χαλεπὸν καὶ τρέφειν ἵππους καὶ ἱππεύειν ἐν ὀρεινῇ οὔσῃ τῇ χώρᾳ;

— Ἡ γὰρ σπάνιον ἦν καὶ ἰδεῖν ἵππον ἐν Πέρσαις;

— Τίνος ἕνεχα ὁ Ἀστυάγης προσηγαγε τῷ Κυρῷ παροψίδας, ἐμβάμματα, καὶ βρώματα παντοδάπα;

— Πόσα βρώματα οἱ Μήδοι ἔχουσίν ἐν τῷ δείπνῳ;

— Τί ὄνομα (nom) τῷ τοῦ Ἀστυαγοῦς οἰνοχόῳ;

— Πῶς οὗτος ὁ οἰνοχόος φυσεῖ ἐτύγχανε ὤν;

— Τίνος ἕνεχα ὁ Ἀστυάγης ἐτιμᾶ τὸν Σακᾶν τὸν οἰνοχόον;

— Πῶς οἱ τῶν τοῦτων βασιλέων οἰνοχόοι οἰνοχόουσι;

— Ποσοῖς δακτύλοις οἱ οἰνοχόοι τὴν φιάλην ὀχοῦσι;

— Εἰς τί ὁ Ἀστυάγης τὴν ἑαυτοῦ χεῖραν ἀποκαθαίρει, ὅταν τούτων τῶν βρωμάτων τίνος θίγῃ;

— Νομίζεις τὸν ἄρτον καὶ τὸ κρέας ἄγειν τὸν Κῦρον, ἐν δείπνῳ, εἰς τὸ ἐμπλήσθηναῖ;

— Τίσι θεραπευταῖς ὁ Κῦρος διέδιδου τὰ κρέα ἃ ἔλαβε, etc.; etc.

FIN DE LA PREMIÈRE PARTIE.

MANUEL PRATIQUE
DE LANGUE GRECQUE.

DEUXIÈME PARTIE.

GRAMMAIRE.

PREMIÈRE LEÇON.

Alphabet grec.

La langue grecque compte 24 lettres.

	Figure.			Nom.	Valeur.
	Majusc.	Minusc.			
1.	A,	α,		alpha,	a.
2.	B,	β, ϐ,		bêta,	b.
3.	Γ,	γ, ϲ,		gamma,	gh.
4.	Δ,	δ, ∂,		delta,	d.
5.	E,	ε,		epsilonn,	e, comme dans *bonté*.
6.	Z,	ζ,		dzêta,	dz.
7.	H,	η,		êta,	ê, comme dans *succès*.
8.	Θ,	ϑ, θ,		thêta,	th, dur anglais.
9.	I,	ι,		iôta,	i.
10.	K,	κ,		cappa,	k.
11.	Λ,	λ,		lambda,	l.
12.	M,	μ,		mu,	m.
13.	N,	ν,		nu,	n.
14.	Ξ,	ξ,		xi,	x.
15.	O,	ο,		omicronn,	o, comme dans *botte*.
16.	Π,	π, ϖ,		pi,	p.
17.	P,	ρ, ῥ,		rho,	rh, r.
18.	Σ,	ς, σ, ϛ,		sigma,	s.
19.	T,	ɩ, τ,		tau,	t.
20.	Υ,	υ,		upsilonn,	u.
21.	Φ,	φ,		phi,	ph.
22.	X,	χ,		chi,	ch, *tscha* allemand.
23.	Ψ,	ψ,		psi,	ps.
24.	Ω,	ω,		ômega.	ô, comme dans *hôte*.

Pour se familiariser promptement avec l'alphabet grec, il suffit de s'exercer à la lecture du distique suivant, dans lequel saint Grégoire de Nazianze a renfermé les 24 lettres de la langue grecque :

Ψυχή, βλέψον ἄνω, ξείνων δ'ἐπιλήθεο πάντων·
Μηδέ σ'ἄγη νικῶν πρὸς ζοφόεντα δέμας.
ΨΥΧΗ, ΒΛΕΨΟΝ ΑΝΩ, ΞΕΙΝΩΝ Δ' ΕΠΙΛΗΘΕΟ
ΠΑΝΤΩΝ·
ΜΗΔΕ Σ' ΑΓΗ ΝΙΚΩΝ ΠΡΟΣ ΖΟΦΟΕΝΤΑ ΔΕΜΑΣ.

«Mon âme, porte en haut tes regards; méprise tous ces biens passagers, de peur que le corps vainqueur ne t'entraîne dans les ténèbres.»

2ᵉ LEÇON.

Prononciation et Division des lettres.

A, ἄλφα (de l'hébreu *aleph*).

Pour ne point faire parade d'une érudition déplacée dans un cours élémentaire, nous dirons une fois seulement que presque toutes les lettres grecques viennent des lettres hébraïques correspondantes.

Ceci ne semblera pas étonnant si l'on se rappelle que les lettres essentielles de l'alphabet grec ont été, dit-on, rapportées de Phénicie par Cadmus. Les 16 cadméennes pouvaient suffire aux besoins de la langue. Ce sont α, 6, γ, δ, ε, ι, κ, λ, μ, ν, ο, π, ρ, σ, τ, υ. Plus de 250 ans après, Palamède inventa pendant le siège de Troie, le ξ, et les trois aspirées θ, φ, χ. Quelques auteurs cependant attribuent à Epicharme l'invention du θ et du χ; enfin, on désigne généralement Simonide comme l'inventeur des quatre autres, savoir, η, ω, ζ, ψ.

B, β, 6, βῆτα.

Les Grecs modernes, au lieu de Bêta, prononcent *Vita*.

Le son du *b* leur manque absolument.

Pour l'exprimer, lorsqu'ils citent un nom étranger où se trouve un *b*, ils ont recours à la combinaison de l'μ et du π; ils écrivent, par exemple, μπομπάρδα, bombarde.

Au reste, il est certain qu'entre le son du 6 et celui du ν, il existe une analogie qui, chez bien des peuples, a fait confondre ces deux lettres. Les Latins ont souvent traduit en ν le b des Grecs: de βοή ils ont fait *vox*; de βάδω *vado*; de βίος, βία, *vita*, etc.

Aujourd'hui encore les Espagnols et les Gascons confondent dans la prononciation *Bibere, Vivere*.

Si les anciens Grecs avaient prononcé β, *Vita*, les Latins auraient sans doute conservé cette prononciation; or il n'en est rien, ainsi que l'atteste ce vers d'Ausone:

« Dividuum *Betæ* monpsyllabum italicum B. »

A l'appui de la prononciation du β, on cite encore le mot *alphabet* conservé jusqu'à nous dans la plupart des langues vulgaires.

Γ, γ, γάμμα.

Cette lettre se prononce comme notre g dans le mot *galant*, et non comme cette même lettre dans le mot *ange*. *

Quand γ se trouve devant un autre γ, devant κ, ou χ, ou ξ, il se prononce comme ν. Exemple: ἄγγελος : Prononcez *anghéloss*.

Δ, δ, δέλτα.

Δ a la prononciation de notre *d* français.

Dans les inscriptions, cette lettre est mise pour δέκα, *decem*, dix.

Delta a donné son nom à une province de l'ancienne Égypte qui avait la forme triangulaire de cette lettre.

E, ε, ἐψιλόν.

Ἐψιλόν, c'est-à-dire, é petit, é bref, se prononce comme notre é fermé dans *bonté*.

Z, ζ, ζῆτα.

L'ancienne prononciation des écoles françaises, celle d'Erasme, fait du ζ une lettre double de la valeur de δς, du *z* italien dans le mot *mezzo*.

La prononciation des Grecs modernes attribue, au contraire, au ζ qu'ils appellent *Zita*, un son simple, semblable à celui de notre z dans le mot *zéphyr*.

H, η, Ἦτα.

Les Grecs modernes prononcent η, *ita*, *i*.

Cependant, d'après le témoignage de Platon lui-même, il est constant que dans l'origine les Grecs suppléaient à l'η par l'ε. Ainsi ils écrivaient ἐμέρα pour ἡμέρα, Δεμετρος pour Δήμετρος.

L'*Amen*, Ἀμήν de la vulgate s'est conservé jusqu'à nous, malgré la prononciation des Grecs modernes.

On voit dans les œuvres du pape Innocent III (12ᵉ et 13ᵉ siècles) que, de son temps, on prononçait *Kyrie eleeson* (ἐλέησον) et non *eleïson*.

Un ancien poète (Cratinus) voulant imiter le cri de la brebis écrit βῆ, βῆ, βῆ.

Pour nous, nous avouerons franchement que

---

* Le Bénédictin Guido d'Arezzo, qui corrigea le chant de l'Église, fit accompagner de la lettre γ la note qu'il mit au-dessous de l'ancien système. Bientôt on donna le nom de *gamme* à l'échelle musicale elle-même.

nous regardons la prononciation de l'η, agitée depuis si long-temps par les savans, comme une question qui n'est pas encore résolue.

Parce que, même en reconnaissant que l'η est un ε long ou un ε double, nous savons aussi que les Latins mettaient par exemple *omnis* pour *omnees*, *urbis* pour *urbees*, et parce que nous voyons même aujourd'hui les Anglais prononcer *ee*, *i*.

Vivant en France et obligé de faire un choix, nous appliquerons de préférence la prononciation française appuyée qu'elle est de l'autorité des Manuce, des Lipse, des Budé, des Ramus, des Erasme; et considérant que l'η n'est qu'un ε long, nous lui donnerons la prononciation pleine de notre *é* ouvert, comme dans *fête*.

Quant à la forme de la majuscule H on raconte que Simonide qui introduisit cette lettre, voyant qu'on était obligé de mettre deux EE, la lui donna telle, parce qu'il remarqua que deux E tournés l'un vers l'autre forment, pour ainsi dire, la figure de l'η : ƎE , H.

Nous verrons bientôt comment dans l'origine cette figure était un signe qui indiquait l'aspiration de la voyelle suivante, et comment ce signe fut remplacé par l'esprit rude.

Dans les temps anciens au lieu de φ, χ, θ, on écrivait ΠΗ, ΚΗ, ΤΗ, comme en français *ph*, *ch*, *th*.

En français notre *H* a la forme de l'H grec, et comme chez les anciens Grecs, h est chez nous le signe de l'aspiration; seulement nous en avons fait une lettre, au lieu d'un simple signe.

Θ, θ, θ, θῆτα.

Se prononce comme le *th* anglais dans le mot *thing*.

Ce son existe encore dans la langue espagnole, mais il est entièrement ignoré des Français, des Italiens et des Allemands.

Les Russes transforment θ en φ; ils écrivent et prononcent *Phomá*, *Aphin*, pour Θωμᾶς, Ἀθῆναι.

Ι, ι, ἰῶτα.

L'ι est la plus petite des lettres grecques: d'où vient qu'en grec et même en français, l'on désigne ainsi *la plus petite*, *la moindre des choses*, lorsque l'on dit : il n'y manque pas un *iôta*.

On a désigné sous le nom d'Iôtacisme (Ἰωτακισμός), la tendance de la prononciation des Grecs modernes qui attribue le son de l'ι à 5 au-tres voyelles ou diphtongues, savoir à ι, υ, η, ει, οι, υι.

Il faut avouer toutefois que, même chez les Grecs anciens, le son de l'ι et celui de l'οι, par exemple, devaient être assez semblables pour qu'il pût y avoir doute, hésitation, en certaine circonstance, même pour l'oreille si délicate des Athéniens !

On raconte en effet (l'historien Thucydide) qu'au commencement de la guerre du Péloponnèse, à propos de certain oracle, les Athéniens hésitaient sur le sens qu'il fallait lui attribuer. L'oracle avait dit :

Ἥξει	Δωριακὸς	πόλεμος,	καὶ	λοιμὸς
Viendra	Dorienne	guerre	et	peste

ἅμ' αὐτῷ.
avec elle.

Or on avait à penser si l'oracle avait prononcé λοιμός peste, ou λιμός, famine, parce que λοιμός et λιμός, οι et ι ne différaient guère pour l'oreille.

La conséquence de ceci serait que οι et ι se prononçant à peu près de même, il faudrait lire Ἀχαιοί, non pas *Achaïoï* mais *Achæi*, comme le disaient les Latins.

L'ι se place souvent sous la voyelle qui le précède. Il se nomme alors *iôta souscrit* et ne se prononce pas.

Κ, κ, κάππα.

Se prononce comme le *c* français devant *a*, *o*, *u*, *capitaine*, *colonel*, *culotte*, et jamais comme notre *c* devant *é*, *i*, par exemple, *cédule*, *citoyen*.

Λ, λ, λάμβδα.

Se prononce comme *l*.

Le crâne humain a une suture qui, à raison de sa forme, est appelée *Lambdoyde*.

Μ, μ, μῦ. — Grec moderne, *my*.

Cette lettre se nomme *mugissante*, parce que, pour la prononcer, il faut en fermant les lèvres forcer l'air du poumon à sortir par les narines.

Il est à remarquer que dans presque toutes les langues c'est la lettre *m* qui commence le mot *mère*. En latin *mater*, italien *madre*, anglais *mother*, etc.; de même qu'aussi le mot *père*, dans presque toutes les langues, a pour initiale la lettre *p*.

Dans les inscriptions μ signifie 10,000, comme étant l'initiale de μύρια.

N, ν, νῦ. — Grec moderne, *Ny*.

En grec, quand un mot finit par une voyelle et que le mot suivant commence par une voyelle, on ajoute souvent un ν à la terminaison du premier pour éviter l'hiatus. Ce ν se nomme *euphonique*, c'est-à-dire, *bien sonnant, harmonieux*: Exemples: εἶπεν ὁ νεώτερος, διεῖλε ν αὐτοῖς.

Ξ, ξ, ξῖ.

Lettre double, c'est-à-dire ayant le son d'un κς, ou celui de notre *x* français dans les mots *Alexandre, auxiliaire*.

O, ο, ὀμικρόν.

Omicronn, c'est-à-dire, *o petit*, o bref, pour le distinguer de l'ὠμέγα, qui est l'*ó* circonflexe, l'*ó* long.

ο : ω :: ε : η.

Ὀμικρόν se prononce comme l'o français dans *dévote*, tandis que l'ὠμέγα s'articule comme notre *ó* dans *apôtre*.

Π, π, πῖ.

Πι, se prononce comme le *p* français. Dans les inscriptions un Π, comme initiale de Πέντε, exprime le nombre 5.

P, ρ, ῥῶ.

A le son de notre *r* et de *rh*.

On sait la difficulté que Démosthène éprouvait à prononcer la première lettre de son art, de l'art de bien dire : ῥητορικὴ.

En grec, ρ, au commencement des mots, a un son aspiré et se prononce comme *rh*; tel est le mot déjà cité ῥητορικὴ, et le mot ῥυθμός, *rhythme*.

La prononciation du *rhô* est plus douce quand il se trouve au milieu des mots. — Πύῤῥος, *Pyrrhus*.

Σ, σ, ς, σῖγμα.

On le rencontre aussi ayant la forme d'un *c*.

Σ a le son de notre *s* dur, c'est-à-dire, d'un *ç* avec cédille.

Ainsi, σ dans φιλόσοφος se prononce non comme notre *s* dans *philosophe*, mais comme si ce mot était écrit *philoçophos*.

Quoique le son de cette lettre ne soit pas exempt de dureté (on la nomme, pour cette rai-

son, *sifflante*), il n'est aucune lettre qui soit employée plus fréquemment.

Dans un certain vers de la *Médée* d'Euripide, on la trouve sept fois reproduite; aussi ce vers a-t-il été en butte aux traits de la critique; un poète comique Grec avait cru même pouvoir le parodier. Voici le vers d'Euripide :

Ἔσωσά σ', ὡς ἴσασιν Ἑλλήνων ὅσοι......

Ἔσωσας, dit le poète comique, ἐκ τῶν σιγμάτων Εὐριπίδου.

On rapporte que Pindare avait composé une *Ode* où n'entrait aucun sigma, et qu'un certain poète avait passé sa vie à enlever tous les sigma de l'*Odyssée*.

T, τ, ταῦ.

Les Grecs modernes qui prononcent αυ, *af*, disent au lieu de ταῦ, *taf*.

Quelquefois aussi les Grecs modernes lui donnent le son du δ; ils prononcent, par exemple, τόν τόνον, *ton donon*.

Υ, υ, ὑψιλόν.

Les Grecs modernes donnent à l'υ le son de l'ι. Cependant il est assez vraisemblable que, malgré cette prononciation des Grecs modernes qui tend à tout confondre, l'ὑψιλόν se prononçait comme l'*u* français.

L'υ grec, selon Priscien, Capelle et Térentien, avait un son moyen entre l'*ou* des Latins et l'*i*. C'est pourquoi cet auteur ajoute qu'il se prononçait par un petit souffle et en pressant les lèvres.

Aristophane, dans son *Plutus*, ayant à exprimer l'exclamation d'un gastronome dont le nez savoure l'odeur d'un mets succulent, et lorsqu'il retire en même temps son haleine, Aristophane écrit ὗ, ὗ, ὗ.

D'ailleurs les mots imitatifs μυκάζειν, *mugire*, ὑλακτίζειν, *ululare*, γρύζειν, *grunnire*, sont autant de preuves que la prononciation de l'υ des anciens Grecs ne devait pas être celle de l'*iôta*.

Les Latins qui manquaient du son de l'υ dans leur langue, puisque leur *u* se prononçait *ou*, inventèrent ce que nous prononçons à tort *y* grec, pour représenter l'ὑψιλόν. Si l'υ avait eu le son de l'*i*, les Romains n'auraient pas eu besoin d'introduire une nouvelle lettre, ils avaient l'*i*.

Remarquez que l'Υ a la forme de deux cornes, d'une espèce de croissant; de là vient, dit-on, que l'on a donné le nom de ὑάδες, *hyades*, aux sept étoiles qui brillent dans les cornes du *Taureau*, constellation.

Φ, φῖ.

Le φῖ ne doit pas être prononcé comme un *f* simple, parce que *f* n'a point d'aspiration.

Quintilien remarque que Cicéron s'est moqué d'un Grec qui prononçait *Fundanius*, de même que s'il y avait eu Φυνδανιυς, c'est-à-dire *Phundanius*, selon *Lipse*, et *Fhundanius*, selon *Sylburge*.

En latin et en français nous traduisons le φ des Grecs par la double lettre *ph*, et nous écrivons *philosophie*, *physique*. Quant aux Italiens et aux Espagnols, ils ont secoué le joug de l'étymologie; ils écrivent et prononcent, *filosofia*, *fisica*.

X, χ, χῖ.

Les Russes, les Polonais, les Espagnols, les Allemands le prononcent avec facilité parce que le son de cette lettre existe dans la langue de chacun de ces peuples.

Les Italiens et les Français ne connaissent point le χι.

Pour se faire une idée exacte de sa prononciation, il faut entendre prononcer par un Allemand le *ch* (*tséha*) dans les mots *ich*, *Sprache*, *Reich*, etc.

En renforçant l'aspiration du mot français *haïr*, on obtient un son approchant. Dans les inscriptions χ, comme initiale de χίλια, exprime le nombre 1,000.

Ψ, ψ, ψῖ.

Consonne double, abréviation d'écriture, espèce de signe sténographique introduit par Simonide, dit-on, dans l'alphabet grec pour représenter : Βς, πς, φς. Lettre, par conséquent, moitié labiale, moitié sifflante.

Nous prononçons le ψῖ dans les mots *Psyché*, *psycologie*.

Lorsque nous verrons la manière dont se forme le futur de certains verbes, nous reconnaîtrons évidemment que la lettre ψῖ n'est qu'une abréviation d'écriture, la combinaison de deux lettres.

Ω, ω, ὠμέγα.

Ὠμέγα, c'est-à-dire, *ὅ grand*, *ὅ long*, dernière lettre de l'alphabet, comme *a* est la première.

A et Ω, ἀρχὴ καὶ τέλος, *commencement et fin*.

Cette distinction, de l'*o* bref et de l'*ὅ* long se trouve aussi, comme nous l'avons vu, dans notre langue; nous prononçons différemment *hôte* et *hotte*.

DIPHTHONGUES.

Le concours de deux voyelles dans une même syllabe forme ce que l'on nomme *diphthongue*.

Deux voyelles formant une diphthongue se prononcent par une seule émission de voix et quoique dans une même syllabe, produisent un son double.

De là leur nom δίφθογγος : *double son*.

Neuf diphthongues.
$$\begin{cases} αι, ει, οι. \\ αυ, ευ, ου. \\ ηυ, ωυ, υι. \end{cases}$$

Αι.

ECOLES FRANÇAISES : *aï*. — GRECS MODERNES : *é*, δίκαιος, *dikéos*.

Selon Quintilien, les Romains prononçaient cette diphthongue par un *a* et un *i* comme les Grecs : On trouve *Pictaï*, *aulaï*, dans Virgile, pour *pictæ*, *aulæ*. Scaurus, ancien grammairien, dit la même chose et prétend, que même après que les Romains eurent transformé *aï* en *æ*, ils prononçaient encore cet *æ* de manière à ce que les deux voyelles étaient entendues.

Αι, chez Aristophane, chez Lucien, chez Sophocle représente le cri de la douleur, interjection que nous avons aussi dans notre langue.

ει, οι, υι.

ECOLES FRANÇAISES.		GRECS MODERNES : RÈGLE. La 1re voyelle ne se prononce pas.
	Comme dans :	
ει,	*pléïades*.	εἰκὼν, image, *icôn*.
οι,	*voyons*.	οἴκημα, habitation, *ikima*.
υι,	*appui*.	υἱὸς, fils, *hyos*.

αυ, ευ, ηυ

αυ,	*autre.*	αυ, ευ, ιυ devant les con-
ευ,	*heureux.*	sonnes β, γ, δ, ζ, λ, μ, ν, ρ,
ηυ	*êu*	ainsi que devant les
		voyelles; *af, ef, if* de-
		vant les autres conson-
		nes.

ου.

ου,	*ou.*	ου,	*ou.*

DIVISION DES CONSONNES.

Les 17 consonnes se divisent en 9 muettes, 4 liquides, 1 sifflante et 3 doubles. De ces 9 muettes, ainsi nommées parce que seules elles ne forment aucun son, 3 sont labiales, 3 gutturales, et 3 dentales.

	douces,	fortes,	aspirées.
labiales	B,	Π,	Φ.
gutturales	Γ,	K,	X.
dentales	Δ,	T,	Θ.

Les quatre liquides sont λ, μ, ν, ρ; elles sont ainsi appelées parce qu'elles sont coulantes dans la prononciation et se lient aisément aux autres consonnes. La liquide μ précède fréquemment les labiales β, π, φ, comme dans ὄμβρος pluie; ἄμπελος vigne; ἄμφω tous deux; ν se trouve fréquemment au contraire devant les dentales Δ, T, Θ, ἀνδρεία, ἄντρον, ἄνθος. La sifflante Σ ajoutée à l'une des muettes forme toujours une lettre double; βς, πς, φς, équivalent à ψ; γς, κς, χς, sont remplacés par ξ; et enfin δς, τς, θς, par ζ.

3ᵉ LEÇON.

De l'Article.

Ὁ νεώτερος, *le plus jeune;* τῷ πατρί, *à le père;* τὸ ἐπιβάλλον μέρος, *la part qui revient;* τῆς οὐσίας, *de la fortune;* τὸν βίον, *le bien;* τὴν οὐσίαν, *la fortune;* τὴν χώραν, *la région;*

τῶν πολιτῶν, *des habitans;* τῆς χώρας, *de la région;* τοὺς ἀγροὺς, *les champs,* etc.

Rien qu'en observant les mots, τῆς οὐσίαι, τὴν οὐσίαν, τῆς χώρας, τὴν χώραν, on peut remarquer deux choses, c'est que la langue grecque fait usage d'articles et de cas, tandis que la langue latine, au contraire, n'emploie que les différences de terminaison ou les *Cas* pour indiquer le rôle que joue le mot dans la phrase. Ainsi, en latin, le mot *regio* signifie aussi *la région* et *une région,* tandis que ἡ χώρα veut dire *la région,* celle dont il a été question. Ἀπεδήμησεν εἰς χώραν μακράν, il émigra dans *une* région éloignée, sans que le texte la spécifie davantage; mais lorsque plus tard on raconte que l'enfant prodigue s'attacha à l'un des habitans *de la région,* comme elle est alors censée connue, le texte dit: ἑνὶ τῶν πολιτῶν τῆς χώρας.

En grec comme en latin il y a trois *genres,* le masculin, le féminin et le neutre.

Mais le grec compte trois *nombres,* le singulier, le duel et le pluriel. Le duel indique qu'il s'agit de deux personnes ou de deux choses.

Il y a cinq cas, le *nominatif,* le *vocatif,* le *génitif,* le *datif,* l'*accusatif.* L'*ablatif* des Latins est suppléé par le *datif* ou le *génitif;* nous le verrons par l'usage.

Comme les élèves qui n'ont point étudié la langue latine ignorent peut-être ce que l'on entend par *cas,* nous leur dirons, que, suivant la manière dont les *noms* sont employés dans le discours, leur terminaison varie, et que l'on a donné le nom de cas à ces différentes terminaisons. Généralement on peut dire que le *nominatif* exprime que le nom est le sujet de la phrase. Le *vocatif* indique une personne ou une chose interpellée. Le *génitif* met en rapport deux noms substantifs comme le fait en français la préposition *de;* il détermine le sens d'un premier mot. Le *datif* marque le but auquel se rapporte une action ou un sentiment; c'est le régime ou complément indirect. L'*accusatif* indique l'objet immédiat d'une action et sert de complément direct (régime direct) aux verbes actifs ou transitifs. *

---

* Une des premières qualités d'une langue, dit Laharpe, est de présenter à l'esprit le plus tôt et le *plus clairement* qu'il est possible, les rapports que les mots ont les uns avec les autres dans la composition d'une phrase. Ces différences que nous exprimons en français par un article ou par une particule, *l'homme, de*

De ces cinq cas, plusieurs se ressemblent, ainsi, toujours au pluriel, très souvent au singulier, vocatif est le même que le nominatif. 2º Le duel que deux terminaisons, une pour le vocatif, nominatif et l'accusatif, une pour le génitif et le tif. Il y a en grec trois sortes de déclinaisons e nous exposerons à mesure que nous rencon-rons des mots de cette triple catégorie. Au-rd'hui nous nous bornerons à faire connaître les minaisons de l'*article* ou, ce qui est la même ose, à le décliner.

Masculin ὁ νεώτερος, féminin ἡ χώρα, neu-τὸ μέρος.

DÉCLINAISON DE L'ARTICLE.

SINGULIER.

	masculin,	féminin,	neutre.
minatif.	ὁ,	ἡ,	τὸ,
	le,	la,	le.
nitif.	τοῦ,	τῆς,	τοῦ.
	du,	de la,	du.
atif.	τῷ,	τῇ,	τῷ.
	au,	à la,	au.
cusatif.	τόν,	τήν,	τό.
	le,	la,	le.

PLURIEL.

	masculin,	féminin,	neutre.
ominatif.	οἱ,	αἱ,	τά.
	les,	les,	les.
enitif.	τῶν,	τῶν,	τῶν.
	des,	des,	des.
atif.	τοῖς,	ταῖς,	τοῖς.
	aux,	aux,	aux.
ccusatif.	τούς,	τάς,	τά.
	les,	les,	les.

DUEL.

	masculin,	féminin,	neutre.	
omin. Acc.	τώ,	τά,	τώ.	les deux.
énit. Dat.	τοῖν,	ταῖν,	τοῖν.	des deux, aux deux.

homme, à l'homme, les Grecs et les Latins les mar-uaient par le changement de terminaison du même ot.

La privation de cas est une des causes qui font que inversion n'est pas naturelle à notre langue, et qui ous privent par conséquent d'un des plus précieux

L'article n'a pas de vocatif; ὦ qui précède quelquefois un nom au vocatif, est une interjection comme en latin et en français. Remarquez au datif singulier l'*iota* souscrit.

Le génitif pluriel en ων est commun à toutes les déclinaisons sans exception.

4ᵉ LEÇON.

Questions grammaticales.*

Combien y-a-t-il de nombres en grec?
Qu'exprime le singulier?
Qu'exprime le pluriel?
Qu'indique le duel?
Combien y a-t-il de genres?
Comment reconnait-on le genre des noms?
Comment appelle-t-on dans les noms les différentes terminaisons dont ils sont suscep-tibles?
Combien la langue grecque compte-t-elle de cas?
A quoi sert l'emploi de ces différens cas?
Que désigne le *nominatif?*
Que désigne le *vocatif?*
Le *génitif?*
Le *datif?*

avantages des langues anciennes. Pourquoi sera-t-on toujours choqué d'entendre dire : *La vie conserver je voudrais?* c'est que ce mot *la vie* ne présente à l'esprit aucun rapport quelconque où l'on puisse s'ar-rêter. Vous ne savez, quand vous l'entendez, s'il est nominatif ou régime, c'est-à-dire, s'il doit annoncer un verbe ou le suivre; ce n'est que lorsque la phrase est finie que vous comprenez que le mot *la vie* est ré-gi par le verbe *conserver*. Or, il y a dans toutes les têtes une logique secrète qui fait que vous desirez d'at-tacher une relation quelconque à chaque mot que vous entendez; et, pour suivre le fil de ces relations, il faut absolument dire en français : *Je voudrais conserver la vie*, ce qui n'offre aucune image à la pensée. Mais si je commence en latin par le mot *vitam*, me voilà d'abord averti par la désinence que j'entends un *ac-cusatif*, c'est-à-dire un régime qui me promet un verbe. Je sais d'où je pars et où je vais; et ce qui est pour un Français une inversion forcée qui le trouble est pour moi Latin, un ordre naturel d'idées. [Voir d'ailleurs notre *Méthode pratique de langue latine*].

* L'élève doit répondre, sans hésiter, à ces différen-tes questions, s'il a lu attentivement la leçon précédente.

L'accusatif?

Que signifie le mot *décliner*?

Déclinez l'article grec dans ses trois genres et dans ses trois nombres?

L'article a-t-il un vocatif?

Qu'a de remarquable le datif singulier de l'article? *

Comment se termine dans tous les noms grecs le génitif pluriel?

DÉCLINAISONS.

Τῆς οὐσίας *de la fortune***, ἡμέρας *des jours*, χώραν *un pays*, τῶν πολιτῶν *des habitans*, τῆς χώρας *de la région*, τὴν κοιλίαν *l'estomac*.

La grammaire grecque compte trois déclinaisons; les noms ci-dessus sont de la première déclinaison, parce que celle-ci comprend:

1º Des noms féminins terminés au *nominatif* en α en η.

2º Des noms masculins en ας et en ης.

Ses désinences sont en général les mêmes que celles de l'article féminin.

PREMIÈRE DÉCLINAISON.

SINGULIER.

Nominatif. ἡ οὐσί α, la fortune.
V. οὐσί α, fortune.
G. τῆς οὐσί ας, de la fortune.
D. τῇ οὐσί ᾳ, à la fortune.
A. τὴν οὐσί αν, la fortune.

PLURIEL.

N. αἱ οὐσί αι, les fortunes.
V. οὐσί αι, fortunes.
G. τῶν οὐσί ῶν, des fortunes.
D. ταῖς οὐσί αις, aux fortunes.
A. τὰς οὐσί ας, les fortunes.

DUEL.

N.V.A.*** οὐσί α, deux fortunes.
G. D. οὐσί αιν, de deux, à deux fort.

* L'iota n'a été mis dessous que pour montrer qu'on ne le prononçait plus.
** Ou plutôt du *patrimoine*.
*** Afin de n'avoir que deux lignes nous disons à la fois N. V. Acc. οὐσία. Si nous n'y joignons pas l'article, c'est parce que le Vocatif ne peut en recevoir.

Déclinez de même ἡ ἡμέρα *le jour*, ἡ χώρα *l région*, ἡ κοιλία *l'estomac*, et tous les noms fé minins en ρα et en α pur, c'est-à-dire en α précéd d'une voyelle. Ces mots gardent α à tous leur cas.

Tous les autres noms terminés en α, mais qu n'ont devant cet α ni voyelle ni la consonne ρ, for le génitif en ης et le datif en η; à l'accusatif ils re prennent la voyelle du nominatif, et le pluriel le duel sont toujours terminés comme l'articl féminin.

Nous donnerons des exemples des noms fémi nins en η et des noms masculins terminés en α aussitôt que le texte que nous traduisons nous présentera. Mais déjà nous avons vu un nom mas culin terminé en ης, c'est le mot ὁ πολίτης, *le ci toyen*, dont le génitif pluriel τῶν πολιτῶν a ét traduit par nous.

Nom masculin terminé en ης.

SINGULIER.

N. ὁ πολίτ ης, le citoyen.
V. πολίτ α, citoyen.
G. τοῦ πολίτ ου, du citoyen.
D. τῷ πολίτ η, au citoyen.
A. τὸν πολίτ ην, le citoyen.

PLURIEL.

N. οἱ πολίτ αι, les citoyens.
V. πολίτ αι, citoyens.
G. τῶν πολίτ ων, des citoyens.
D. τοῖς πολίτ αις, aux citoyens.
A. τοὺς πολίτ ας, les citoyens.

DUEL.

N. V. A. πολίτ α, deux citoyens.
G. D. πολίτ αιν, de deux, à deux cit.

Remarquez que πολίτης ainsi que tous les nom terminés en ης ont les terminaisons de l'article fé minin, dont ils ne diffèrent que par le ς du nomi natif, et par la terminaison du génitif en ου, qu'il ont comme l'article masculin (voir les terminaison de l'article féminin). Remarquez en outre que tou les noms en της et la plupart des noms en ης ont l *vocatif* en α.

La première déclinaison grecque répond à l première déclinaison des Latins: pour s'en con vaincre, il suffit de comparer les terminaisons en

bscrvant que la diphtongue latine æ répond à αι
t ą.

En outre la première déclinaison latine a des
noms tirés du grec et qui appartiennent à celle-ci:

Grammatice,	*ces,*	ou *grammatica,*	*cæ.*
Cometes,	*tæ,*	ou *cometa,*	*tæ.*

5e LEÇON.

Questions grammaticales.

Répétez la déclinaison de l'article des trois
genres?

Combien la grammaire grecque compte-
t-elle de déclinaisons?

Quelles sortes de noms comprend la première déclinaison?

Comment sont, en général, les désinences
de la première déclinaison?

Donnez un exemple d'un nom féminin terminé en α?

Déclinez-en le singulier?

Déclinez-en le duel?

Le pluriel?

Déclinez de même le singulier de ἡ ἡμέρα,
le jour?

Le duel?

Le pluriel?

Donnez un exemple d'un nom masculin
terminé en ης, c'est-à-dire de la première déclinaison?

Déclinez-en le singulier?

Le duel?

Le pluriel?

En quoi πολίτης et les autres noms masculins terminés en ης diffèrent-ils dans leurs
terminaisons de l'article féminin?

Que remarque-t-on dans les noms féminins
terminés en ρα et en α pur, c'est-à-dire en α
précédé d'une voyelle?

Comment les noms féminins en α, mais
dont l'α n'est ni précédé d'une voyelle ni d'un
ρ, font-ils le génitif et le datif singuliers?

—Et l'accusatif?

Comment les noms en ης ont-ils la terminaison du vocatif?

2e DÉCLINAISON.

Nous avons vu dans le texte grec déjà traduit
les noms Ἄνθρωπός, υἱός, βίος, λιμὸς, ἀγρός, accusatif pluriel de ἀγρός; χοῖροι, χοίρους, nominatif et accusatif pluriels de χοῖρος; κερατίων génitif
pluriel de κερατίον; μίσθιοι nominatif pluriel de
μίσθιος; ἄρτων génitif pluriel de ἄρτος; οὐρανόν
accusatif singulier d'οὐρανός.

Tous ces noms en ος ayant le génitif singulier
en ου, font partie de la seconde déclinaison.

En effet la seconde déclinaison contient; 1° des
noms masculins et féminins en ος qui, pour les
désinences, suivent l'article masculin, et ont le vocatif en ε; 2° des noms neutres en ον qui suivent
l'article neutre.

SINGULIER.

masculin ou féminin.*

N.	ὁ	ἄνθρωπ ος,	l'homme,
V.		ἄνθρωπ ε,	homme,
G.	τοῦ	ἀνθρώπ ου,	de l'homme,
D.	τῷ	ἀνθρώπ ῳ,	à l'homme,
Acc.	τὸν	ἀνθρώπ ον,	l'homme.

PLURIEL.

N.	οἱ	ἄνθρωπ οι,	les hommes,
V.		ἄνθρωπ οι,	hommes,
G.	τῶν	ἀνθρώπ ῶν,	des hommes,
D.	τοῖς	ἀνθρώπ οῖς,	aux hommes,
Acc.	τοὺς	ἀνθρώπ ους,	les hommes.

DUEL.

N. V. Acc.		ἀνθρώπ ω,	deux hommes,
G. D.		ἀνθρώπ οιν,	de deux, à deux
			hommes.

———

SINGULIER.

neutre.

N.	τὸ	κεράτι ον,	la cosse,
V.		κεράτι ον,	cosse,
G.	τοῦ	κεράτι ου,	de la cosse,
D.	τῷ	κεράτι ῷ,	à la cosse,
Acc.	τὸ	κεράτι ον,	la cosse.

* On dit: ὁ ἄνθρωπος, l'homme; ἡ ἄνθρωπος, la
femme. Ce mot peut donc nous servir d'exemple pour
les noms masculins et féminins en ος. En conséquence,
il se déclinera, suivant le sens, tantôt avec l'article
masculin tantôt avec l'article féminin, mais il suivra
toujours, dans ses désinences, l'article masculin.

PLURIEL.

N.	τὰ	κεράτι α,	les cosses,
V.		κεράτι α,	cosses,
G.	τῶν	κεράτι ων,	des cosses,
D.	τοῖς	κεράτι οις,	aux cosses,
Acc.	τὰ	κεράτι α,	les cosses.

DUEL.

N. V. Acc.	κεράτι ω,	deux cosses,
G. D.	κεράτι οιν,	des deux, aux deux cosses.

Observez que, 1° les noms neutres ont trois cas semblables, et qu'au pluriel ces trois cas sont toujours en α ; 2° la terminaison du duel est la même pour les noms en ος, comme ἄνθρωπος, λιμὸς, et pour les neutres en ον, comme κεράτιον; 3° et enfin que la déclinaison latine en *us*, est calquée sur ἄνθρωπος, et le neutre en *um* sur κεράτιον.—*Voir*.

Une conformité de plus, c'est que les Latins ont aussi des noms féminins de cette déclinaison, par exemple, les noms d'arbres comme *populus*, peuplier, *ulmus*, orme, etc.

Ces deux premières déclinaisons s'appellent *parisyllabiques*, parce qu'elles ont à tous les cas le même nombre de syllabes. La troisième déclinaison que nous verrons bientôt s'appelle au contraire *imparisyllabique*, parce qu'elle reçoit au génitif et aux cas suivans une syllabe de plus qu'au nominatif et au vocatif du singulier.

6ᵉ LEÇON.

Questions grammaticales.

Quels noms renferme la seconde déclinaison grecque?

Donnez un exemple d'un nom masculin de la deuxième déclinaison?

Déclinez ἄνθρωπος au singulier?

Déclinez le duel?

Le pluriel?

Donnez un exemple d'un nom féminin de la deuxième déclinaison ?

Déclinez le singulier?

Le duel?

Le pluriel?

Donnez un exemple d'un nom neutre de la deuxième déclinaison?

Déclinez-en le singulier?

Le duel?

Le pluriel?

Quels sont les trois cas semblables dans les noms neutres?

Quelle est la terminaison de ces trois cas dans les noms neutres au pluriel?

De quelle déclinaison est ὁ υἱός?

De quelle déclinaison et à quel cas est τὸν οὐράνον?

De quelle déclinaison et à quel cas est τοῦς δούλους?

De quel genre est ὁ υἱός?

Comment le reconnaissez-vous?

De quel genre est τὸν οὐράνον?

De quel genre est τοῦς δούλους?

De quelle déclinaison est ὁ δαϰτύλιος?

A quel cas est δαϰτύλιον?

De quelle déclinaison est μόσχος; génitif μόσχου?

A quel cas est μόσχον?

SUITE DE LA 1ʳᵉ DÉCLINAISON.

Nous avons vu dans la troisième leçon que la première déclinaison renfermait des noms féminins terminés en α et en η; 2° des noms masculins en ας et en ης.

Le texte nous avait dès lors produit des exemples de noms féminins en α et de noms masculins en ης. Celui de la 5ᵉ leçon (1ʳᵉ partie) complète toute la première déclinaison en nous fournissant un nom masculin en ας, ὁ νεανίας, et un nom féminin en ή : ἡ στολή, la tunique.

De même que ὁ πολίτης, le nom masculin en ας a le génitif en ου.

SINGULIER.

masculin.

N.	ὁ	νεανί ας,	le jeune homme,
V.		νεανί α,	jeune homme,
G.	τοῦ	νεανί ου,	du jeune homme,
D.	τῷ	νεανί ῳ,	au jeune homme,
Acc.	τὸν	νεανί αν,	le jeune homme.

PLURIEL.

N.	οἱ	νεανί αι,	les	jeunes hommes,
V.		νεανί αι,		jeunes hommes,
G.	τῶν	νεανί ῶν,	des	jeunes hommes,
D.	τοῖς	νεανί αις,	aux	jeunes hommes,
Acc.	τοὺς	νεανί ας,	les	jeunes hommes.

DUEL.

N. V. A.	νεανί α,	deux jeunes hommes,
G. D.	νεανί αιν,	des deux, à deux jeunes hommes.

—

SINGULIER.

féminin.

N.	ἡ	στολ ή,	la tunique,
V.		στολ ή,	tunique,
G.	τῆς	στολ ῆς,	de la tunique,
D.	τῇ	στολ ῇ,	à la tunique,
Acc.	τὴν	στολ ήν,	la tunique.

PLURIEL.

N.	αἱ	στολ αί,	les tuniques,
V.		στολ αί,	tuniques,
G.	τῶν	στολ ῶν,	des tuniques,
D.	ταῖς	στολ αῖς,	aux tuniques,
Acc.	τὰς	στολ άς,	les tuniques.

DUEL.

N. V. Acc.	στολ ά,	deux tuniques,
G. D.	στολ αῖν,	de deux, à deux tuniques.

3° DÉCLINAISON.

Nous avons eu plusieurs fois sous les yeux un nom qu'il nous serait impossible de classer ni dans la première ni dans la seconde déclinaison. Ce nom dont nous avons déjà vu plusieurs cas, avait le génitif en ος. Nous avons pu remarquer en effet que dans la phrase πόσοι μίσθιοι τοῦ πατρός μου, combien de serviteurs *de mon père*, le génitif τοῦ πατρός indique une troisième déclinaison. Il en est de même du mot χεῖρα, *la main*, accusatif singulier de χεὶρ, χειρὸς; il en est de même encore du mot ὑποδήματα, *sandales*, accusatif pluriel du nom neutre ὑπόδημα, ὑποδήματος. C'est qu'en effet la grammaire grecque compte, ainsi que nous l'avons dit précédemment, une troisième déclinaison qui renferme des noms de tous genres et comprend neuf terminaisons,

5 voyelles α, ι, υ, ω,

5 consonnes ν, ρ, σ, ψ, ξ.

Mais ce qui la distingue surtout, c'est que le génitif singulier est toujours en ος. Le texte grec ci-dessus nous a déjà fait connaître tous les cas du singulier de ὁ πατήρ.

—

SINGULIER.

N.	εἶπε	δὲ	ὁ πατήρ, le père.
V.			πάτερ; δός μοι, etc. père.
G.	πόσοι	μίσθιοι	τοῦ πατρός, du père.
D.	εἶπεν	ὁ νεώτερος	τῷ πατρί, au père.
A.	πορεύσομαι	πρὸς	τὸν πατέρα, le père.

7° LEÇON.

Questions grammaticales.

Dites ce qui distingue la troisième déclinaison grecque?

Combien de terminaisons cette déclinaison comprend-elle?

Quelles sont ces terminaisons?

Déclinez le singulier de ὁ πατήρ, *le père?*

La troisième déclinaison comprend-elle des noms de plusieurs genres?

Quels sont les noms qu'il faut classer dans la première déclinaison?

Donnez un exemple d'un nom féminin en α?

Donnez un exemple d'un nom féminin en η?

Déclinez le singulier de ἡ στολή?

Le pluriel?

Le duel?

Donnez un exemple d'un nom masculin en ης?

Donnez un exemple d'un nom masculin en ας?

Comment les noms en ης et en ας font-ils la terminaison du génitif singulier?

Déclinez le singulier de ὁ νεανίας?

Le pluriel?

Le duel?

Quels noms doivent être rangés dans la deuxième déclinaison?

Donnez un exemple d'un nom masculin de la deuxième déclinaison?

— d'un nom féminin?

— d'un nom neutre?

Qu'appelle-t-on déclinaison parisyllabique?

Qu'appelle-t-on déclinaison imparisyllabique?

Quelles sont les déclinaisons parisyllabiques?

Quelle est la déclinaison imparisyllabique?

Revue Grammaticale.

Ὁ υἱός, *le fils*, est un nom masculin puisqu'il est précédé de l'article masculin ὁ : sa terminaison en ος, ses diverses désinences, et particulièrement son accusatif pluriel que nous avons rencontré (εἶχε δύο υἱούς), et qui suivent l'article masculin, en font un nom de la seconde déclinaison. Ὁ υἱός se décline donc comme ἄνθρωπος (voir la 5e leçon).

Ἐν ἀγρῷ, *dans un champ*, ἀγρῷ, avec son iôta souscrit, nous montre un datif dont la terminaison est celle de l'article masculin. Nous avons vu à la 4e leçon : καὶ ἔπεμψεν αὐτὸν εἰς τοὺς ἀγρούς, *et il l'envoya dans les champs*. Τοὺς ἀγρούς, accusatif pluriel, ayant la désinence de l'article masculin τούς, nous révèle encore un nom masculin de la deuxième déclinaison, et dont par conséquent le nominatif singulier doit être en ος. Effectivement on trouve ὁ ἀγρός, *le champ*, τοῦ ἀγροῦ, *du champ*, etc., qui se décline comme ἄνθρωπος.

Τῇ οἰκίᾳ, *à la maison*, par l'iôta souscrit et par le nombre et le genre de l'article, nous montre un datif féminin singulier, comme τῇ οὐσίᾳ. Effectivement, ἡ οἰκία, *la maison*, g. τῆς οἰκίας; d. τῇ οἰκίᾳ est un nom féminin en α pur de la première déclinaison, et se décline comme ἡ οὐσία.

Il en est de même de συμφωνίας, génitif de ἡ συμφωνία, *la symphonie*, qui se décline également sur ἡ οὐσία.

Χορῶν, génitif pluriel de ὁ χορός; g. τοῦ χοροῦ, etc. (2e déclinaison), se décline comme ἄνθρωπος.

Ὁ ἀδελφός, *le frère*, génitif τοῦ ἀδελφοῦ (2e déclinaison), se décline comme ἄνθρωπος.

Τὸν μοσχόν, accusatif masculin singulier de ὁ μοσχός, *le veau* (2e déclinaison), comme ὁ ἄνθρωπος.

3e DÉCLINAISON.

Προσκαλεσάμενος ἕνα τῶν παίδων, *appelant à lui un des serviteurs, un des esclaves.* Τῶν παίδων est un génitif pluriel du mot παῖς, qui signifie : L'enfant, le serviteur, l'esclave domestique; *Puer* a, en latin, ces trois significations.

Παῖς est un nom des deux genres; on dit également ὁ παῖς et ἡ παῖς, le génitif est en ος : τοῦ, ou τῆς παιδός. Ce nom peut donc nous servir d'exemple pour la troisième déclinaison, et aussi pour les genres masculin et féminin.

Dans le texte de la 5e leçon nous avons traduit le mot ὑποδήματα, *des sandales* : ce mot forme le nominatif pluriel du nom neutre ὑπόδημα; *la sandale*; génitif τοῦ ὑποδήματος, etc. La terminaison du nominatif α et le génitif en ος indiquent également un nom de la troisième déclinaison.

SINGULIER.

nom masculin.

N.	ὁ	παῖς,	l'enfant,
V.		παῖ *,	enfant,
G.	τοῦ	παιδός,	de l'enfant,
D.	τῷ	παιδί,	à l'enfant,
A.	τὸν	παῖδα,	l'enfant.

PLURIEL.

N.	οἱ	παῖδες,	les enfans,
V.		παῖδες,	enfans,
G.	τῶν	παίδων,	des enfans,
D.	τοῖς	παισί,	aux enfans,
A.	τοὺς	παῖδας,	les enfans.

DUEL.

N. V. A.	παῖδε,	deux enfans,
G. D.	παίδοιν,	des deux, aux deux enfans.

* Dans la 3e déclinaison le vocatif est ordinairement semblable au nominatif; cependant quelques

SINGULIER.

nom neutre.

N. τὸ ὑπόδημα, la sandale,
V. ὑπόδημα, sandale,
G. τοῦ ὑποδήματος, de la sandale,
D. τῷ ὑποδήματι, à la sandale,
A. τὸ ὑπόδημα, la sandale.

PLURIEL.

N. τὰ ὑποδήματα, les sandales,
V. ὑποδήματα, sandales,
G. τῶν ὑποδημάτων, des sandales,
D. τοῖς ὑποδήμασι, aux sandales,
A. τὰ ὑποδήματα, les sandales.

DUEL.

N. V. A. τὼ ὑποδήματε, deux sandales,
G. D. τοῖν ὑποδημάτοιν, des deux, aux deux sandales.

Déclinez sur ὁ παῖς : ὁ ποῦς, *le pied*, génitif τοῦ ποδός, dat. τῷ ποδί, acc. τὸν πόδα. *Pluriel :*

Nom. οἱ πόδες, voc. πόδες, gén. τῶν ποδῶν, dat. τοῖς ποσί *, acc. τοὺς πόδας.

mots perdent le σ. Déjà nous avons vu une autre exception dans le vocatif πάτερ, nom de la 3ᵉ déclinaison et dans lequel l'η du nominatif se trouve remplacé par ε.

* Le datif pluriel de la 3ᵉ déclinaison est toujours en σι. Il se forme généralement du datif singulier, en mettant σ devant ι : ainsi, μάρτυρ, *témoin* ; datif singulier, μάρτυρι ; datif pluriel, μάρτυρσι. S'il se rencontre au singulier une muette du 3ᵉ ordre (Δ, Τ, Θ) on la rejette au pluriel : ainsi, ποῦς fait au datif singulier ποδί. En rejetant le δ, il fait au datif pluriel ποσί. Παῖς fait au datif singulier παιδί ; au datif pluriel, rejetant le δ, παῖσι. On rejette aussi le ν, soit seul, Ἕλλην, Ἕλληνι, Ἕλλησι, soit joint à une muette du 3ᵉ ordre, γίγας, γίγαντι, γίγασι. Si le datif singulier est en οντι, comme λέων, λέοντι, après avoir retranché ντ, on change ο en ου, et l'on a pour datif pluriel λέουσι. Si le datif singulier est en εντι, on supprime ντ, et l'on change ε en ει : χαρίεις, *gracieux*; χαρίεντι, χαρίεισι. Les noms qui se terminent en ς, précédé d'une diphthongue, forment le datif pluriel en ajoutant un ι au nominatif singulier. Il faut excepter cependant παῦς, qui suit la règle ordinaire : on voit que pour deux raisons παῖς doit faire παῖσι au datif pluriel.

TABLEAU RÉSUMÉ DES TROIS DÉCLINAISONS.

1ʳᵉ DÉCLINAISON.		2ᵃ DÉCLINAISON.			3ᵉ DÉCLINAISON.		
SINGULIER.		**SINGULIER.**			**SINGULIER.**		
féminin, masculin.		masc. fém.		neutre.	tous les genres. *		
N. η, α,)ης, ας,		N. ος,		ον,	N. V. α, ι, υ, ω,		
V. η, α, η ou α,		V. ε,		ον,	ν, ρ, σ, ψ, ξ,		
G. ης, ας, ης)ου, ου,		G. ου,		ου,	G. ος,		
D. η, ᾳ, η)η, ᾳ,		D. ῳ,		ῳ,	D. ι,		
A. ην, αν.)ην, αν.		A. ον,		ον,	A. α. **		
PLURIEL.		**PLURIEL.**			**PLURIEL.**		
féminin, masculin.		masc. fém.		neutre.	masc. fém.		neutre.
N. αι,		N. οι,		α,	N. ες,		α,
V. αι,		V. οι,		α,	V. ες,		α,
G. ων,		G. ων,		ων,	G. ων,		ων,
D. αις,		D. οις,		οις,	D. σι,		σι,
A. ας.		A. ους,		α,	A. ας.		α.
DUEL.		**DUEL.**			**DUEL.**		
N. V. A. α,		N. V. A. ω,		ω,	N. V. A. ε,		ε,
G. D. αιν.		G. D. οιν,		οιν,	G. D. οιν.		οιν.

* Il ne faut pas oublier que les noms neutres ont toujours trois cas semblables au singulier.

** Et ν, car quelques noms en ις, υς, ους, ont deux terminaisons à l'accusatif singulier, la terminaison ordinaire en α, et une autre en ν.

Les noms de la 3ᵉ déclinaison en ις qui comme ἔρις,

PRINCIPAUX NOMS * DU TEXTE

QUI SE DÉCLINENT SUR LES 1ʳᵉ, 2ᵉ, ET 3ᵉ DÉ-CLINAISONS.

1ʳᵉ DÉCLINAISON.

ἡ ἡμέρα, ας, le jour, — ἡ χώρα, ας, la région, — μακρά, ας, lointaine, — ἐκείνη, ης, celle-là, — ἡ κοιλία, ας, la cavité, — πρώτη, ης, la première, — ἡ συμφωνία, ας, la symphonie, — ἡ ἐντολή, ῆς, l'ordre.

2ᵉ DÉCLINAISON.

ἡ ἄνθρωπος, ου, la femme, — ὁ υἱός, ου, le fils, — ὁ νεώτερος, ου, le plus jeune, — M. αὐτός, ου, lui, — ὁ βίος, ου, la vie, le bien, — ὁ λιμὸς, ου, la faim, — M. ἰσχυρος, ου, fort, — ὁ ἀγρός, ου, le champ, — ὁ χοῖρος, ου, le pourceau, — τὸ κεράτιον, ου, la cosse, — ὁ μίσθιος, ου, le salarié, — ὁ ἄρτος, ου, le pain, — ὁ οὐρανός, ου, le ciel, — M. ἄξιος, ου, digne, — ὁ τράχηλος, ου, le cou, — ὁ δοῦλος, ου, l'esclave, — ὁ δακτύλιος, ου, l'anneau, — ὁ μόσχος, ου, le veau, — M. σιτευτὸς, ου, gras, — M. νεκρὸς, ου, mort, — ὁ πρεσβύτερος, ου, le plus âgé, — ὁ χορός, la danse, — ὁ ἀδελφός, ου, le frère, — ὁ φίλος, ου, l'ami, — ὁ πορνὸς, la prostituée, — τὸ τέκνον, ου, l'enfant.

3ᵉ DÉCLINAISON.

M. ζῶν, ζῶντος, vivant, — M. Δαπανήσας, αντος, ayant épuisé,** — M. ἀπέχων, οντος,*** se tenant à l'écart, — M. δραμών, οντος, courant, — ἡ χείρ, ος, la main, — M. καταφαγών, οντος, ayant mangé, — εἷς, un, gén. ἑνός, dat. ἑνί, acc. ἕνα, — M. ὑγιαίνων, οντος, bien portant.

8ᵉ LEÇON.

Questions grammaticales.

De quel genre est ὁ υἱός, *le fils ?*
Pourquoi?
De quelle déclinaison ce mot fait-il partie?
Pourquoi?
Déclinez le singulier de ὁ υἱός?
Le pluriel?
Le duel?
De quel genre est ἡ οἰκία, *la maison?*
Pourquoi?
De quelle déclinaison?
Par quelle raison?
En quoi cependant diffèrent les terminaisons d'οἰκία de celles de l'article féminin?
Déclinez le singulier de ἡ οἰκία?
Le pluriel?
Le duel?
A quel cas est χόρων?
A quel cas est τὸν μοσχὸν?
De quelle déclinaison est παῖς, *l'enfant?*
Pourquoi?
De quel genre est παῖς?
Déclinez le singulier de ὁ παῖς?
Le pluriel?
Le duel?
Donnez des exemples dans le texte connu de l'article masculin singulier au nominatif?
—un exemple du génitif singulier de l'article masculin?
—un exemple du datif singulier de l'article masculin?

dispute, font à l'accusatif non-seulement ἔριδα, mais encore ἔριν, ont donné aux Latins leur terminaison en *im* et en *em*. Par exemple: *Turrim* et *turrem.*
La terminaison α elle-même se trouve en latin dans certains mots: *aer, aeris, aeri, ,aera* etc. ce qui est calqué sur le grec: ἀήρ, ἀέρος, ἀέρι, ἀέρα, etc. qui signifie aussi l'*air.*
* Nous comprenons ici, sous cette dénomination, non-seulement les substantifs, mais encore les adjectifs, pronoms et participes. Les élèves ne sauraient trop s'exercer, dans les premiers temps, sur la déclinaison de tous les mots que les textes pourront présenter.
** Se reporter à ce qui a été dit à la note de la page précédente sur la formation du datif pluriel des noms qui au datif singulier font αντι.

*** Ne pas oublier ce qui a été dit dans la note de la page précédente sur la formation du datif pluriel des mots qui font οντι au datif singulier.

—un exemple de l'accusatif singulier de
l'article masculin?

— un exemple de l'accusatif singulier de
l'article féminin?

—un exemple du nominatif pluriel de
l'article masculin?

—un exemple du génitif singulier de l'article féminin?

— un exemple de l'accusatif pluriel de
l'article masculin?

— du génitif pluriel de l'article masculin?

— du datif singulier de l'article féminin?

Quelle est la terminaison du datif pluriel
de la troisième déclinaison?

Comment forme-t-on généralement le datif pluriel de la troisième déclinaison?

Et s'il se rencontre au datif singulier une
muette du troisième ordre?

— un exemple?

Donnez un exemple d'un nom neutre de
la troisième déclinaison?

Comment τὸ ὑπόδημα fait-il au datif pluriel?

Pourquoi?

NOMS CONTRACTES.

Nous avons vu, τὸ μέρος, *la part*, le mot ετῆ,
années, dont le nominatif singulier est τὸ ἔτος.
Le génitif de ces deux noms est τοῦ μέρεος, τοῦ
ετεος, et ils nous fournissent un exemple
d'une classe de noms de la troisième déclinaison que l'on nomme *contractes*, parce que dans
plusieurs de leurs cas, les deux dernières syllabes
se réunissent en une seule, à cause de la rencontre
des voyelles. On contracte ainsi les noms de la
troisième déclinaison dont le génitif singulier est
en ος pur, c'est-à-dire, précédé d'une voyelle.

SINGULIER.

Nom neutre.

N.	τὸ	μέρος,	la part,
V.		μέρος,	part,
G.	τοῦ	μέρεος, μεροῦς,	de la part,
D.	τῷ	μέρεϊ, μέρει,	à la part,
A.	τὸ	μέρος,	la part.

PLURIEL.

N.	τὰ	μέρεα, μέρη,	les parts,
V.		μέρεα, μέρη,	parts,
G.	τῶν	μερέων, μερῶν,	des parts,
D.	τοῖς	μέρεσι,	aux parts,
A.	τὰ	μέρεα, μέρη,	les parts.

DUEL.

N. A.	μερέε, μέρη,	deux parts,
G. D.	μερέοιν, μεροῖν.	de deux, à deux parts.

Déclinez ainsi: τὸ ἔτος, *l'année*, génitif τοῦ
ἔτεος, ἐτοῦς.

Les règles de contraction sont que:

εο,	se change en ου;
εϊ,	en ει;
εα,	en η;
εων,	en ων;
εοιν,	en οιν.

Et au duel:

εε se contracte en η.

Déclinaison de ὁ βασιλεύς.

(Voir 1er paragraphe de l'*Enfance de Cyrus*.)

N. ὁ βασιλεύς, *le Roi*; V. βασιλεῦ; G. τοῦ βασιλέως; D. τῷ βασιλεῖ; A. τὸν βασιλέα; *Pluriel*
N. V. A. βασιλεῖς; G. τῶν βασιλέων; D. τοῖς βασιλεῦσι; *Duel*, N. V. A. βασιλέε; G. D. βασιλέοιν.

9e LEÇON.

Questions grammaticales.

Pourquoi le ν placé à la fin de εἶπε dans
εἶπεν αὐτῷ?

Comment nomme-t-on ce ν?

Qu'entend-on par noms contractes?

Indiquez une classe de noms de la troisième déclinaison qui soit susceptible de contraction?

Un exemple fourni par notre texte?

Déclinez le singulier de τὸ μέρος?

Déclinez-en le pluriel?

Le duel?

Donnez un second exemple?

Quelles sont les règles générales de contraction dans les mots qui se déclinent comme τὸ μέρος?

Autre exemple de contraction.

Ayant rencontré tous les cas du singulier de ὁ πατήρ, *le père* (voir la 6ᵉ leçon), déjà nous avons pu remarquer que ce nom de la troisième déclinaison, génitif ερος, rejette en plusieurs de ses cas l'ε. Ainsi l'on dit Nom. ὁ πατήρ, voc. πάτερ, gén., au lieu de τοῦ πατέρος, τοῦ πατρός, dat., au lieu de τῷ πατέρι, τῷ πάτρι, ac. τὸν πατέρα : pluriel πατέρες, πατέρων, πατράσι, πατέρας.

Remarquez le datif pluriel en ασι ; et notez que l'on décline ainsi ἡ μήτηρ, *la mère*, ἡ θυγάτηρ, *la fille* et quelques autres encore.

Κεράτιον, *cosse, petite corne*, est un diminutif de κέρας, *corne*, qui va servir d'exemple d'une nouvelle sorte de contraction de noms de la troisième déclinaison.

SINGULIER.

N.	τὸ	κέρας, la corne.
V.		κέρας,
G.	τοῦ	κέρατος (κέραος), κέρως.
D.	τῷ	κέρατι (κεραϊ), κέρᾳ,
A.	τὸ	κέρας.

PLURIEL.

N.	τὰ	κέρατα (κέραα), κέρα,
V.		κέρατα (κέραα), κέρα,
G.	τῶν	κεράτων (κεράων) κερῶν,
D.	τοῖς	κέρασι
A.	τὰ	κέρατα (κέραα), κέρα.

DUEL.

| N. V. A. | | κέρατα (κέραε), κέρα, |
| G. D. | | κεράτοιν (κεράοιν), κερῷν. |

On voit que pour faire la contraction, dans les noms neutres en ας pur et en ρας, il faut ôter le τ du génitif et des cas suivans, et puis contracter αο en ω, αα et αε en α, et souscrire l'iôta dans les cas où il se trouve.

10ᵉ LEÇON.

Revue grammaticale.

1. *Ponctuation.*

Dans la ponctuation du texte grec de l'*Enfant prodigue*, nous avons pu remarquer que la ponctuation grecque n'était pas entièrement conforme à la ponctuation française. En grec, le point ainsi que la virgule s'emploient comme en français mais il y a encore le point haut (·) qui équivaut à nos deux points, et le point-virgule (;) qui tient lieu de notre point d'interrogation.

Ainsi, εἶπε τῷ πατρί · *dit au père :* πόσοι μί σθιοι... περισσεύουσιν ἄρτων; *combien de salarié ont des pains en abondance?*

On trouve en outre, dans quelques éditions le point d'exclamation (!).

2. *Apostrophe.*

L'apostrophe, en grec comme en français tient lieu d'une voyelle retranchée.

Τέκνον, σὺ πάντοτε μετ᾽ ἐμοῦ εἶ.

Μετ᾽ ἐμοῦ pour μετὰ ἐμοῦ.

Rapprochez ceci de ce que nous avons dit du ν euphonique (Voir 1ʳᵉ partie, 1ʳᵉ leçon à la note, et 2ᵉ partie, page 4, lettre N.)

3. *Esprits, Accents.*

Dans les mots ὁ ἄνθρωπός, sur l'article ὁ, on voit un signe ressemblant à un petit c, ce signe est ce que l'on nomme l'*esprit rude*, et indique que la voyelle qui le porte doit être prononcée avec aspiration.

La première syllabe d'ἄνθρωπος, au contraire, porte un esprit doux (᾽) et un accent aigu (´); l'esprit doux ne se fait point sentir dans la prononciation. Ces esprits se placent sur les voyelles et diphthongues initiales. L'υ prend toujours l'esprit rude; les autres voyelles, suivant les mots, prennent tantôt l'un, tantôt l'autre.

Le ρ est la seule consonne qui prenne l'esprit, et il prend le rude (L'esprit rude répond à notre h aspirée).

Autrefois, le H était la marque de l'aspiration parmi les Grecs, comme il l'est encore en latin et dans notre langue : on écrivait Hεκατόν, au lieu de ἑκατόν (cent); on écrivait HH, KH, et TH, au lieu de φ, χ, θ. On voit ici l'origine de notre *h* aspirée, et dans l'esprit doux, l'origine de notre *h* muette. L'esprit doux en grec, et l'*h* muette en français semblent assez inutiles, puisque là où il n'y a point d'aspiration, le son est naturellement doux.

Quand le caractère H devint un ἦτα, un *e* long, l'aspiration fut représentée, ainsi que nous venons de le dire, par un esprit rude. Mais cet esprit rude n'était point en usage chez les Éoliens; ils y suppléaient par un caractère particulier (F) qu'ils appelaient δίγαμμα, double γ, parce qu'il ressemble à deux (Γ) gamma l'un dans l'autre. Ainsi, au lieu de ἑσπέρα, *le soir*, les Éoliens écrivaient Fεσπέρα.

En grec comme en français il y a trois accents, l'aigu ('), le grave (`), le circonflexe (~); ils ont été inventés pour donner le degré d'élévation ou d'abaissement que doit prendre la voix dans la prononciation. Leur objet n'est pas, comme en français, d'alonger plus ou moins le son des voyelles, mais de solliciter une élévation sensible de la voix sur la syllabe qui en est surmontée. C'est un genre d'harmonie dont la langue française est dépourvue *.

§ 4.

Τὸν μόσχον τὸν σιτευτόν.

Souvent on redouble l'article comme on le voit ici, afin de déterminer avec plus de précision. Généralement l'adjectif se place entre l'article et le substantif, et quand on le met après le substantif, on redouble l'article.

———

Ὁ ἀδελφός σου νεκρός ἦν.

L'adjectif reçoit dans la langue grecque les différences de genre, de cas et de nombre du substantif qu'il accompagne. Ainsi, nous avons vu dans τὸν μόσχον σιτευτόν, l'adjectif σιτευτός, *engraissé*, prendre l'accusatif masculin singulier, parce qu'il est joint à τὸν μόσχον, accusatif masculin de ὁ μόσχος.

———

* Au reste, il ne faut pas confondre l'*accent* avec la *quantité*. L'accent indique le degré d'élévation de la voix; la quantité indique la durée du son.

Σιτευτός, masculin, se décline comme ἄνθρωπος; σιτευτή, féminin, comme στολή; σιτευτόν, neutre, comme κεράτιον. Ainsi :

SINGULIER.

	masculin.	féminin.	neutre.
N.	σιτευτός,	σιτευτή,	σιτευτόν,
V.	σιτευτέ,	σιτευτή,	σιτευτόν,
G.	σιτευτοῦ,	σιτευτῆς,	σιτευτοῦ,
D.	σιτευτῷ,	σιτευτῇ,	σιτευτῷ,
A.	σιτευτόν,	σιτευτήν,	σιτευτόν.

PLURIEL.

N.	σιτευτοί,	σιτευταί,	σιτευτά,
G.	σιτευτῶν,	σιτευτῶν,	σιτευτῶν,
D.	σιτευτοῖς,	σιτευταῖς,	σιτευτοῖς,
A.	σιτευτούς,	σιτευτάς,	σιτευτά.

DUEL.

N. V. A.	σιτευτώ,	σιτευτά,	σιτευτώ,
G. D.	σιτευτοῖν,	σιτευταῖν,	σιτευτοῖν.

Quand le féminin est en α pur ou en ρα comme dans μακρός, μακρά, μακρόν; νεκρός, νεκρά, νεκρόν il garde α à tous les cas; ainsi, νεκρά, féminin, se décline comme οὖσια.

Déclinez comme σιτευτός l'adjectif d'interrogation πόσος, πόση, πόσον, dont nous avons vu le nominatif pluriel masculin : πόσοι μίσθιοι, etc.

§ 5.

Συναγαγὼν ἅπαντα.

Πάντα, *toutes choses*, accusatif pluriel neutre de l'adjectif πᾶς, πᾶσα, πᾶν, qui, au masculin et au neutre, suit la troisième déclinaison, et la première au féminin. Ainsi :

SINGULIER.

	masculin.	féminin.	neutre.
N. V.	πᾶς,	πᾶσα,	πᾶν,
	tout,	toute,	tout.
G.	παντός,	πάσης,	παντός,
D.	παντί,	πάσῃ,	παντί,
A.	πάντα,	πᾶσαν,	πᾶν.

PLURIEL.

N. V.	πάντες,	πᾶσαι,	πάντα,
	tous,	toutes,	toutes choses
G.	πάντων,	πασῶν,	πάντων,
D.	πᾶσι,	πάσαις,	πᾶσι,
A.	πάντας,	πάσας,	πάντα.

3

DUEL.

N. V. A. πάντε,   πᾶσα,   πάντε,
G. D.   πάντοιν,   πάσαιν,   πάντοιν.

Ainsi, πᾶς se décline comme παῖς; πᾶσα, comme les noms féminins en α de la première déclinaison, mais qui ne sont pas en α pur, et qui, faisant le génitif en ης et le datif en η, reprennent α à l'accusatif (Voir la quatrième leçon, pag. 8). Πᾶν, neutre, se décline comme ὑπόδημα.

§ 6.

Μετ' οὐ πολλὰς ἡμέρας.

πολλὰς, accusatif pluriel féminin de l'adjectif πολύς, πολλή, πολύ. Cet adjectif dans son nominatif et son accusatif singuliers, suit la troisième déclinaison au masculin et au neutre, et la première au féminin ; dans tous les autres cas il se décline comme σιτευτός, σιτευτή, σιτευτόν. Ainsi :

SINGULIER.

	masculin.	féminin.	neutre.
N.	πολύς,	πολλή,	πολύ,
G.	πολλοῦ,	πολλῆς,	πολλοῦ,
D.	πολλῷ,	πολλῇ,	πολλῷ,
A.	πολύν,	πολλήν,	πολύ.

Le pluriel se décline entièrement comme celui de σιτευτός : πολλοί, πολλαί, πολλά ; et il en est de même du duel. Quelquefois on rencontre le masculin singulier πολλός, et le neutre πολλόν, et alors cet adjectif rentre entièrement dans la classe de ceux en ος, η, ον *.

§ 7.

Ὁ νεώτερος, comparatif de l'adjectif ὁ νεός.
Ὁ πρεσβύτερος, comparatif de πρεσβύς, vieillard.

En grec, les comparatifs se terminent ordinairement en τερος, τερα, τερον; ὁ νεός devient au comparatif ὁ νεώτερος, πρεσβύς devient πρεσβύτερος **.

----

* Πολλοί, sans article, signifie beaucoup (multi); tandis que οἱ πολλοί signifie la plupart, le plus grand nombre.
** Dans les adjectifs en ος, on remplace ος par ὅτε-

Tous ces comparatifs se déclinent comme σιτευτός, ή, όν en observant de garder α à tous les cas du comparatif féminin, parce que ce comparatif a le nominatif en ρα.

§ 8.

Δύο υἱούς. — ἑνὶ τῶν πολιτῶν. — ποίησόν με ὡ ἕνα τῶν μισθίων. — Ἐξενέγκατε τὴν στολὴν τὴ πρώτην. — προσκαλεσάμενος ἕνα τῶν παίδων

Par nombres cardinaux *** l'on entend les adjectifs qui marquent la quantité des objets, tels que un, deux, trois, quatre, etc.; tandis que l'on appelle nombres ordinaux ceux qui expriment l'ordre : premier, second, troisième, quatrième, etc.

En grec les quatre premiers nombres cardinaux seulement se déclinent. Tous les nombres ordinaux se déclinent comme σιτευτός, ή, όν, en observant seulement que les noms qui ont le féminin en ρα, gardent α à tous les cas du singulier.

À dater du nombre 200 les centaines se déclinent.

Mais depuis 5 jusqu'à 100, tous les noms de nombres cardinaux sont indéclinables.

En nous occupant des noms de nombre des Grecs, nous avons deux choses à apprendre : 1° la première est de savoir quels étaient les signes ou chiffres au moyen desquels les Grecs traçaient leurs nombres.

2° La seconde, de retenir dans la mémoire les noms grecs qu'ils leur attribuaient.

ρος, si la syllabe précédente a une diphthongue ou une voyelle longue ; et par ὅτερος, si la voyelle précédente est brève.

Le mot qui sert de terme à la comparaison se met au génitif : Il est plus jeune que toi, οὗτός ἐστι νεώτερος σου. Quelquefois le que est aussi exprimé par ἤ : κρεῖττον σιωπᾶν ἐστιν, ἢ λαλεῖν μάτην, mieux vaut se taire que parler en vain.

D'autres se terminent en ων, et quelquefois ων pour le masculin et le féminin, ον et ον pour le neutre, genitif ονος, 3e déclinaison.

Les adjectifs qui forment en τερος leur comparatif font leur superlatif en τατος, η, ον.

Les adjectifs qui font leur comparatif en ων font le superlatif en ιστος, η, ον.

*** Ils sont ainsi nommés parce qu'ils sont la base et le fondement des autres. Cardinal vient du latin Cardo, pivot, base.

Pour répondre à la première question, nous dirons que déjà nous connaissons les chiffres des Grecs ; car les lettres grecques, les lettres de l'alphabet sont les chiffres, sont les figures dont ils se servaient pour désigner les nombres. Ils les employaient de deux manières.

Le premier procédé consistait à faire exprimer par chaque lettre de l'alphabet le nombre que cette lettre désignait par le rang, par la place qu'elle occupe dans l'alphabet. De cette manière α exprimait le nombre 1, β équivalait à 2, et ω à 24, l'alphabet grec ayant 24 lettres et l'ω étant la dernière.

Cette manière de chiffrer est celle mise en usage dans l'ordre des livres de l'*Iliade* et de l'*Odyssée*.

L'autre procédé plus ingénieux, plus rationnel et plus complet, consiste à partager les nombres en *unités, dizaines* et *centaines*.

Les 9 unités sont exprimées par les 8 premières lettres de l'alphabet, et en outre par le signe ς (fau) exprimant le nombre 6.

$$α', β', γ', δ', ε', ς', ζ', η', θ'.$$
$$1, 2, 3, 4, 5, 6, 7, 8, 9.$$

Les 9 dizaines sont exprimées par les 8 lettres suivantes :

$$ι', κ', λ', μ', ν', ξ', ο', π',$$
$$10, 20, 30, 40, 50, 60, 70, 80.$$

et par le signe Ϟ' qui vaut 90, et s'appelle κόππα.

La troisième classe est celle des centaines ; elle contient les 8 dernières lettres de l'alphabet :

$$ρ', σ', τ', υ', φ', χ', ψ', ω'.$$
$$100, 200, 300, 400, 500, 600, 700, 800.$$

et enfin le signe Ϡ *sampi* qui marque 900. Résumé 24 lettres + 3 signes ajoutés = 27 = 9+9+9.

Notez que toutes ces lettres sont marquées d'un petit signe au-dessus. Si l'on voulait exprimer les 1,000 et au-delà, il suffirait de mettre le signe au-dessous, de sorte que

α,	vaut	1000,
β,,		2000,
γ,,		3000,
ρ,,		100,000, etc.

Pour combiner ces nombres rien n'est plus facile.

Veut-on écrire le nombre 12, on met ιβ', le nombre 47, μζ', le nombre 19, ιθ'. l'an 1836, αωλς'.

Telle est la clef de la numération grecque.

Nous avons dit que les quatre premiers nombres cardinaux se déclinent, en voici la déclinaison :

UN.

	masculin,	féminin,	neutre.
N.	εἷς, un,	μία, une,	ἕν, un.
G.	ἑνός,	μιᾶς,	ἑνός,
D.	ἑνί,	μιᾷ,	ἑνί,
A.	ἕνα,	μίαν,	ἕν.

DEUX.

N. A. δύο et δύω
G. D. δυοῖν*. } pour les trois genres.

TROIS.

	masc. fém..	neutre.
N. A.	τρεῖς,	τρία, trois.
G.	τριῶν. }	
D.	τρισί. }	pour les trois genres.

QUATRE.

	masc. fém.	neutre.
N.	τέσσαρες,	τέσσαρα, quatre.
G.	τεσσάρων,	
D.	τέσσαρσι,	
A.	τέσσαρας,	τεσσαρα.

On trouvera dans le tableau suivant tout ce qu'il est nécessaire de savoir sur les noms de nombres cardinaux et ordinaux.

L'usage apprendra le reste. Il suffit à l'Élève de lire plusieurs fois attentivement ce tableau, et d'y recourir au besoin**.

---

* On trouve quelquefois δύο indéclinable pour tous les cas et pour tous les genres. On dit encore au génitif, δυεῖν et δυῶν, et au datif δυσί.

** A mes Cours, les Élèves étant désignés en grec par leurs numéros d'ordre ne tardent pas à les retenir.

VALEURS.		CARDINAUX.	ORDINAUX.	VALEURS.		CARDINAUX.	ORDINAUX.
Chiffres arabes.	Lettr. grecq.			Chiffres arabes.	Lettr. grec.		
1	α′	εἷς, μία, ἕν, gén. ἑνός, μιᾶς, ἑνός.	πρῶτος, η, ον.	51	λα′	τριάκοντα καί ἕν.	τριακοστὸς πρῶτος.
2	6′	δύο, ou δύω, g. et d. duels, δυοῖν. Pluriel, g. δυῶν, dat. δυσί.	δεύτερος, α, ον.	32	λ6′	τριάκοντα καὶ δύω	τριακοστὸς δεύτερος.
				40	μ′	τεσσαράκοντα.	τεσσαρακοστός, ή, όν.
3	γ′	τρεῖς, τρία, gén. τριῶν.	τρίτος, η, ον.	50	ν′	πεντήκοντα.	πεντηκοστός, ή, όν
4	δ′	τέσσαρες, τέσσαρα, gén. ων.	τέταρτος, η, ον	60	ξ′	ἑξήκοντα.	ἑξηκοστός, ή, όν.
				70	ο′	ἑβδομήκοντα.	ἑβδομήκοστός, ή, όν.
5	ε′	πέντε, dorien πέμπε.	πέμπτος, η, ον.	80	π′	ὀγδοήκοντα.	ὀγδοηκοστός, ή, όν.
				90	ϟ′	ἐννενήκοντα.	ἐννενηκοστός, ή, όν.
6	ϛ′	ἕξ.	ἕκτος, η, ον.	100	ρ′	ἑκατόν.	ἑκατοστός, ή, όν.
7	ζ′	ἑπτά.	ἕβδομος, η, ον.	200	σ′	διακόσιοι, αι, α.	διακοσιοστός, ή, όν.
8	η′	ὀκτώ.	ὄγδοος, η, ον.	300	τ′	τριακόσιοι, αι, α.	τριακοσιοστός, ή,
9	θ′	ἐννέα.	ἔννατος, η, ον.	400	υ′	τετρακόσιοι, αι, α.	τετρακοσιοστός, ή,
10	ι′	δέκα.	δέκατος, η, ον.				
11	ια′	ἕνδεκα, ou δεκαέν.	ἑνδέκατος, η, ον.	500	φ′	πεντακόσιοι, αι, α.	πεντακοσιοστός, ή, όν.
12	ι6′	δώδεκα, ou δεκαδύω.	δωδέκατος, η, ον.	600	χ′	ἑξακόσιοι, αι, α.	ἑξακοσιοστός, ή, όν.
13	ιγ′	τρισκαίδεκα, ou δεκατρεῖς.	τρισκαιδέκατος, η, ον.	700	ψ′	ἑπτακόσιοι, αι, α.	ἑπτακοσιοστός, ή, όν.
14	ιδ′	τεσσαρεσκαίδεκα, ou δεκατέσσαρες.	τεσσαρεσκαιδέκατος.	800	ω′	ὀκτακόσιοι, αι, α.	ὀκτακοσιοστός, ή, όν.
				900	ϡ′	ἐννεακόσιοι, αι, α.	ἐννεακοσιοστός, ή, όν.
15	ιε′	πεντεκαίδεκα, ou δεκαπέντε.	πεντεκαιδέκατος.	1000	͵α	χίλιοι, αι, α.	χιλιοστός, ή, όν.
20	κ′	εἴκοσι.	εἰκοστός, ή, όν.	2000	͵6	δισχίλιοι, αι, α.	δισχιλιοστός, ή, όν.
21	κα′	εἴκοσιν εἷς.	εἰκοστὸς πρῶτος.	3000	͵γ	τρισχίλιοι, αι, α.	τρισχιλιοστός, ή, όν
22	κ6′	εἴκοσι δύω.	εἰκοστὸς δεύτερος.	10,000	͵ι	μύριοι, αι, α.	μυριοστός, ή, όν.
50	λ′	τριάκοντα.	τριακοστός, ή, όν.	20,000	͵κ	δισμύριοι, αί, α.	δισμυριοστός, ή, όν.

REMARQUES

SUR LE TABLEAU CI-DESSUS.

1° Depuis 10 jusqu'à 20, on peut mettre le plus petit nombre le premier ou le dernier.

Depuis 20 jusqu'à 30 le plus petit nombre se met toujours le dernier.

Depuis 30 on met d'ordinaire la conjonction καὶ entre deux, τριάκοντα καὶ ἕν.

2° Les noms de nombres ordinaux se forment, le premier excepté, des cardinaux.

Les nombres ordinaux sont toujours terminés en ος.

Ceux de la première dizaine sont en τος, excepté le 2, le 7 et le 8.

Ceux de la deuxième dizaine sont des noms composés terminés en τος.

Ceux de la troisième dizaine et des autres sont terminés en ιστος.

Ils se déclinent tous comme στιετός, ή, όν.

Δεύτερος se décline comme νεκρός, c'est-à-dire, que le féminin en ρα garde α à tous les cas.

11ᵉ LEÇON.

§ 9.

Ὁ δὲ ἀποκριθείς. — αὐτὸς ἤρξατο. — τὴν οὐσίαν αὐτοῦ — ἐδίδου αὐτῷ — ἔπεμψεν αὐτόν.

Certains pronoms servent à montrer les objets, ou à les rappeler à l'esprit; on les nomme assez généralement *pronoms démonstratifs*, et au nombre de cette sorte de mots il faut d'abord placer : 1° l'article ὁ, ἡ, τό, qui se décline comme nous l'avons vu, et est alors suivi de la particule δε, qui reste invariable :

ὅδε, ἥδε, τόδε.
celui-ci, celle-ci, ceci.

ainsi, indépendamment de l'emploi de l'article comme article, on s'en sert aussi pour remplacer le nom, c'est-à-dire comme pronom : nous l'avons vu avec cette signification ὅδε εἶπε, *celui-ci dit* *.

2° αὐτός, αὐτή, αὐτό, *il, lui, lui-même, elle, elle-même*, dont nous avons vu dans notre texte grec tous les cas du singulier masculin. Ce pronom se décline en entier sur σιτευτός, excepté qu'il n'a point de ν au neutre. Il est toujours marqué d'un esprit doux.

Joint aux substantifs, il se rend par le mot *même :* αὐτός ὁ υἱός, *le fils même*. Remarquez que αὐτός est devant l'article : si, au contraire, c'est l'article qui est devant αὐτός, par exemple, ὁ αὐτὸς υἱός, le sens est différent, cela signifie *le même fils*.

§ 10.

Ὁ υἱός οὗτος.

En combinant en un seul mot l'article ὁ et le pronom αὐτός, on a fait οὗτος, αὕτη, τοῦτο, *ce, cette, celui-ci, celle-ci, ceci*. Il désigne les objets présens ou voisins :

SINGULIER.

N.	οὗτος,	αὕτη,	τοῦτο,
G.	τούτου,	ταύτης,	τούτου,
D.	τούτῳ,	ταύτῃ,	τούτῳ,
Acc.	τοῦτον,	ταύτην,	τοῦτο.

PLURIEL.

N.	οὗτοι,	αὗται,	ταῦτα,
G.	τούτων, pour les trois genres.		
D.	τούτοις,	ταύταις,	τούτοις,
Acc.	τούτους,	ταύτας,	ταῦτα.

DUEL.

| N. Acc. | τούτω, | ταύτα, | τούτω, |
| G. D. | τούτοιν, | ταύταιν, | τούτοιν. |

* Dans ὅδε, pronom démonstratif, la particule δὲ a perdu son accent ; elle devient partie inhérente de l'article. Ne confondez donc pas ce mot avec ὁ δὲ, *le or*.

Remarquez que : 1° cet adjectif prend τ partout où l'article le prend ; 2° il a l'esprit rude comme l'article aux cas où il n'a pas de τ ; de telle sorte qu'avec cet esprit rude et l'accent, on ne saurait confondre les deux nominatifs féminins, αὕτη, αὗται, *celle-ci, celles-ci* avec αὐτή, αὐταί, *elle-même, elles-mêmes*, venant d'αὐτός.

§. 11.

Κατὰ τὴν χώραν ἐκείνην.

Ἐκεῖνος, ἐκείνη, ἐκεῖνο, se décline en entier comme σιτευτός, excepté qu'il n'a point de ν au neutre : il signifie *ce, celui-là, cette, celle-là, ce, cela* ; il désigne les objets éloignés, de même que οὗτος indique les objets proches.

§. 12.

Ἄνθρωπος τις.

Τίς adjectif démonstratif, c'est-à-dire, servant à désigner les objets d'une manière indéterminée, signifie *quelque, quelqu'un, quelqu'une* ; τὶ, *quelque chose*. Il se décline de la manière suivante :

SINGULIER.

	m. et f.	neutre.
N.	τὶς,	τὶ,
G.	τινός,	
D.	τινί,	pour les 3 genres.
Acc.	τινά,	τὶ,

PLURIEL.

N.	τινές,	τινά,
G.	τινῶν,	
D.	τισί,	pour les 3 genres.
Acc.	τινάς,	τινά.

DUEL.

| N. Acc. | τινέ, | |
| G. D. | τινοῖν, | pour les 3 genres. |

Cet adjectif répond très souvent au nom indéfini français *on* **. Marqué d'un accent aigu, et toujours sur la première syllabe, il est interrogatif, et répond au latin, *quis, quæ, quod* ou *quid*. Exemple : ἐπυνθάνετο τί εἴη ταῦτα ;

** *Voyez* sur l'origine de la particule *on*, notre *Manuel de Langue latine*.

N. τίς, τί, qui, quel, quelle? que, quoi, quelle chose? G. τίνος, D. τίνι, Acc. τίνα. Pl. τίνες, etc.

§. 13.

Ἐπεθύμει γεμίσαι τὴν κοιλίαν αὐτοῦ ἀπὸ τῶν κερατίων ὧν ἤσθιον οἱ χοῖροι.

Dans cette phrase on distingue deux propositions différentes, la première : *l'enfant prodigue eût bien voulu pouvoir se nourrir de cosses ;* la deuxième : *les pourceaux mangeaient les cosses.*

Ὧν, *dont, desquelles,* est ici ce qu'on appelle un *pronom conjonctif,* parce qu'il sert à réunir dans une même phrase deux propositions bien distinctes, et le texte dit : « Il eût bien voulu pouvoir manger les cosses *dont* se nourrissaient les pourceaux ».

En français le pronom se nomme aussi *relatif,* parce qu'il a toujours *rapport* à un nom exprimé ou sous-entendu, qu'on appelle antécédent. Il se rend en français par *qui, que, lequel* ; en latin par *qui, quæ, quod,* et en grec par :

SINGULIER.

N. ὅς, ἥ, ὅ, qui, lequel, laquelle,
G. οὗ, ἧς, οὗ, de qui, de laquelle, dont,
D. ᾧ, ᾗ, ᾧ, à qui, à laquelle,
Acc. ὅν, ἥν, ὅ, que, lequel, laquelle.

PLURIEL.

N. οἵ, αἵ, ἅ, qui, lesquels, lesquelles,
G. ὧν, p. les 3 g. desquels, dont, desquelles,
D. οἷς, αἷς, οἷς, à qui, auxquels, auxquelles,
Acc. οὕς, ἅς, ἅ, que, lesquels, lesquelles.

DUEL.

N. Acc. ὥ, ἅ, ὥ, G. D. οἷν, αἷν, οἷν.

Cet adjectif prend partout l'esprit rude. On voit qu'il se décline comme l'article, excepté qu'il n'a de τ à aucun cas *.

_____

* Dans la phrase ἐπεθύμει γεμίσαι τὴν κοιλίαν αὐτοῦ ἀπὸ τῶν κερατίων ὧν ἤσθιον οἱ χοῖροι, il semblerait que le relatif dût être régi à l'accusatif pluriel par le verbe ἤσθιον, et qu'il devrait y avoir ἅ (pl. neutre, à cause de

§ 14.

De ὅς, ἥ, ὅ réunis avec τὶς, τὶ, on a fait ὅστις, ἥτις, ὅ, τι, *qui, quiconque, qui que ce soit qui ;* en latin, *quisquis* ou *quicunque.*

SINGULIER.

N. ὅςτις, ἥτις, ὅ, τι,
G. οὗτινος, ἧστινος, οὗτινος,
D. ᾧτινι, ᾗτινι, ᾧτινι,
Acc. ὅντινα, ἥντινα, ὅ, τι.

PLURIEL.

N. οἵτινες, αἵτινες, ἅτινα,
G. ὧντινων, pour les 3 genres,
D. οἷςτισι, αἷςτισι, οἷςτισι,
Acc. οὕςτινας, ἅςτινας ἅτινα.

§ 15.

Ἐγὼ ἀπόλλυμαι — δός μοι — υἱός σου. — πρὸς τὸν πατέρα ἑαυτοῦ.

Les grammairiens comptent dans le discours trois personnes. Ils appellent première personne celle qui parle, elle est exprimée en français par le mot *je* ; deuxième personne celle à qui l'on parle, on la désigne par le mot *tu* ; enfin la troisième personne est celle dont on parle, elle est désignée par le mot *il* ou *elle.* Les pronoms personnels sont les mots qui spécifient ces trois personnes.

Ces personnes sont en grec ἐγώ, *je* ou *moi* ; σύ *tu, toi* ; αὐτός, ή, ό, *lui, elle,* et οὗ, *de soi.*

Première Personne.

SINGULIER.

N. ἐγώ, je, moi,
G. ἐμοῦ, μοῦ, de moi,
D. ἐμοί, μοί, à moi,
Acc. ἐμέ, μέ, me, moi.

_____

κερατίον, neutre) ἤσθιον ; mais il arrive souvent de voir le relatif se mettre au même cas que son antécédent, lors même que le verbe auquel il se rapporte gouverne l'accusatif. Ainsi nous voyons ici ὧν ἤσθιον, à cause de l'antécédent ἀπὸ τῶν κερατίων qui est au génitif pluriel

PLURIEL.

N.	ἡμεῖς,	nous,
G.	ἡμῶν,	de nous,
D.	ἡμῖν,	à nous,
Acc.	ἡμᾶς,	nous.

DUEL.

N. Acc.	νῶϊ, νώ, ou νώ,	nous deux,
G. D.	νῶϊν, νῶν,	de nous deux, à nous deux.

Deuxième Personne.

SINGULIER.

N. V.	σύ,	tu, toi,
G.	σοῦ,	de toi,
D.	σοί,	à toi,
Acc.	σέ,	te, toi.

PLURIEL.

N. V.	ὑμεῖς,	vous,
G.	ὑμῶν,	de vous,
D.	ὑμῖν,	à vous,
Acc.	ὑμᾶς,	vous.

DUEL.

N. Acc. V.	σφῶϊ, σφώ, σφώ,	vous deux,
G. D.	σφῶϊν, σφῶν,	de vous deux, à vous deux.

Troisième Personne.

L'emploi de ce pronom est rempli en grec par le pronom démonstratif αὐτός, ή, ό. Voir § 9. Toutefois, au nominatif, αὐτός signifie non pas seulement *il*, mais *lui-même*. La troisième personne a, en outre, le pronom réfléchi.

SINGULIER.

G.	οὗ,	de soi,	en latin *sui*,
D.	οἷ,	se, à soi,	*sibi*,
Acc.	ἕ,	se, soi,	*se*.

PLURIEL.

N.	σφεῖς,	eux-mêmes,	
G.	σφῶν,	d'eux-mêmes,	*sui*,
D.	σφίσι, σφί, σφίν,	à eux-mêmes,	*sibi*,
Acc.	σφᾶς,	se, eux-mêmes.	*se*.

DUEL.

N. Acc. σφῶε, σφώ, G. D. σφωΐν, σφίν.

Le singulier de ce pronom est toujours marqué d'un esprit rude.

Ces pronoms réunis avec αὐτός, forment les composés suivants :

De ἐγώ, A. ἐμέ, ἐμαυτοῦ, ῆς, οῦ,
     mei ipsius, de moi-même,

De σύ, A. σέ, σεαυτοῦ, ῆς, οῦ,
    ou σαυτοῦ, ῆς, οῦ,
     tuî ipsius, de toi-même,

De οὗ, A. ἕ, ἑαυτοῦ, ῆς, οῦ,
    ou αὐτοῦ, ῆς, οῦ,
     suî ipsius, de soi-même.

Ces pronoms, étant réfléchis, ne sauraient avoir de nominatif, ni au singulier, ni au pluriel. Ils se déclinent régulièrement.

REMARQUE.

Sujet du verbe, le pronom personnel n'est point ordinairement exprimé, parceque la variété des terminaisons du verbe grec suffit pour faire distinguer les personnes; ainsi on ne dit pas sans nécessité : ἐγὼ ἐσθίω, *je mange*, σὺ ἐσθίεις, *tu manges*, mais ἐσθίω, ἐσθίεις, qui, même, sans pronom signifie, *je mange, tu manges.*

Cependant il est des cas où la présence du pronom est nécessaire : c'est lorsqu'il s'agit de donner à la phrase plus de force, plus d'expression, par exemple ; lorsque le père dit à son fils aîné : Τέκνον, σὺ πάντοτε μετ' ἐμοῦ εἶ, *toi*, mon fils, *tu es toujours avec moi* ». De même, dans celle-ci : καὶ αὐτὸς ἤρξατο ὑστερεῖσθαι, « *et il commençait à manquer* », ou plutôt : « *et lui-même commençait*, etc.

§ 16.

Τοῦ πατρός μοῦ — τὸν πατέρα μοῦ — ὁ υἱός μοῦ — πάντα τὰ ἐμά, σά ἐστί.

La *possession* s'exprime le plus souvent en grec par le génitif des pronoms personnels. Au lieu de dire *mon père*, on dit *le père de moi*, ὁ πατήρ μου. Cependant de ces génitifs singuliers et des nominatifs du pluriel et du duel, on a formé des pronoms *possessifs* qui répondent à ceux des langues latine et française. Ils se déclinent comme σιτευτός, σιτευτή, σιτευτόν.

Première Personne.

De ἐμοῦ — ἐμός, ή, όν,   mon, ma, mien,
ἡμεῖς — ἡμέτερος, ρα, ρον, le nôtre,
νῶϊ — νωΐτερος, ρα, ρον, notre (à nous deux).

Deuxième Personne.

De σοῦ — σός, ή, όν,   ton, ta, tien,
ὑμεῖς — ὑμέτερος, ρα, ρον, votre,
σφῶϊ — σφωΐτερος, ρα, ρον, vôtre (à vous deux).

Troisième Personne.

De οὗ — ὅς, ἥ, ὅν,   son, sa, sien,
σφεῖς — σφέτερος, ρα, ρον, leur, leur propre.

12e LEÇON.

§ 17.

Οὐκέτι εἰμί ἄξιος — ὁ υἱός μου νεκρὸς ἦν — σὺ μετ' ἐμοῦ εἶ — σά ἐστι — τί εἴη ταῦτα.

Εἰμι, *je suis*, εἶ, *tu es*, ἦν, *il était*, ἐστί, *il est* etc., sont autant de modifications différentes du verbe substantif εἶναι, *être*.

En grec, comme en français et en latin, la conjugaison du verbe substantif est très irrégulière, mais comme les autres verbes lui empruntent plusieurs de leurs terminaisons, nous nous hâtons d'en faire connaître la conjugaison au moyen du tableau suivant:

CONJUGAISON DU VERBE εἶναι, *être*.

	PRÉSENT.		IMPARFAIT.		FUTUR.	
INDICATIF.	S. εἰμί,	je suis,	ἦν,	j'étais,	ἔσομαι,	je serai,
	εἶ ou εἶς,	tu es,	ἦς ou ἦσθα,	tu étais,	ἔσῃ,	tu seras,
	ἐστί,	il ou elle est,	ἦ ou ἦν,	il était,	ἔσεται, ἔσται,	il sera,
	P. ἐσμεν,	nous sommes,	ἦμεν,	nous étions,	ἐσόμεθα,	nous serons,
	ἐστέ,	vous êtes,	ἦτε ou ἦστε,	vous étiez,	ἔσεσθε,	vous serez,
	εἰσί,	ils ou elles sont,	ἦσαν,	ils étaient,	ἔσονται,	ils seront,
	D.				ἐσόμεθον,	nous serons tous d.
	ἐστόν,	vous êtes tous deux,	ἤστον ou ἤστον,	vous étiez tous d.	ἔσεσθον,	vous serez tous d.
	ἐστόν,	ils sont tous deux.	ἤστην ou ἤστην,	ils étaient tous d.	ἔσεσθόν,	ils seront tous d.
IMPÉRATIF.	S. ἴσθι,	sois,				
	ἔστω,	qu'il soit,				
	P. ἔστε,	soyez,				
	ἔστωσαν,	qu'ils soient,				
	D.					
	D. ἔστον,	soyez tous deux,				
	ἔστων,	qu'ils soient tous deux.				
SUBJONCTIF.	S. ὦ,	que je sois,				
	ᾖς,	que tu sois,				
	ᾖ,	qu'il soit,				
	P. ὦμεν,	que nous soyons,				
	ἦτε,	que vous soyez,				
	ὦσι,	qu'ils soient,				
	D.					
	ἦτον,	que vous soyez tous d.				
	ἦτον,	qu'ils soient tous d.				
OPTATIF.	S. εἴην,	que je fusse,			ἐσοίμην,	que je dusse être,
	εἴης,	que tu fusses,			ἔσοιο,	
	εἴη,	qu'il fût,			ἔσοιτο,	
	P. εἴημεν,	que nous fussions,			ἐσοίμεθα,	
	εἴητε,	que vous fussiez,			ἔσοισθε,	
	εἴησαν,	qu'ils fussent,			ἔσοιντο,	
	D.				ἐσοίμεθον,	
	εἴητον,	que vous fussiez tous d.			ἔσοισθον,	
	εἰήτην,	qu'ils fussent tous d.			ἐσοίσθην,	
INFIN.	εἶναι,	être.			ἔσεσθαι,	devoir être.
PART.	M. ὤν, ὄντος, }	étant.			M. ἐσόμενος, ου }	devant être.
	F. οὖσα, οὔσης, }				F. ἐσομένη, ης, }	
	N. ὄν, ὄντος. }				N. ἐσόμενον, ου, }	

REMARQUES.

Premièrement, au présent de l'indicatif, la [se]conde personne εἶ est plus usitée que εἶς; souvent à l'imparfait la seconde personne ἦς est [ch]angée en ἦσθα; la troisième est plus souvent ἦν [qu]e ἦ. On trouve quelques exemples d'un imparfait [ain]si conjugué : Sing. ἤμην, ἦσο, ἦτο, Plur. ἤμεθα [ἦσ]θε, ἦντο; 3° un impératif ἔσο, *sois*. 4° L'optatif [au] présent fait aussi, à la première personne du [pl]uriel, au lieu de εἴημεν, εἶμεν; et à la troisième [pe]rsonne εἶεν est plus usité que εἴησαν. Εἶεν se [tro]uve encore pour la troisième personne du singu[lie]r, dans le sens de *esto*, *soit*, *à la bonne heure*. Le participe ὤν, *étant*, se décline au masculin [et] au neutre comme la 3° déclinaison, et au féminin [co]mme la première. Ainsi :

SINGULIER.

masculin.	féminin.	neutre.
N.	ὤν,	οὖσα,	ὄν,
G.	ὄντος,	οὔσης,	ὄντος,
D.	ὄντι,	οὔσῃ,	ὄντι,
A.	ὄντα,	οὖσαν,	ὄν.

PLURIEL.

	masculin.	féminin.	neutre.
N.	ὄντες,	οὖσαι,	ὄντα,
G.	ὄντων,	οὐσῶν,	ὄντων,
D.	οὖσι,	οὔσαις,	οὖσι *,
A.	ὄντας,	οὔσας,	ὄντα.

DUEL.

	masculin.	féminin.	neutre.
N. A.	ὄντε,	οὔσα,	ὄντε,
G. D.	ὄντοιν,	οὔσαιν,	ὄντοιν.

Ainsi se déclinent les participes en ων, de tous [les] verbes, sans exception.

Questions grammaticales.

Quelle valeur a le *point haut* dans la pro[n]onciation grecque?
Quelle valeur a le *point et virgule*?
Qu'indique l'*apostrophe*?

* Quand le datif singulier des noms ou des adjectifs [de] la 3° déclinaison est en οντι, on retranche ντ et l'on [ch]ange ο en ου; par exemple λέων, *lion*; datif singulier, [λέ]οντι; datif pluriel, λέουσι.

Qu'entend-on par *esprit rude*?
Quelle valeur a l'*esprit doux*?
A quoi répond dans notre langue l'esprit rude?
Où se placent les esprits dans les mots?
Quel esprit prend υ?
Quelle est l'unique consonne qui prenne l'esprit et quel esprit prend-elle?
Combien y a-t-il d'accens en grec?
Qu'indiquent-ils?
D'où vient notre H aspirée?
En grec l'adjectif est-il invariable?
Donnez un exemple de son accord avec le nom?
Déclinez le singulier et les trois genres de σιτευτός?
— Le pluriel?
— Le duel?
Que faut-il observer pour le singulier féminin des noms et des adjectifs dont le féminin est en α pur?
Déclinez le singulier de νεκρός, ά, όν?
Quelles déclinaisons suit l'adjectif πᾶς, πᾶσα, πᾶν?
Déclinez le singulier de πᾶς, πᾶσα, πᾶν?
le pluriel?
le duel?
Quelles déclinaisons suit l'adjectif πολύς, πολλή, πολύ?
Déclinez le singulier de πολύς, πολλή, πολύ?
le pluriel?
le duel?
Comment se terminent généralement en grec les comparatifs?
Comment se déclinent ces comparatifs?
N'y a-t-il point une autre forme de comparatifs et de superlatifs?
Déclinez εἷς, μία, ἕν, un, une, un?
δύο, deux?
τρεῖς, τρία, trois?
τέσσαρες, τέσσαρα, quatre?
Quelle différence y a-t-il entre ὁ αὐτός υἱός et αὐτός ὁ υἱός?
Quel est le pronom démonstratif indiquant les objets proches?
Déclinez le dans ses trois genres et ses trois nombres?
Nommez le pronom démonstratif indiquant les objets éloignés?
Comment se décline-t-il?

4

Quel pronom désigne les objets d'une manière indéterminée?

Déclinez-le?

Τίς n'a-t-il pas encore un autre usage?

Nommez en grec le pronom relatif, *qui*, *que*, *lequel*?

Déclinez-le?

Que veut dire ὅςτις, ἥτις, ὅ, τι?

De quoi se compose ce pronom?

Déclinez-le?

Quel est en grec le pronom de la première personne?

De la deuxième?

De la troisième?

Et le pronom réfléchi de la troisième?

Déclinez ἐγώ?

σύ?

οὗ?

Quand, en français, le pronom personnel est suivi d'un verbe, s'exprime-t-il ordinairement en grec?

Pourquoi?

Dans quelle circonstance doit-on l'exprimer?

Un exemple?

Pour exprimer la possession, fait-on, en grec, souvent usage des pronoms possessifs?

Un exemple des pronoms possessifs?

Quels sont-ils?

Comment dit-on *le nôtre*?

ton, ta, tien?

votre, le vôtre?

son, sa, sien?

leur?

13ᵉ LEÇON.

Questions grammaticales.

Conjuguez en grec *je suis, tu es, il est*, etc.; ou en d'autres termes l'indicatif présent du verbe εἶναι, *être*?

— l'impératif *sois, qu'il soit*?

Conjuguez le subjonctif présent *que je sois, que tu sois*?

— l'optatif présent, *que je fusse*.

— l'infinitif du présent, *être*?

— le participe présent, *étant*?

— l'imparfait, *j'étais, tu étais*, etc?

— le futur, *je serai, tu seras*, etc?

— l'optatif futur, *que je dusse être*?

— l'infinitif futur, *devoir être*?

— le participe futur, *devant être*?

A la seconde personne du singulier d l'indicatif présent, quel est le plus usité d εἶ, ou εἶς?

Comment se change quelquefois η̈ς deuxième personne de l'imparfait?

N'existe-t-il pas une autre manière d conjuguer l'imparfait que celle que nous ve nons de dire?

A l'optatif du présent, comment se modifi quelquefois εἴημεν?

Et à la troisième personne, au lieu de εἴ ησαν, comment dit-on le plus ordinairement

Quel est, dans la conversation, le sens d εἶεν?

Comment se décline le participe ὤν, *étan* au masculin et au neutre?

Et au féminin?

Déclinez le singulier du participe dans se trois genres?

— le duel?

— le pluriel?

A quels autres participes cette déclinaiso peut-elle servir de modèle?

————

Grammaire.

DU VERBE.

En examinant ces trois propositions:

1° Cyrus estime la gloire,

2° Cyrus est estimé de ses camarades,

3° Cyrus s'estime lui-même;

On peut remarquer que le sujet de toutes troi est *Cyrus*; dans la première le sujet fait une ac tion, ou plutôt exerce un sentiment, il agit: l verbe est *actif*.

Dans la seconde, le sujet ne fait pas l'action il la reçoit, il la souffre, il l'éprouve: le verb est *passif*.

Dans la troisième, le sujet fait l'action et la re çoit tout à la fois; c'est sur son auteur que l'ac tion s'exerce: le verbe est *réfléchi*.

Pour exprimer ces trois situations du sujet, le

erbes grecs ont trois formes que l'on appelle *oix* : La *voix active*, la *voix passive* et la *oix moyenne*.

On l'appelle *moyenne*, parce qu'elle participe es deux autres, et par sa signification, et aussi par formation de ses temps.

En prenant pour exemple le verbe λύω que ius avons vu [μέλλων χαταλύειν τὸν βίον], et qui gnifie *je délie*, nous trouverons :

    VOIX ACTIVE,   λύω,   je délie;

    VOIX MOYENNE, λύομαι, je me délie ;

    VOIX PASSIVE, λύομαι, je suis délié.

On plutôt λύομαι signifie à la fois, *je me dé- e, et je suis délié*. En effet, la voix active et la ix passive se confondent dans tous leurs temps, cepté dans deux comme nous le verrons bientôt.

Déjà la conjugaison du verbe εἰμί nous a ap- is que la langue grecque a trois nombres pour s verbes comme pour les noms ; mais dans les rbes, comme dans les noms, le duel est très peu ité : le plus souvent, quand on parle de deux rsonnes ou de deux choses, l'on se sert du uriel.

Même sans le secours des pronoms personnels, s désinences du verbe font voir si le sujet est de la emière, de la seconde, ou de la troisième per- nne.

Les verbes grecs ont trois personnes au singu- er, autant au pluriel. La conjugaison du verbe it nous a montré que le duel n'a souvent que s deux dernières.

En outre, les verbes éprouvent différentes mo- ifications pour indiquer que la chose qu'ils ex- riment *est, sera*, ou *a été*. Ces formes s'appel- nt *temps* [*], et leur division principale est dans utes les langues : *Présent, Futur, Passé* ou arfait. Exemple : *Je lis, je lirai, j'ai lu*.

Mais ces temps principaux ont encore des uances intermédiaires. Par exemple, 1° si l'on it : *Je lisais quand vous êtes entré*, ces mots lisais expriment une action actuellement pas- e, mais qui était présente quand une autre s'est ite ; ce temps s'appelle *imparfait*.

2° Si l'on dit : *Je lus ce livre l'an dernier* ; ette forme *je lus* annonce que cette action a été ite à une époque du passé, époque déterminée ar *l'an dernier*. En français, ce temps s'ap- elle *parfait défini*, parce qu'il est toujours

suivi d'un terme qui le détermine ; en grec, au contraire, il se nomme *aoriste* (ἀόριστος, *indéter- miné, indéfini*), parce que ce temps est souvent employé dans des phrases où l'époque n'est mar- quée par aucun terme.

3° Enfin si l'on dit : *J'avais lu quand vous êtes entré*, ces mots *j'avais lu*, désignent une action comme déjà passée, au moment où une au- tre action, passée elle-même, a eu lieu ; ce temps se nomme *plus-que-parfait*.

Ces trois dernières formes peuvent être dési- gnées sous le nom de *temps secondaires*.

Il y a donc en grec trois temps principaux, et trois temps secondaires :

TEMPS PRINCIPAUX.	TEMPS SECONDAIRES.
présent,	imparfait,
futur,	aoriste,
parfait.	plusque-parfait.

Chacun des temps secondaires est formé du temps principal auquel il correspond dans le ta- bleau ci-dessus :

TEMPS PRINCIPAUX.			
	Présent.	λύω,	je délie.
	Futur.	λύσω,	je délierai.
	Parfait.	λέλυχα,	j'ai délié.

[*] Tandis qu'en français, dit *La Harpe*, nous ne pouvons conjuguer sans faire usage du pronom per- sonnel, le latin et le grec s'en passent ordinairement. En outre, tandis que les verbes, en français, ne se conjuguent que dans un certain nombre de temps, les verbes grecs, comme nous allons le voir, se conjuguent dans tous. Ils se conjuguent à l'actif et au passif, et en français à l'actif seulement ; encore au prétérit in- défini et au plus-que-parfait de chaque mode, et au passé du subjonctif, on est obligé, en français, d'avoir recours au verbe auxiliaire *avoir*, et de dire : *J'ai aimé, j'avais aimé, j'aurais aimé, que j'aie aimé, que j'eusse aimé*, etc. Quant au passif, le français en manque absolument, et l'on prend tout simplement pour y suppléer le verbe substantif *être*, en y joignant le participe du verbe dans tous les temps, à tous les modes et à toutes les personnes. Les Grecs, au con- traire, ne l'admettent que rarement, et ils ont en outre un verbe *moyen*, qui est pour eux une richesse de plus. Nos modes sont pauvres ; ceux des Latins sont incomplets, ceux des Grecs vont jusqu'à la sur- abondance. *Un seul mot* leur suffit pour exprimer quelque temps que ce soit. et il nous en faut souvent *quatre*, c'est-à-dire, le verbe, l'auxiliaire *avoir*, le verbe substantif *être* et le pronom.

TEMPS
SECONDAIRES.
Imparfait. ἔλυον, je déliais.
Aoriste. ἔλυσα, je déliai.
Plusque-p. ἐλελύκειν, j'avais délié.

Ainsi quand on sait les temps principaux, les temps secondaires n'offrent aucune difficulté, et l'étude de la conjugaison grecque se réduit presque à celle de trois temps.

Ces mots *délier, déliant, je délie, déliez, que je délie,* appartiennent tous au même verbe, dépendent tous du *présent* et désignent la même action, mais dans des modifications différentes; ce sont ces différences, ces modifications, que l'on appelle *modes,* du latin *modus,* manière.

Le verbe grec a six modes (voir le tableau de la conjugaison de εἶναι) : l'*indicatif,* l'*impératif,* le *subjonctif,* l'*optatif,* l'*infinitif* et le *participe.*

L'indicatif affirme d'une manière absolue : λύω, je délie, ou bien εἰμι, je suis.

L'impératif joint à la signification du verbe l'idée d'un commandement émané de la personne qui parle : *Délie,* ou bien ἴσθι, *sois.*

Le subjonctif joint à la signification du verbe l'idée de subordination, à un verbe précédent : « Tu veux *que je délie.* » Le subjonctif a besoin, comme on le voit, d'un verbe précédent pour avoir un sens complet. Le subjonctif d'εἰμι est ὦ, ᾖς, ᾖ, *que je sois, que tu sois, qu'il soit.*

L'optatif est un mode qui exprime l'idée *de désir, de souhait,* comme ces mots : *puissiez-vous, plût au ciel,* etc. L'optatif du présent répond à notre imparfait du subjonctif et quelquefois à notre conditionnel; l'optatif εἴην, εἴης, εἴη, *que je fusse, que tu fusses, qu'il fût,* et quelquefois *je serais, tu serais,* etc.

L'infinitif exprime la signification du verbe, sans déterminer ni nombre ni personne; *délier, avoir délié, devoir délier* sont des infinitifs du présent, du passé, du futur; le verbe εἰμι a l'infinitif du présent, εἶναι, *être,* et l'infinitif du futur ἔσεσθαι, *devoir être.*

Le participe s'appelle ainsi parce qu'il tient à la fois de l'adjectif et du verbe; comme l'adjectif, il qualifie un substantif avec lequel il s'accorde en genre, en nombre et en cas. Il tient du verbe en ce qu'il marque un temps; de plus, par sa forme, il se rattache au verbe, ὤν, ὄντος, οὖσα, οὔσης, ὄν, ὄντος, *étant.*

14ᵉ LEÇON.

Questions grammaticales.

Combien les verbes ont-ils de formes ou de voix différentes?

Dans quelle circonstance fait-on usage de la voix active?

Quand se sert-on de la voix passive?

Et enfin de la voix moyenne?

Pourquoi la voix moyenne s'appelle-t-elle ainsi?

Combien les verbes comptent-ils de nombres?

Combien de personnes?

Comment le verbe indique-t-il si le sujet est de la première, de la seconde, ou de la troisième personne?

Combien les langues, en général, comptent-elles de temps principaux?

Combien le grec compte-t-il de temps secondaires?

Comment se forment les temps secondaires?

De quel temps principal se forme l'imparfait et comment se forme-t-il?

De quel temps principal se forme l'aoriste?

De quel temps principal se déduit le plus-que-parfait?

Qu'entend-on par modes?

Tous les temps ont-ils tous les modes*?

Que signifie l'imparfait?

— l'aoriste?

— le plus-que-parfait?

Que veut dire le mot *aoriste?*

Pourquoi ce temps s'appelle-t-il ainsi?

Qu'exprime le mode *indicatif?*

— l'impératif?

---

* Un coup-d'œil sur le tableau du verbe εἰμι fera distinguer les modes qui manquent aux temps. Quand le mode manque, la case est vide. On peut remarquer qu'en même temps que le verbe substantif est privé de plusieurs temps, savoir du parfait, du plus-que-parfait et de l'aoriste. L'imparfait tient lieu de tous ces temps.

— le subjonctif ?
— l'optatif ?
— l'infinitif ?
Qu'est-ce que le participe ?

Syntaxe. *

§ 1.

Οἱ μὲν οὖν οἰηθέντες, etc.

Après l'article pluriel οἱ on sous-entend ici παῖδες.

En général, on sous-entend avec l'article un grand nombre de substantifs faciles à suppléer. Tels sont les mots υἱός, πατήρ, μήτηρ, ἀδελφός, θυγάτηρ, χείρ, μέρος, et d'autres encore que l'usage fera connaître.

§ 2.

Πᾶσαν τὴν τῆς ἀμπέλου γῆν κατέσκαψαν.

Souvent on intercale entre l'article et le mot auquel il se rapporte tout ce qui sert à déterminer ce dernier. Dans la phrase ci-dessus, τῆς ἀμπέλου détermine τὴν γῆν; voilà pourquoi il se trouve entre ce nom et son article.

§ 3.

Οἱ οἰηθέντες θησαυρὸν ἐκεῖ που κατορώρυχθαι.
*Eux pensant un trésor là quelque part
avoir été enfoui.*

Il y a dans cette phrase deux propositions :
1° Ceux-ci pensent,
2° Un trésor a été enfoui.

En français, à l'aide du *que*, nous les unissons : *Eux donc pensant qu'un trésor y était enfoui.* Au moyen de la conjonction ὅτι on pourrait également opérer la liaison en grec; mais il est une autre tournure que l'on peut aussi employer : c'est celle que nous voyons dans la phrase ci-dessus : *Ceux-ci pensant un trésor là quelque part avoir été enfoui,* Οἱ οἰηθέντες θησαυρὸν ἐκεῖ που κατορώρυχθαι.

---

* La *syntaxe* a pour objet d'examiner comment dans une langue, pour exprimer nos pensées, les mots se lient et se combinent.

§ 4.

Ἅπερ μοι κέκρυπται... εὑρήσετε πάντα.
*Les choses qui par moi a été cachée vous
trouverez toutes.*

Κέκρυπται est en effet la troisième personne du singulier, quoique ce verbe se rapporte à un mot qui est au pluriel, πάντα. Mais c'est que la langue grecque admet, à l'égard de l'accord du verbe avec le sujet, une exception très remarquable :

« On met ordinairement au singulier le verbe qui se rapporte à un nominatif pluriel neutre. »

§ 5.

ὁ μῦθος δηλοῖ, ὅτι ὁ κάματος θησαυρός ἐστι
La fable montre que le travail un trésor est
τοῖς ἀνθρώποις.
aux hommes.

Souvent on emploie le datif en grec pour montrer qu'une chose existe, qu'une action se fait pour l'avantage de quelqu'un. C'est dans ce sens que τοῖς ἀνθρώποις se trouve ici au datif.

En nous rappelant ce qui a été dit au paragraphe 3, il s'ensuit que l'on pourrait dire également, en supprimant ὅτι : ὁ μῦθος δηλοῖ κάματον θησαυρὸν εἶναι τοῖς ἀνθρώποις.

Grammaire.

DU VERBE.

(SUITE)

Il faut distinguer dans tout verbe le *radical*, c'est-à-dire la partie qui renferme l'*idée du verbe*, et une suite de terminaisons. On entend ici par *terminaison* la syllabe, ou les syllabes qui suivent le radical.

Dans λύω, *je délie*, le radical est toujours λυ; la terminaison, au contraire, varie selon les nombres, les personnes, les temps, les modes et les voix. Énoncer de suite les divers changements qu'éprouve le verbe, cela s'appelle *conjuguer*. Déjà nous avons conjugué le verbe substantif εἶναι, etc. Comme dans tous les verbes réguliers, ces changements suivent la même loi et ont lieu de la même manière, il n'y a en grec qu'une seule conjugaison dont l'indicatif présent actif se termine en ω. Quelques-uns comme εἰμί se terminent en μι. Mais ils ne forment exception qu'à 3 temps seulement ; nous en donnerons bientôt la conjugaison.

Observons encore que dans les verbes dont la première lettre est une consonne, on ajoute au commencement de tous les temps secondaires, à l'indicatif, la voyelle ε, qu'on appelle *augment*. Ainsi, dans le verbe λύω nous avons :

TEMPS PRINCIPAUX.	*Présent.*	λύω.
	Futur.	λύσω.
	Parfait.	λέλυκα.
TEMPS SECONDAIRES.	*Imparfait.*	ἔλυον.
	Aoriste.	ἔλυσα.
	Plus-que-parfait.	ἐλελύκειν.

Toutefois, et nous le répétons, cet augment ne se trouve qu'au mode indicatif.

Dans le parfait λέλυκα, nous trouvons avant le radicale λυ, la syllabe λε. Cette syllabe se compose de la voyelle ε et de la première consonne du radical ; on l'appelle *redoublement*.

Tous les verbes qui commencent par une consonne ont un redoublement au parfait, et le conservent dans tous les modes du parfait.

Comme l'ε alonge d'une syllabe le temps du verbe auquel il est joint, on l'appelle *augment syllabique*. Nous en avons eu déjà plusieurs exemples : ἔπεμψεν αὐτόν, *il envoya lui*. Ἔπεμψε est la troisième personne du singulier de l'aoriste du verbe πέμπω, *j'envoie*. De même dans ἔθυσεν ὁ πατήρ τὸν μόσχον, etc., ἔθυσε est la troisième personne du singulier de l'aoriste du verbe θύω, *je tue*, qui fait au futur θύσω, *je tuerai*, à l'aoriste ἔθυσα, *je tuai*.

Dans les verbes qui commencent par une des voyelles α, ε, o, on change ces voyelles dans les temps susceptibles d'augment, savoir : α et ε, en η ; o en ω. Ainsi nous avons vu ἤκουσε, *il entendit*, troisième personne singulier de l'aoriste d'ἀκούω, *j'entends*, qui fait au futur, ἀκούσω et à l'aoriste ἤκουσα.

Des six diphthongues qui commencent par α, ε, o, trois se changent de la même manière, savoir, αι en η (iôta souscrit) ; οι en ῳ ; αυ en ηυ. Ainsi, le mot ὠργίσθη que nous avons traduit par *fut irrité*, est la troisième personne de l'aoriste passif du verbe ὀργίζω, *j'irrite* ; futur, ὀργίσω, aoriste, ὤργισα.

Ce changement d'une voyelle brève en voyelle longue se nomme *augment temporel*. Ce nom vient de ce qu'il faut plus de temps pour prononcer une voyelle longue qu'une brève.

Les voyelles déjà longues, η, ω ; les communes ι, υ, et les trois diphthongues ει, ευ, ου n'éprouvent aucun changement.

De même les verbes qui commencent par une voyelle ou une diphthongue ne prennent point de redoublement au parfait. La première lettre de ce temps est alors la même que celle de l'imparfait. ὀργίζω, *j'irrite*, fait à l'imparfait ὤργιζον, au parfait ὤργικα.

Pour bien conjuguer il suffit, 1° de mettre, quand il le faut, avant le radical, l'augment et le redoublement ; 2° de mettre après le radical la terminaison convenable. Nous allons donner successivement la conjugaison des trois voix.

VOIX ACTIVE.*

PRÉSENT.

INDICATIF.

S. λύω, je délie,
λύεις, tu délies,
λύει, il délie.
P. λύομεν, nous délions,
λύετε, vous déliez,
λύουσι, ils délient.

D. Point de première personne.
λύετον, vous déliez tous deux,
λύετον, ils délient tous deux.

IMPÉRATIF.

(Point de 1res personnes.)

S. λύε, délie,
λυέτω, qu'il délie.
P. λύετε, déliez,
λυέτωσαν, qu'ils délient.
D. λύετον, déliez tous deux,
λυέτων, qu'ils délient tous deux.

* L'élève doit s'exercer à dire le verbe *français*, en ne voyant que le verbe *grec*, et à dire le verbe *grec*, en ne voyant que le verbe français ; et cela à toutes les voix, à tous les temps, à tous les modes et à toutes les personnes.

SUBJONCTIF.

λύω, que je délie,
λύῃς, que tu délies,
λύῃ, qu'il délie.
λύωμεν, que nous déliions,
λύητε, que vous déliiez,
λύωσι, qu'ils délient.

λύητον, que vous déliiez tous deux,
λύητον, qu'ils délient tous deux.

OPTATIF.

λύοιμι, que je déliasse,
λύοις, que tu déliasses,
λύοις, qu'il déliât.
λύοιμεν, que nous déliassions,
λύοιτε, que vous déliassiez,
λύοιεν, qu'ils déliassent.

λύοιτον, que vous déliassiez tous deux,
λυοίτην, qu'ils déliassent tous deux.

INFINITIF.

λύειν, délier.

PARTICIPE.

λύων, οντος,
λύουσα, ης, déliant.
λύον, οντος,

———

IMPARFAIT.

INDICATIF.

ἔλυον, je déliais,
ἔλυες, tu déliais,
ἔλυε, il déliait.
ἐλύομεν, nous déliions,
ἐλύετε, vous déliiez,
ἔλυον, ils déliaient.

ἐλύετον, vous déliiez tous deux,
ἐλυέτην, ls déliaient tous deux.

———

FUTUR.

INDICATIF.

λύσω, je délierai,

λύσεις, tu délieras,
λύσει, il déliera.
P. λύσομεν, nous délierons,
λύσετε, vous délierez,
λύσουσι, ils délieront.
D.
λύσετον, vous délierez tous deux,
λύσετον, ils délieront tous deux.

OPTATIF.

S. λύσοιμι, que je dusse délier,
λύσοις, que tu dusses délier,
λύσοι, qu'il dût délier.
P. λύσοιμεν, que nous dussions délier,
λύσοιτε, que vous dussiez délier,
λύσοιεν, qu'ils dussent délier.
D.
λύσοιτον, que vous dussiez dél. tous deux,
λυσοίτην, qu'ils dussent délier tous deux.

INFINITIF.

λύσειν, devoir délier.

PARTICIPE.

M. λύσων, οντος,
F. λύσουσα, ης, devant délier,
N. λῦσον, όντος,

———

AORISTE.

INDICATIF.

S. ἔλυσα, je déliai,
ἔλυσας, tu délias,
ἔλυσε, il délia.
P. ἐλύσαμεν, nous déliâmes,
ἐλύσατε, vous déliâtes,
ἔλυσαν, ils délièrent.
D.
ἐλύσατον, vous déliâtes tous deux,
ἐλυσάτην, ils délièrent tous deux.

IMPÉRATIF.

(Point de premières personnes.)

S. λῦσον, aie délié,
λυσάτω, qu'il ait délié.
P. λύσατε, ayez délié,
λυσάτωσαν, qu'ils aient délié.

D. λύσατον,   ayez délié tous deux,
λυσάτον,   qu'ils aient délié tous deux.

SUBJONCTIF.

S. λύσω,   que j'aie délié,
λύσης,   que tu aies délié,
λύσῃ,   qu'il ait délié.
P. λύσωμεν,   que nous ayons délié,
λύσητε,   que vous ayez délié,
λύσωσι,   qu'ils aient délié.
D.
λύσητον,   que vous ayez délié tous deux,
λύσητον,   qu'ils aient délié tous deux.

OPTATIF.

S. λύσαιμι,   que j'eusse délié,
λύσαις,   que tu eusses délié,
λύσαι,   qu'il ait délié.
P. λύσαιμεν,   que nous eussions délié,
λύσαιτε,   que vous eussiez délié,
λύσαιεν,   qu'ils eussent délié.
D.
λύσαιτον,   que vous eussiez délié tous deux,
λυσαίτην,   qu'ils eussent délié tous deux.

INFINITIF.

λῦσαι,   avoir délié.

PARTICIPE.

M. λύσας, αντος,
F. λύσασα, ης,   ayant délié.
N. λῦσαν, αντος,

PARFAIT.

INDICATIF.

S. λέλυκα,   j'ai délié,
λέλυκας,   tu as délié,
λέλυκε,   il a délié.
P. λελύκαμεν,   nous avons délié,
λελύκατε,   vous avez délié,
λελύκασι,   ils ont délié.
D.
λελύκατον,   vous avez délié tous deux,
λελύκατον,   ils ont délié tous deux.

IMPÉRATIF.

(Point de premières personnes.)

S. λέλυκε,   aie délié,

λελυκέτω,   qu'il ait délié,
P. λελύκετε,   ayez délié,
λελυκέτωσαν,   qu'ils aient délié.
D. λελύκετον,   ayez délié tous deux,
λελυκέτων,   qu'ils aient délié tous deux.

SUJONCTIF.

S. λελύκω,   que j'aie délié,
λελύκης,   que tu aies délié,
λελύκη,   qu'il ait délié,
P. λελύκωμεν,   que nous ayons délié,
λελύκητε,   que vous ayez délié,
λελύκωσι,   qu'ils aient délié.
D.
λελύκητον,   que vous ayez délié tous deux,
λελύκητον,   qu'ils aient délié tous deux.

OPTATIF.

S. λελύκοιμι,   que j'eusse délié,
λελύκοις,   que tu eusses délié,
λελύκοι,   qu'il eut délié,
P. λελύκοιμεν,   que nous eussions délié,
λελύκοιτε,   que vous eussiez délié,
λελύκοιεν,   qu'ils eussent délié.
D.
λελύκοιτον,   que vous eussiez délié tous deux,
λελυκοίτην,   qu'ils eussent délié tous deux.

INFINITIF.

λελυκέναι,   avoir délié.

PARTICIPE.

M. λελυκώς, οτος,
F. λελυκυῖα, υιας,   ayant délié.
N. λελυκός, οτος,

PLUS-QUE-PARFAIT.

INDICATIF.

S. ἐλελύκειν,   j'avais delié,
ἐλελύκεις,   tu avais délié,
ἐλελύκει,   il avait délié.
P. ἐλελύκειμεν,   nous avions délié,
ἐλελύκειτε,   vous aviez délié,
ἐλελύκεισαν,   ils avaient délié.
D.
ἐλελύκειτον,   vous aviez délié tous deux,
ἐλελυκείτην,   ils avaient délié tous deux.

15ᵉ LEÇON.

Questions grammaticales.

Qu'entend-on par *radical* dans le verbe?

Quel est le *radical* dans λύω?

Qu'appelle-t-on *terminaison?*

Dites ce qu'on entend par *conjuguer?*

Combien distingue-t-on de conjugaisons en grec?

Qu'appelle-t-on *augment?*

Donnez des exemples.

L'augment se met-il à tous les modes du temps qui le prend?

Qu'entendez-vous par *redoublement?*

De quelle voyelle fait-on suivre la consonne redoublée?

Un exemple?

Pourquoi nomme-t-on *augment syllabique* cette adjonction de l'ε?

Comment forme-t-on l'augment dans les verbes qui commencent par α, ε, ο?

Comment le verbe ἀκούω fait-il à l'aoriste?

Quel est le nom de ce changement d'une voyelle brève en longue?

D'où vient cette expression?

Dans les verbes qui commencent par αι que devient cette syllabe aux temps susceptibles d'augment?

Et dans les verbes qui commencent par αυ?

Quels sont les verbes qui ne reçoivent aucune modification relative à l'augment dans les temps qui en sont susceptibles?

Tous les verbes prennent-ils le redoublement au parfait?

Grammaire.

Pour aider la mémoire et faciliter l'étude du tableau* de la *voix active*, on peut faire les remarques suivantes sur la manière dont les temps sont formés:

1° Le *présent indicatif* se compose du radical et de la terminaison ω, εις, ει. Dans λύω, λυ exprime l'idée de l'action du verbe, c'est-à-dire du participe présent *déliant*, ω exprime celle de l'existence, *je suis*, et indique en même temps le *nombre* singulier, le *temps* présent, le *mode* indicatif, et la *voix* active.

* Voir ce tableau page 38.

2° L'*imparfait* se forme du présent, en ajoutant l'augment et changeant ω en ον: présent λύω, imparfait ἔλυον. La troisième personne de ce temps est toujours semblable à la première du singulier.

3° Le *futur* se compose du radical et de la terminaison σω, σεις, σει.

4° L'*aoriste* se forme du futur en ajoutant l'augment et changeant σω en σα: λύσω, ἔλυσα. La troisième personne du pluriel se forme en ajoutant ν à la première du singulier: ἔλυσα, ἔλυσαν.

NOTA. Le σ caractérise en général le futur et l'aoriste dans tous les modes.

5° Le *parfait* se forme dans les verbes en ω pur. du futur, en changeant σω en κα et ajoutant le redoublement. Nous verrons plus tard comment la terminaison κα se modifie dans les verbes qui ont une consonne à la fin du radical.

6° Le *plusque-parfait* se forme du parfait, en ajoutant l'augment ε, et changeant α final en ειν: λέλυκα, ἐλελύκειν.

7° Le *présent-impératif* se forme en changeant ω de l'indicatif en ε: indicatif, λύω, impératif, λύε.

8° L'*aoriste-impératif* est toujours σον, σατω: λῦσον, λυσάτω.

9° Le *parfait-impératif* est identique à la troisième personne du parfait-indicatif. Parfait-indicatif troisième personne λέλυκε, impératif λέλυκε. En outre, toutes les troisièmes personnes de ce mode au singulier, au pluriel et au duel, ont un ω.

10° Le mode *subjonctif* de tous les temps se termine en ω, ης, η.

Le *présent-subjonctif* se forme du présent-indicatif, en changeant les brèves en longues et souscrivant ἰῶτα. Indicatif λύω, λύεις, λύει, subjonctif λύω, λύῃς, λύῃ.

11° Le mode *optatif* du présent, du futur et du parfait se forme en changeant en οιμι la dernière lettre de l'indicatif de ces temps. Présent λύω, λύοιμι; futur λύσω, λύσοιμι; parfait λέλυκα, λελύκοιμι. — Optatif de l'aoriste λύσαιμι.

12° Les temps terminés en ω font l'infinitif en ειν; l'aoriste le fait en σαι; le parfait en εναι.

13° Les temps qui ont l'infinitif en ειν font au participe ων, ουσα, ον. — L'aoriste, σας, σασα, σαν; et le parfait ως, υια, ος. Ces participes suivent, comme πᾶς, πᾶσα, πᾶν, la troisième décli-

5

naison au masculin et au neutre, et la première au féminin.

VOIX MOYENNE.*
PRÉSENT.
INDICATIF.

S. λύ ομαι,   je me délie,
  λύ η,*   tu te délies,
  λύ εται,   il se délie,
P. λυ όμεθα,   nous nous délions,
  λύ εσθε,   vous vous déliez,
  λύ ονται,   ils se délient,
D. λυ όμεθον,   nous nous délions tous deux,
  λύ εσθον,   vous vous déliez tous deux,
  λύ εσθον,   ils se délient tous deux.

IMPÉRATIF.
(Point de premières personnes.)

S. λύ ου,   délie-toi,
  λυ έσθω,   qu'il se délie,
P. λύ εσθε,   déliez-vous,
  λύ εσθωσαν,   qu'ils se délient,
D. λύ εσθον,   déliez vous tous deux,
  λύ εσθων,   qu'ils se délient tous deux.

SUBJONCTIF.

S. λύ ωμαι,   que je me délie,
  λύ η,**   que tu te délies,
  λύ ηται,   qu'il se délie,
P. λυ ώμεθα,   que nous nous déliions,
  λύ ησθε,   que vous vous déliiez,
  λύ ωνται,   qu'ils se délient,
D. λυ ώμεθον,   que nous nous déliions tous d.,
  λύ ησθον,   que vous vous déliiez tous d.,
  λύ ησθον,   qu'ils se délient tous deux.

OPTATIF.

S. λυ οίμην,   que je me déliasse,
  λύ οιο,***   que tu te déliasses,
  λύ οιτο,   qu'il se déliât,
P. λυ οίμεθα,   que nous nous déliassions,
  λύ οισθε,   que vous vous déliassiez,
  λύ οιντο,   qu'ils se déliassent,
D. λυ οίμεθον,   que nous nous déliassions tous d.,
  λυ οισθον,   que vous vous déliassiez tous d.,
  λυ οίσθην,   qu'ils se déliassent tous deux.

---

* Contraction pour λύεσαι.
** Pour λύησαι.
*** Pour λύοισο.

INFINITIF.
λύ εσθαι,   se délier.

PARTICIPE.
M. λυ όμενος, ου, se déliant,*
F. λυ ομένη, ης, se déliant,
N. λυ όμενον, ου, se déliant.

IMPARFAIT.
INDICATIF.

S. ἐλυ όμην,   je me déliais,
  ἐλύ ου,**   tu te déliais,
  ἐλύ ετο,   il se déliait,
P. ἐλυ όμεθα,   nous nous déliions,
  ἐλύ εσθε,   vous vous déliiez,
  ἐλύ οντο,   ils se déliaient,
D. ἐλυ ομεθον,   nous nous déliions tous deux,
  ἐλυ εσθον,   vous vous déliiez tous deux,
  ἐλυ έσθην,   ils se déliaient tous deux.

FUTUR.
INDICATIF.

S. λύ σομαι,   je me délierai,
  λύ σῃ,***   tu te délieras,
  λύ σεται,   il se déliera,
P. λυ σόμεθα,   nous nous délierons,
  λύ σεσθε,   vous vous délierez,
  λύ σονται,   ils se délieront,
D. λυ σόμεθον,   nous nous délierons tous deux,
  λύ σεσθον,   vous vous délierez tous deux,
  λύ σεσθον,   ils se délieront tous deux.

OPTATIF.

S. λυ σοίμην,   que je me dusse délier,
  λύ σοιο,****   que tu te dusses délier,
  λύ σοιτο,   qu'il se dût délier,
P. λυ σοίμεθα,   que nous nous dussions délier,
  λύ σοισθε,   que vous vous dussiez délier,
  λύ σοιντο,   qu'ils se dussent délier,
D. λυ σοίμεθον,   que nous nous dussions délier tous deux,
  λύ σοισθον,   que vous vous dussiez délier tous deux,
  λυ σοίσθην,   qu'ils se dussent délier tous deux.

---

* Tous ces participes en ος, η, ου, se déclinent comme σιτευτός, ή, όν, voir page 17.
** Contraction pour ἐλύεσο.
*** Pour λύσεσαι.
**** Pour λύσοισο.

INFINITIF.

λύ σεσθαι,   devoir se délier.

PARTICIPE.

M.λυ σόμενος, ου,   devant se délier,
F.λυ σομένη, ης,   devant se délier,
N.λυ σόμενον, ου,   devant se délier.

AORISTE.

INDICATIF.

S. ἐλυ σάμην,   je me déliai,
ἐλύ σω,*   tu te délias,
ἐλύ σατο,   il se délia,
P. ἐλυ σάμεθα,   nous nous déliâmes,
ἐλύ σασθε,   vous vous déliâtes,
ἐλύ σαντο,   ils se délièrent,
D. ἐλυ σάμεθον,   nous nous déliâmes tous deux,
ἐλύ σασθον,   vous vous déliâtes tous deux,
ἐλυ σάσθην,   ils se délièrent tous deux.

IMPÉRATIF.

(Point de premières personnes.)

S. λῦ σαι,   délie-toi,
λυ σάσθω,   qu'il se délie,
P. λύ σασθε,   déliez-vous,
λυ σάσθωσαν,   qu'ils se délient,
D. λύ σασθον,   déliez-vous tous deux,
λυ σάσθων.   qu'ils se délient tous deux.

SUBJONCTIF.

S. λύ σωμαι,   que je me sois délié,
λύ ση,**   que tu te sois délié,
λύ σηται,   qu'il se soit délié,
P. λυ σώμεθα,   que nous nous soyons déliés,
λύ σησθε,   que vous vous soyez déliés,
λύ σωνται,   qu'ils se soient déliés,
D. λυ σώμεθον,   que nous nous soyons déliés tous deux,
λύ σησθον,   que vous vous soyez déliés tous deux,
λύ σησθον,   qu'ils se soient déliés tous d.

OPTATIF.

S. λυ σαίμην,   que je me fusse délié,
λυ σαιο,***   que tu te fusses délié,

* Pour ἐλύσασο.
** Pour λύσησαι.
*** Pour λύσαισο.

λύ σαιτο,   qu'il se fût délié,
P. λυ σαίμεθα,   que nous nous fussions déliés,
λύ σαισθε,   que vous vous fussiez déliés,
λύ σαιντο,   qu'ils se fussent déliés,
D. λυ σαίμεθον,   que nous nous fussions déliés tous deux,
λύ σαισθον,   que vous vous fussiez déliés tous deux,
λυ σαίσθην,   qu'ils se fussent déliés tous d.

INFINITIF.

λύ σασθαι,   s'être délié.

PARTICIPE.

M. λυ σάμενος, ου, s'étant délié,
F. λυ σαμένη, ης, s'étant délié,
N. λυ σάμενον, ου, s'étant délié.

PARFAIT.

INDICATIF.

S.λέλυ μαι,   je me suis délié,
λέλυ σαι,   tu t'es délié,
λέλυ ται,   il s'est délié,
P. λελύ μεθα,   nous nous sommes déliés,
λέλυ σθε,   vous vous êtes déliés,
λέλυ νται,   ils se sont déliés,
D.λελύ μεθον,   nous nous sommes déliés tous deux,
λέλυ σθον,   vous vous êtes déliés tous deux,
λέλυ σθον,   ils se sont déliés tous deux.

IMPÉRATIF.

(Point de premières personnes.)

S.λέλυ σο,   sois toi délié,
λελύ σθω,   qu'il se soit délié,
P. λέλυ σθε,   soyez vous déliés,
λελύ σθωσαν,   qu'ils se soient déliés,
D.λέλυ σθον,   soyez vous déliés tous deux,
λελύ σθων,   qu'ils se soient déliés tous d.

SUBJONCTIF.

S. λελυ μένος ὦ,   que je me sois délié,
λελυ μένος ᾖς,   que tu te sois délié,
λελυ μένος ᾖ,   qu'il se soit délié,
P. λελυ μένοι ὦμεν,   que nous nous soyons déliés,
λελυ μένοι ἦτε,   que vous vous soyez déliés,
λελυ μένοι ὦσι,   qu'ils se soient déliés,
D.

λελύ μένω ἦτον, que vous vous soyez déliés tous deux,
λελύ μένω ἦτον, qu'ils se soient déliés tous d.

OPTATIF.

S. λελύ μένος εἴην, que je me fusse délié,
λελύ μένος εἴης, que tu te fusses délié,
λελύ μένος εἴη, qu'il se fût délié,
P. λελύ μένοι εἴημεν, que nous nous fussions déliés,
λελύ μένοι εἴητε, que vous vous fussiez déliés,
λελύ μένοι εἴησαν, qu'ils se fussent déliés,
D.
λελύ μένω εἴητον, que vous vous fussiez déliés tous deux,
λελύ μένω εἰήτην, qu'ils se fussent déliés tous d.

INDICATIF.

λελύ σθαι, s'être délié tous deux,

PARTICIPE.

M. λελυ μένος, ου, s'étant délié.
F. λελυ μένη, ης, s'étant délié,
N. λελυ μένον, ου, s'étant délié.

PLUS-QUE-PARFAIT.

INDICATIF.

S. ἐλελύ μην, je m'étais délié,
ἐλέλυ σο, tu t'étais délié,
ἐλέλυ το, il s'était délié,
P. ἐλελύ μεθα, nous nous étions déliés,
ἐλέλυ σθε, vous vous étiez déliés,
ἐλέλυ ντο, ils s'étaient déliés,
D. ἐλελύ μεθον, nous nous étions déliés tous d.,
ἐλέλυ σθον, vous vous étiez déliés tous d.,
ἐλέλυ σθην, ils s'étaient déliés tous deux.

FUTUR ANTÉRIEUR.

INDICATIF.

S. λελύ σομαι, je me serai délié,
λελύ σῃ,* tu te seras délié,
λελύ σεται, il se sera délié,
P. λελυ σόμεθα, nous nous serons déliés,
λελύ σεσθε, vous vous serez déliés.
λελύ σονται, ils se seront déliés,
D. λελυ σόμεθον, nous nous serons déliés tous d.,

* Pour λελύσεσαι.

λελύ σεσθον, vous vous serez déliés tous d.,
λελύ σεσθον, ils se seront déliés tous deux.

OPTATIF.

S. λελύ σοίμην, que j'eusse dû m'être délié,
λελύ σοιο,* que tu eusses dû t'être délié,
λελύ σοιτο, qu'il eût dû s'être délié,
P. λελύ σοίμεθα, que nous eussions dû nous être déliés,
λελύ σοισθε, que vous eussiez dû vous être déliés,
λελύ σοιντο, qu'ils eussent dû s'être déliés,
D. λελύ σοίμεθον, que nous eussions dû nous être déliés tous deux,
λελύ σοισθον, que vous eussiez dû vous être déliés tous deux,
λελύ σοίσθην, qu'ils eussent dû s'être déliés.

INFINITIF.

λελύ σεσθαι, avoir dû s'être délié.

PARTICIPE.

M. λελυ σόμενος, ου, ayant dû s'être délié,
F. λελυ σομένη, ης, ayant dû s'être délié,
N. λελυ σόμενον, ου, ayant dû s'être délié.

REMARQUES SUR LA FORMATION DES TEMPS

DANS LA VOIX MOYENNE. **

Rien de plus simple que la formation des temps du moyen.

Chacun des temps du *moyen* se forme du même temps de l'*actif*, savoir:

1° S'il s'agit d'un *temps principal*, en changeant en μαι la terminaison de l'actif : λύω, λύομαι; λύσω, λύσομαι; λέλυκα, λέλυμαι.

2° S'il s'agit d'un *temps secondaire*, en changeant la terminaison de l'actif en μην, ἔλυον, ἐλυόμην; ἔλυσα, ἐλυσάμην; ἐλελύκειν, ἐλελύμην.

Quant au *futur antérieur* qui n'a pas de correspondant à l'actif, comme ce temps participe du parfait, il lui emprunte le redoublement, et a, du reste, les terminaisons du futur; *futur* λύσομαι, *futur antérieur* λελύσομαι.

* Pour λελύσοισο.
** Voir le tableau synoptique des trois voix, page 38.

VOIX PASSIVE.

La voix passive n'a que deux temps qui lui sont particuliers,* c'est le futur et l'aoriste. Aux autres temps, on se sert pour exprimer une action passive, de la forme moyenne, ainsi : λύομαι, sinifie *je me délie* et *je suis délié;* ἐλυόμην, *je me déliais* et *j'étais délié;* λέλυμαι, *je me suis délié* et *j'ai été délié;* ἐλελύμην, *je m'étais délié* et *j'avais été délié;* λελύσομαι, *je me serai délié* et *j'aurai été délié.*

Le θ est la lettre caractéristique des deux temps particuliers au passif; en voici la conjugaison :

FUTUR.

INDICATIF.

	λυ θήσομαι,	je serai délié,
	λυ θήσῃ,*	tu seras délié,
	λυ θήσεται,	il sera délié,
	λυ θησόμεθα,	nous serons déliés,
	λυ θήσεσθε,	vous serez déliés,
	λυ θήσονται,	ils seront déliés,
D.	λυ θησόμεθον,	nous serons déliés tous d.,
	λυ θήσεσθον,	vous serez déliés tous d.,
	λυ θησεσθον,	ils seront déliés tous deux.

OPTATIF.

S.	λυ θησοίμην,	que je dusse être délié,
	λυ θήσοιο,**	que tu dusses être délié,
	λυ θήσοιτο,	qu'il dût être délié,
P.	λυ θησοίμεθα,	que nous dussions être d.
	λυ θήσοισθε,	que vous dussiez être dél.
	λυ θήσοιντο,	qu'ils dussent être déliés.,
D.	λυ θησοίμεθον,	que nous dussions être d. tous deux,
	λυ θήσοισθον,	que vous dussiez être dél. tous deux,
	λυ θησοίσθην,	qu'ils dussent être déliés tous deux.

INFINITIF.

λυ θήσεσθαι, devoir être délié.

PARTICIPE.

M.	λυ θησόμενος, ου,	
F.	λυ θησομένη, ης,	devant être délié.
N.	λυ θησόμενον, ου,	

AORISTE.

INDICATIF.

S. ἐλύ θην, je fus délié,

---

* Pour λυθήσεσαι.
** Pour λυθήσοισο.

	ἐλύ θης,	tu fus délié,
	ἐλύ θη,	il fut délié,
P.	ἐλύ θημεν,	nous fûmes déliés,
	ἐλύ θητε,	vous fûtes déliés,
	ἐλύ θησαν,	ils furent déliés,
D.	ἐλύ θητον,	vous fûtes déliés tous deux.
	ἐλύ θήτην.	ils furent déliés tous deux.

IMPÉRATIF.

(Point de premières personnes.)

S.	λύ θητι,	sois délié,
	λυ θήτω,	qu'il soit délié,
P.	λύ θητε,	soyez déliés,
	λυ θήτωσαν,	qu'ils soient déliés,
D.	λύ θητον,	soyez déliés tous deux,
	λυ θήτων,	qu'ils soient déliés tous d.

SUBJONCTIF.

S.	λυ θῶ,	que j'aie été délié,
	λυ θῇς,	que tu aies été délié,
	λυ θῇ,	qu'il ait été délié,
P.	λυ θῶμεν,	que nous ayons été déliés,
	λυ θῆτε,	que vous ayez été déliés,
	λυ θῶσι,	qu'ils aient été déliés.
D.	λυ θῆτον,	que vous ayez été déliés tous deux,
	λυθῆτον,	qu'ils aient été dél. tous d.

OPTATIF.

S.	λυ θείην,	que j'eusse été délié,
	λυ θείης,	que tu eusses été délié,
	λυ θείη,	qu'il eût été délié,
P.	λυ θείημεν,	que nous eussions été dél.
	λυ θείητε,	que vous eussiez été dél.
	λυ θείησαν,	qu'ils eussent été déliés.
D.	λυ θείητον,	que vous eussiez été dél. tous deux.
	λυ θειήτην,	qu'ils eussent été déliés tous deux.

INFINITIF.

λυ θῆναι, avoir été délié.

PARTICIPE.

M.	λυ θείς, εντος,	
F.	λυ θεῖσα, ης,	ayant été délié.
N.	λυ θέν, εντος,	

REMARQUES.

Observez que tous les temps communs aux voix moyenne et passive se terminent en μαι, σαι, ται, et μην, σο, το. Or μ, σ, τ, sont les consonnes radicales des trois pronoms μου, σού, του. A propos de του, il faut savoir que l'article servait primitivement de pronom de la troisième personne. Ces trois consonnes ajoutent donc au radical du verbe l'idée de première, deuxième et troisième personnes.

L'usage nous apprendra que : 1° le futur moyen quelquefois la signification passive, tandis que le tur passif n'a presque jamais la signification moyen 2° l'aoriste moyen n'a jamais la signification passi tandis que l'aoriste passif, au contraire, a souven signification moyenne.

VOIX ACTIVE.

	INDICATIF.	IMPÉR.	SUBJONCTIF.	OPTATIF.	INFINITIF.	PARTICIPES
PRÉS. IMP.	λύ ω (εις). ἔ λυ ον.	(2es pers.) λύ ε.	λύ ω (ης).	λύ οιμι.	λύ ειν.	λύ ων.
FUT. AOR.	λύ σω(σεις) ἔ λυ σα.	λῦ σον.	λύ σω (σης).	λύ σοιμι. λύ σαιμι.	λύ σειν. λῦ σαι.	λύ σων. λύ σας.
PARF. PL.P.	λέ λυ κα. ἐ λε λύ κειν.	λέ λυ κε.	λε λύ κω.	λε λύ κοιμι.	λε λυ κέναι.	λε λυ κώς.
F.ANT.						

VOIX MOYENNE.

	INDICATIF.	IMPÉR.	SUBJONCTIF.	OPTATIF.	INFINITIF.	PARTICIPES.
PRÉS. IMP.	λύ ομαι. ἐ λυ όμην.	(2es pers.) λύ ου.	λύ ωμαι.	λυ οιμην.	λύ εσθαι.	λυ όμενος.
FUT. AOR.	λύ σομαι. ἐ λυ σάμην.	λῦ σαι.	λύ σωμαι.	λυ σοίμην. λυ σαίμην.	λύ σεσθαι. λύ σασθαι.	λυ σόμενος. λυ σάμενος.
PARF. PL.P.	λέ λυ μαι. ἐ λε λύ μην.	λέ λυ σο.	λε λυ μένος ὦ.	εἴην.	λε λύ σθαι.	λε λυ μένος.
F.ANT.	λε λύ σομαι.			λε λύ σοίμην.	λε λύ σεσθαι.	λε λυ σόμενος.

VOIX PASSIVE.

Le Présent, l'Imparfait, le Parfait, le Plus-que-parfait, le Futur antérieur,
comme à la *Voix moyenne*.

	INDICATIF.	IMPÉR.	SUBJONCTIF.	OPTATIF.	INFINITIF.	PARTICIPES
FUT.	λυθ ήσομαι.			λυθ ησοίμην.	λυθ ήσεσθαι.	λυθ ησόμενος.
AOR.	ἐ λύθ ην.	λύθ ητι.	λυθ ῶ.	λυθ είην.	λυθ ῆναι.	λυθ είς.

Déclinaison de ὁ Ἀστυάγης.

(Voir 1re partie, page 10.)

G. τοῦ Ἀστυαγοῦς, D. τῷ Ἀστυάγει, A. τὸν Ἀστυάγην.

Remarquez cet accusatif qui a lieu comme si le nom était de la première déclinaison.

...ὁ Κῦρος ἔγνω τὸν Ἀστυάγην ὄντα τῆς μητρὸς πατέρα.

———

Déclinaison de ἡ πόλις.

G. τῆς πόλεως, D. τῇ πόλει, A. τὴν πόλιν, Pl. N. V. A. πόλεις, G. τῶν πόλεων, D. ταῖς πόλεσι. Pl, N. V. A. πόλεε. G. D. πόλεῳν.

Déclinez de même ἡ φύσις, la nature, le caractère, etc.

16e LEÇON.

Κατεφίλησεν αὐτόν. — Ὁ Ἀστυάγης ἐτίμα ἐκόσμει αὐτόν. == Ὁ μῦθος δηλοῖ.

Nous avons vu dans la conjugaison de λύω, le radical λυ rester toujours invariable; il en est de même du verbe παίω, *frapper*, et du verbe παίδευω, *j'instruis*, et en général de tous les verbes qui, avant la terminaison ω, ont un ι, un υ, ou une diphthongue.

Mais quand cette terminaison est précédée d'une des trois voyelles α, ε, ο, comme dans les verbes φιλέω, *aimer*, τιμάω, *honorer*, δηλόω, *montrer*, la voyelle du radical se contracte avec celle de la terminaison dans tous les modes du *présent* et de l'*imparfait*.

Ainsi au lieu de φιλέω, on dit φιλῶ; pour τιμάω, on dit τιμῶ; pour δηλόω, δηλῶ.

Ces verbes se nomment ou *circonflexes*, ou *contractes*. La contraction n'a lieu qu'au présent et à l'imparfait.

Au futur et au parfait ces verbes changent souvent ε et α en η, et ο en ω. Exemples :

PRÉSENT.	FUTUR.	PARFAIT.
φιλέω,	φιλήσω,	πεφίληκα.
τιμάω,	τιμήσω,	τετίμηκα.
δηλόω,	δηλώσω,	δεδήλωκα.

Mais ceci comporte des exceptions.

Les temps autres que le *présent* et l'*imparfait* se conjuguent comme λύω.

CONJUGAISON DES VERBES CONTRACTES.

———

EN ΕΩ: ΦΙΛΕΩ, J'AIME.

INDICATIF.	IMPÉRATIF.	SUBJONCTIF.	OPTATIF.	INF.	PARTICIP.
ACTIF AVANT LA CONTRACTION.					
έω, έεις, έει.	έε, εέτω.	έω, έῃς, έῃ.	έοιμι, έοις, έοι.	έειν.	έων, έοντος.
έομεν, έετε, έουσι.	έετε, εέτωσαν.	έωμεν, έητε, έωσί.	έο μεν, έοιτε, έοιεν.		έουσα, εούσης.
έετον, έετον.	έετον, εέτων.		έητον, έητον.		έοιτον, εοίτην.	έον, έοντος.
εον, εες, εε.					
έομεν, έετε, εον.					
έετον, εέτην.					
MOYEN OU PASSIF AVANT LA CONTRACTION.					
έομαι, έῃ, έεται.	έου, εέσθω.	έωμαι, έῃ, έηται.	εοίμην, έοιο, έοιτο.	έεσθαι.	εόμενος, ου.
εόμεθα, έεσθε, έονται.	έεσθε, εέσθωσαν.	εώμεθα, έησθε, έωνται.	εοίμεθα, έοισθε, έοιντο.		εόμενος, ης.
εόμεθον, έεσθον, έεσθον.	έεσθον, εέσθων.	εώμεθον, έησθον, έησθον.	εοίμεθον, έοισθον, εοίσθην.		εόμενον, ου.
εόμην, έου, έετο.					
εόμεθα, έεσθε, έοντο.					
εόμεθον, έεσθον, εέσθην.					

INDICATIF.	IMPÉRATIF.	SUBJONCTIF.	OPTATIF.	INF.	PARTIC

ACTIF APRÈS LA CONTRACTION.

φιλ	ῶ, εῖς, εῖ. οῦμεν, εῖτε, οῦσι. εῖτον, εῖτον.	εἶ, εἵτω. εῖτε, εἰτώσαν. εῖτον, εῖτων.	ῶ, ῇς, ῇ. ῶμεν, ῆτε, ῶσι. ῆτον, ῆτον.	οἶμι, οἷς, οἷ. οἶμεν, οἶτε, οἶεν. οἴτον, οἴτην.	εἶν. οὖ.
ἐ φιλ	οῦν, εἰς, εἰ. οὐμεν· εῖτε, ουν. εῖτον, εἴτην.				

MOYEN OU PASSIF APRÈS LA CONTRACTION.

φιλ	οῦμαι, ῇ, εῖται. οὐμεθα, εῖσθε, οῦνται. οὐμεθον, εῖσθον, εῖσθον.	οῦ, εἰσθω. εῖσθε, εἰσθωσαν. εῖσθον, εῖσθων.	ῶμαι, ῇ, ῆται. ὠμεθα, ῆσθε, ῶνται. ὠμεθον, ῆσθον, ῆσθον.	οἴμην, οἷο, οἷτο. οἴμεθα, οἶσθε, οἶντο. οἴμεθον, οἶσθον, οἴσθην.	εἶσθαι.	οὐμενος, οὐμενη, οὐμενον.
ἐ φιλ	οὐμην, οῦ, εῖτο. οὐμεθα, εῖσθε, οῦντο. οὐμεθον, εῖσθον, εἰσθην.				

EN ΑΩ: ΤΙΜΑΩ, J'HONORE.

INDICATIF.	IMPÉRATIF.	SUBJONCTIF.	OPTATIF.	INF.	PARTIC

ACTIF AVANT LA CONTRACTION.

τιμ	άω, άεις, άει. άομεν, άετε, άουσι. άετον, άετον.	αε, αέτω. άετε, αέτωσαν. άετον, αέτων.	άω, άης, άη. άωμεν, άητε, άωσι. άητον, άητον.	άοιμι, άοις, άοι. άοιμεν, άοιτε, άοιεν. άοιτον, άοίτην.	άειν.	άων.
ἐ τιμ	αον, αες, αε. άομεν, άετε, αου. άετον, αέτην.				

MOYEN OU PASSIF AVANT LA CONTRACTION.

τιμ	άομαι, άη, άεται. άομεθα, άεσθε, άονται. άομεθον, άεσθον, άεσθον.	άου, αέσθω. άεσθε, αέσθωσαν. άεσθον, αέσθων.	άωμαι, άη, άηται. άωμεθα, άησθε, άωνται. άωμεθον, άησθον, άησθον.	αοίμην, άοιο, άοιτο. αοίμεθα, άοισθε, άοισθον. αοίμεθον, άοισθον, αοίσθην.	άεσθαι.	αόμενος, αόμενη, αόμενον.
ἐ τιμ	αόμην, άου, άετο. αόμεθα, άεσθε, άοντο. αόμεθον, άεσθον, αέσθην.				

ACTIF APRÈS LA CONTRACTION.

τιμ	ῶ, ᾷς, ᾷ. ῶμεν, ᾶτε, ῶσι. ᾶτον, ᾶτον.	α, άτω. ᾶτε, άτωσαν. ᾶτον, άτων.	ῶ, ᾷς, ᾷ. ῶμεν, ᾶτέ, ῶσι. ᾶτον, ᾶτον.	ῶμι, ῷς, ῷ. ῷμεν, ῷτε, ῷεν. ῷτον, ῷτην	ᾷν.	ῶν. ῶσα. ῶν.
ἐ τιμ	ων, ας, α. ῶμεν, ᾶτε, ων. ᾶτον, ᾶτην.				

MOYEN OU PASSIF APRÈS LA CONTRACTION.

τιμ	ῶμαι, ᾷ, ᾶται. ὤμεθα, ᾶσθε, ῶνται. ὤμεθον, ᾶσθον, ᾶσθον.	ω, άσθω. ᾶσθε, άσθωσαν. ᾶσθον, άσθων.	ῶμαι, ᾷ, ᾶται. ὤμεθα, ᾶσθε, ῶνται. ὤμεθον, ᾶσθον, ᾶσθον.	ῷμην, ῷο, ῷτο. ῷμεθα, ῷσθε, ῷντο. ῷμεθον, ῷσθον, ῷσθην.	ᾶσθαι.	ώμενος, ωμένη, ώμενον.
ἐ τιμ	ώμην, ῶ, ᾶτο. ὤμεθα, ᾶσθε, ῶντο. ὤμεθον, ᾶσθον, άσθην.				

ΕΝ όω; ΔΗΛόω, JE MONTRE.

INDICATIF.	IMPÉRATIF.	SUBJONCTIF.	OPTATIF.	INF.	PARTICIP.

ACTIF AVANT LA CONTRACTION.

INDICATIF.	IMPÉRATIF.	SUBJONCTIF.	OPTATIF.	INF.	PARTICIP.
όω, όεις, όει.	όε, οέτω.	όω, όης, όη.	όοιμι, όοις, όοι.		όων, όοντος.
όομεν, όετε, όουσι.	όετε, οέτωσαν.	όωμεν, όητε, όωσι.	όοιμεν, όοιτε, όοιεν.	όειν.	όουσα, οούσης.
όετον, όετον.	όετον, οέτων.	όητον, οητον.	όοιτον, οοίτην.		όον, όοντος.
όου, όει, όε.					
όομεν, όετε, οον.					
όετον, οέτην.					

MOYEN OU PASSIF AVANT LA CONTRACTION.

INDICATIF.	IMPÉRATIF.	SUBJONCTIF.	OPTATIF.	INF.	PARTICIP.
όομαι, όη, όεται.	όου, οέσθω.	όωμαι, όη, όηται.	οοίμην, όοιο, όοιτο.		οόμενος, ου.
οόμεθα, όεσθε, όονται.	όεσθε, οέσθωσαν.	οώμεθα, όησθε, όωνται.	οοίμεθα, όοισθε, όοιντο.	όεσθαι.	οομέμη, ης.
οόμεθον, όεσθον, όεσθον.	όεσθον, οέσθων.	οώμεθον, όησθον, όησθον.	οοίμεθον, όοισθον, οοίσθην.		οόμενον, ου.
οόμην, όου, όετο.					
οόμεθα, όεσθε, όοντο.					
οόμεθον, όεσθον, όεσθον.					

ACTIF APRÈS LA CONTRACTION.

INDICATIF.	IMPÉRATIF.	SUBJONCTIF.	OPTATIF.	INF.	PARTICIP.
ῶ, οῖς, οῖ.	ου, ούτω.	ῶ, οῖς, οῖ.	οῖμι, οῖς, οῖ.		ῶν, οῦντος.
οῦμεν, οῦτε, οῦσι.	οῦτε, ούτωσαν.	ῶμεν, ῶτε, ῶσι.	οῖμεν, οῖτε, οῖεν.	οῦν.	οῦσα, ούσης.
οῦτον, οῦτον.	οῦτον, ούτων.	ῶτον, ῶτον.	οῖτον, οίτην.		οῦν, οῦντος.
ουν, οῖς, ου.					
οῦμεν, οῦτε, ουν.					
οῦτον, ούτην.					

MOYEN OU PASSIF APRÈS LA CONTRACTION.

INDICATIF.	IMPÉRATIF.	SUBJONCTIF.	OPTATIF.	INF.	PARTICIP.
οῦμαι, οῖ, οῦται.	οῦ, ούσθω.	ῶμαι, οῖ, ῶται.	οίμην, οῖο, οῖτο.		ούμενος, ου.
ούμεθα, οῦσθε, οῦνται.	οῦσθε, ουσθώσαν.	ώμεθα, ῶσθε, ῶνται.	οίμεθα, οῖσθε, οῖντο.	οῦσθαι.	ουμένη, ης.
ούμεθον, οῦσθον, οῦσθον.	οῦσθον, ούσθων.	ώμεθον, ῶσθον, ῶσθον.	οίμεθον, οῖσθον, οίσθην.		ούμενον, ου.
ούμην, οῦ, οῦτο.					
ούμεθα, οῦσθε, οῦντο.					
ούμεθον, οῦσθον, ούσθην.					

RÈGLES DES CONTRACTIONS.

VERBES EN Έω.	VERBES EN Άω.	VERBES EN Όω.
ε se retranche devant une voyelle ou une diphthongue.	αο, αω, αου. . . . . ω.	οε, οο, οου. . . . . ου.
	αοι. . . . . ῳ.	οη, οω. . . . . ω.
εε. . . . . ει.	αε, αη. . . . . α.	οη, οει, οοι. . . . . οι.
εο. . . . . ου.	αει, αη. . . . . ᾳ.	όειν, infinitif. . . . . . οῦν.

REMARQUES SUR LES VERBES CONTRACTES.

ΦΙΛΕΩ͂, ῶ.

Conjuguez sur φιλέω : ποιέω, *faire*, que nous avons vu dans la phrase : ποίησον με ὡς ἕνα τῶν μισθίων σου. — A quel temps et à quel mode est ποίησον ?

PRÉSENT.—OPTATIF DE ΦΙΛΩ͂.

Au lieu de l'optatif φιλοῖμι, les Attiques disent φιλοίην, φιλοίης, φιλοίη; mais la troisième personne du pluriel est toujours φιλοῖεν et non φιλοίησαν.

Les deux autres φιλοίημεν, φιλοίητε sont à peu près inusitées.

PRÉSENT.— IMPÉRATIF DE ΦΙΛΟΥ͂ΜΑΙ : ΦΙΛΟΥ͂.

Ne confondez pas cet impératif φιλοῦ avec φίλου génitif singulier de φίλος, *ami*.

Conjuguez encore sur φιλέω, ἐπιθύμεω, *désirer*, imparfait : ἐπεθύμεον, εες, εε qui se contractent en ἐπεθύμουν, εῖς, εῖ. De même encore le verbe παρακαλέω, imparfait troisième personne du singulier, après la contraction : παρέκαλει, etc.

ΤΙΜΑΩ, ῶ.

Remarquez la première personne du singulier et la troisième du pluriel de l'imparfait, qui, par la contraction d'αο en ω, se terminent en ων.

Remarquez aussi le participe neutre τιμάον qui, par la même contraction, devient τιμῶν, comme le masculin.

17ᵉ LEÇON.

Questions grammaticales.

Sur la voix active.

De quel temps se forme l'*imparfait* et comment se forme-t-il ?

Quelle est la terminaison du *futur* ?

D'où et comment se forme l'*aoriste* ?

Quelle est la lettre caractéristique du futur et de l'aoriste ?

Comment se forme le *parfait* et quelle est sa terminaison ?

Comment et de quel temps se forme le *plus-que-parfait* ?

Comment se forme le *présent-impératif* ?

Quelle est la terminaison de l'*aoriste-impératif* ?

Qu'avez-vous remarqué sur la forme du *parfait-impératif* ?

Quelles sont les terminaisons du *subjonctif* à tous les temps ?

Comment se forme l'*optatif* du présent du futur et du parfait ?

Quelles sont les diverses terminaisons de l'*infinitif* ? du *participe* ?

Traduisez quelques temps du verbe λύω, *je délie* ?

Vous déliez ; déliez tous deux ; que je délie ; tu déliais ; il déliera ; que nous déliassions ; que vous dussiez délier ; ayant délié (aoriste) ; ayant délié (parfait) ; avoir délié (aoriste) ; que j'aie délié (parfait) ; que tu aies délié (aoriste) ; qu'ils aient délié tous deux (parfait) ; il a délié ; aie délié (parfait) ; j'avais délié ; que j'eusse délié (parfait) ; ayez délié (parfait) ; qu'ils eussent délié (aoriste) ; nous déliions ; déliant ; que je déliasse ; qu'ils délient ; ils délient ; que vous eussiez délié (aoriste) ; nous avions délié ; ils ont délié tous deux ; ils avaient délié tous deux.

Quels temps se terminent en ω, εις, ει, ομεν, ετε, ουσι ?

Quel mode désigne ω, ῃς, ῃ, ωμεν, ητε, ωσι ?

A quels temps appartiennent α, ας, ε, αμεν, ατε ?

A quels temps et à quels modes —oιμι, οις, οι ? — ε, ετω, ετε, ετωσαν ?

A quels temps —— ον, ες ? — εἰν, ειμεν, εισαν ?

Sur la voix moyenne.

Comment se forment les temps principaux dans la voix moyenne ?

Comment se forment les temps secondaires ?

Quelle est la terminaison, à l'indicatif, des temps principaux dans la voix moyenne ?

Quelle est la terminaison, à l'indicatif, des ~~ips~~ secondaires?

Traduisez quelques temps de la ~~ix~~ moyenne, au présent λύομαι, *je e délie* ?

~~I~~ls se délient; délie-toi ; que nous nous ~~t~~ions ; que tu te déliasses; se déliant ; ~~'i~~ls se délient (impératif) ; se délier. Nous nous délions ; déliez - vous tous ~~u~~x; ils se délient ; vous vous déliez; ils se ~~t~~iaient ; tu te délieras ; qu'il se dût dé-~~r~~ ; tu te délias; devoir se délier; s'être dé-~~;~~ je me déliai ; délie-toi ; que tu te sois ~~t~~ié (aoriste); que tu te sois délié (parfait); ~~m~~e suis délié ; s'être délié (aoriste); s'être ~~t~~ié (parfait); sois t'étant délié ; tu t'étais ~~t~~ié; je me serai délié ; avoir dû s'être dé-~~;~~ que nous eussions dû nous être déliés; ~~v~~ant se délier ; ils se délieront tous deux ; ~~ant~~ dû s'être délié, etc.

Sur la voix passive.

Quels sont les temps du passif qui sont ~~mm~~uns avec la voix moyenne? En conséquence que signifie λύομαι, ἐλυ-~~η~~ν, etc ? Quels sont les temps dans lesquels la voix ~~s~~sive diffère de la voix moyenne ? Quelle est la lettre caractéristique de ces ~~u~~x temps ?

Traduisez en grec quelques modes ~~s~~ deux temps particuliers à la voix ~~s~~sive ?

Je serai délié ; devant être délié ; ayant ~~t~~ délié ; devoir être délié ; que tu aies été ~~t~~ié (aoriste) ; nous fûmes déliés ; sois délié ; ~~'i~~ls soient déliés ; que nous dussions être ~~t~~iés ; nous serons déliés ; vous serez déliés ~~s~~ deux ; avoir été délié, etc. — Quelle différence avez-vous remarqué ~~t~~re la forme du futur moyen et du futur ~~s~~sif ?

Sur les verbes contractes.

Quels sont les verbes qui se contractent?

Comment se nomment encore les verbes contractes?

Quelles voyelles se contractent dans ces verbes?

Comment φιλέω fait-il au futur et au parfait?

Comment τιμάω fait-il au futur et au parfait?

Comment δηλόω fait-il au futur et au parfait?

Dans quels temps seulement ces verbes ont-ils la contraction?

Comment se conjuguent-ils aux autres temps?

Traduisez quelques modes du verbe actif φιλέω, après la contraction?

Le présent-indicatif, l'imparfait, le présent-impératif, etc. ?

Traduisez quelques modes du verbe passif ou moyen φιλέομαι, après la contraction?

Le présent-subjonctif, l'optatif, le participe, l'imparfait, etc.?
(S'exercer de même sur les verbes τιμάω et δηλόω).
Comment se contractent εε — εο ?
Comment se contractent αο — αω — αου — αοι — αε — αη — αει — αη ?
Comment se contractent οε — οο — οου? — οη — οω? — οη — οει — οοι ? οειν, infinitif?

Grammaire.

Nous n'avons parlé jusqu'à présent que des verbes qui, comme λύω, ont avant la terminaison une voyelle, ou bien une diphthongue, comme παιδεύω.

Mais il y a quelques observations à présenter sur ceux qui, comme λέγω, *je dis* ; πέμπω, *j'envois*, etc., ont une consonne avant la terminaison.

1° Des verbes en γω, κω, χω — βω, πω, φω, πτω.

EXEMPLES :

	le futur.	aoriste.
σκάπτω, je bêche,	(σκαπσω), fera σκάψω,	ἔσκαψα*

* Κατέσκαψαν την τῆς ἀμπέλου γῆν.

κρύπτω, je cache, κρύπσω, κρύψω, ἔκρυψα.
λέγω, je dis, λέγσω, λέξω, ἔλεξα.
γράφω, j'écris, γράφσω, γράψω, ἔγραψα.

Parce que σ combiné avec 6, π, φ, forme un ψ, et avec γ, κ, χ, forme un ξ.

RÈGLES.

1° Donc tout verbe qui a au radical * β, ou π, ou φ, fait le futur en ψω.

2° Tout verbe qui a au radical γ, ou κ, ou χ, fait le futur en ξω.

5° Et enfin les verbes qui, comme ᾄδω, je chante**, ont une dentale (δ, τ, θ), font le futur en σω : ᾄδω, ᾄσω.

Remarquez que si le radical a, comme τύπτω, un τ après le π, ce τ disparaît au futur. — Pour former le futur et l'aoriste moyen de ces verbes, il n'y a point de difficultés : τύψω, τύψομαι; ἔλεξα, ἐλεξάμην.

Mais pour former le futur passif de ces mêmes verbes, si nous changeons la terminaison σω en θήσομαι; τύπτω (τύπσω), nous donnera τυπθήσομαι; λέξω (λέγσω) λεγθήσομαι. Mais l'aspirée θ veut toujours une aspirée devant elle; on changera donc π en φ, γ en χ, et l'on aura τυφθήσομαι, λεχθήσομαι. Il résulte de là que :

RÈGLES.

1° Tout verbe qui a au radical un β, un π ou un φ fait le futur passif en φθήσομαι; et réciproquement si vous rencontrez une terminaison en φθήσομαι, vous pouvez remonter à un présent soit en βω, en πω, ou en φω ou en πτω.

---

* Voir le tableau des consonnes muettes, page 6.
** Nous ne parlons de ces règles à mes Cours, qu'à mesure que les textes que nous traduisons nous fournissent des exemples de leur application.

2° De même tout verbe en γω, κω, χω fait futur passif en χθήσομαι.

Et enfin tout verbe en δω, τω, θω fait le futur passif en σθήσομαι.

Comme l'aoriste se forme du futur en changeant θήσομαι en θην, les aoristes seront en φθην, χθην et σθην.

Examinons maintenant comment ces mêmes verbes forment leurs parfait et plus-que-parfait actifs.

Le parfait, avons-nous dit page 33, se forme en changeant σω du futur en κα : λύω, λύσω, λέλυκα.

Mais 1° tout verbe qui a le futur en ψω, a parfait en φα;

2° Tout verbe qui a le futur en ξω, a le parfait en χα;

5° Tout verbe ayant le futur en σω, a le parfait en κα.

Ainsi : τύψω, τέτυφα : λέξω, λέλεχα, etc.

Dans ces verbes le plus-que-parfait se forme suivant la règle en changeant α en ειν, τέτυφα ἐτετύφειν, etc.

Du Parfait et Plus-que-parfait passif de mêmes verbes.

1° Tout verbe qui a le parfait actif en φα (τύφα), a le parfait passif en μμαι (τέτυμμαι).

2° Tout verbe qui a le parfait actif en χα (λέχα), a le parfait passif en γμαι (λέλεγμαι).

3° Tout verbe ayant au présent un δ, τ, θ, et a le parfait actif en κα, fait en σμαι, le parfait passif.

Suivant la règle ordinaire, les plus-que-parfaits se forment en changeant μαι du parfait en μην.

Ces temps se conjuguent de la manière suivante :

Parfait passif en μμαι, *de* τύπτω, *frapper.*

	PARFAIT.	PLUSQUE-PARFAIT.
INDICATIF.	S. 1 p. τέτυμμαι, 2 p. τέτυψαι, 3 p. τέτυπται; P. 1 p. τετύμμεθα, 2 p. τέτυφθε, 3 p. τετυμμένοι εἰσί; D. 1 p. τετύμμεθον, 2 p. τέτυφθον, 3 p. τέτυφθον.	ἐτετύμμην, ἐτέτυψο, ἐτέτυπτο; ἐτετύμμεθα, ἐτέτυφθε, τετυμμένοι ἦσαν; ἐτετύμμεθον, ἐτέτυφθον, ἐτετύφθην.
IMPÉRATIF.	S. τέτυψο, τετύφθω, P. τέτυφθε, τετύφθωσαν, D. τέτυφθον, τετύφθων.	
SUBJONCTIF. OPTATIF. INFINITIF. PARTICIPE.	τετυμμένος, ὦ, ᾖς, ᾖ, etc. τετυμμένος, εἴην, εἴης, εἴη, etc. τετύφθαι. τετυμμένος, μένη, μένον.	

Ainsi se conjugue: ἅπτω, *attacher,* ἅψω, ἦφα, ἦμμαι, etc.

———

Parfait passif en γμαι, *de* λέγω, *dire.*

	PARFAIT.	PLUSQUE-PARFAIT.
INDICATIF.	S. 1 p. λέλεγμαι, 2 p. λέλεξαι, 3 p. λέλεκται; P. 1 p. λελέγμεθα, 2 p. λελεχθε, 3 p. λελεγμένοι εἰσί; D. 1 p. λελέγμεθον, 2 p. λέλεχθον, 3 p. λέλεχθον.	ἐλελέγμην, ἐλέλεξο, ἐλέλεκτο; ἐλελέγμεθα, ἐλέλεχθε, λελεγμένοι ἦσαν; ἐλελέγμεθον, ἐλέλεχθον, ἐλελέχθην.
IMPÉRATIF.	S. λέλεξο, λελέχθω, P. λέλεχθε, λελέχθωσαν, D. λέλεχθον, λελέχθων.	
SUBJONCTIF. OPTATIF. INFINITIF. PARTICIPE.	λελεγμένος ὦ, ᾖς, ᾖ, etc. λελεγμένος εἴην, εἴης, εἴη, etc. λελέχθαι. λελεγμένος, μένη, μένον.	

Quant aux *parfaits passifs* en σμαι, voici le modèle de leur conjugaison : car ils se conjuguent tous comme ἤκουσμαι.

	PARFAIT.	PLUS-QUE-PARFAIT.
	j'ai été, *ou* je suis entendu.	j'avais été, *ou* j'étais entendu.
INDICATIF.	S. 1 p. ἤκουσμαι,	ἠκούσμην,
	2 p. ἤκουσαι,	ἤκουσο,
	3 p. ἤκουσται;	ἤκουστο;
	P. 1 p. ἠκούσμεθα,	ἠκούσμεθα,
	2 p. ἤκουσθε,	ἤκουσθε,
	3 p. ἠκουσμένοι εἰσί;	ἠκουσμένοι ἦσαν;
	D. 1 p. ἠκούσμεθον,	ἠκούσμεθον,
	2 p. ἤκουσθον,	ἤκουσθον,
	3 p. ἤκουσθον.	ἠκούσθην.
IMPÉRATIF.	S. ἤκουσο, ἠκούσθω,	
	P. ἤκουσθε, ἠκούσθωσαν,	
	D. ἤκουσθον, ἠκούσθων.	
SUBJONCTIF.	ἠκουσμένος ὦ, ᾖς, ᾖ, etc.	
OPTATIF.	ἠκουσμένος εἴην, εἴης, εἴη, etc.	
INFINITIF.	ἠκοῦσθαι.	
PARTICIPE.	ἠκουσμένος, μένη, μένον.	

18ᵉ LEÇON.

Questions grammaticales.

Comment font au futur actif les verbes qui ont le présent en βω, πω*, φω?

Comment ces mêmes verbes font-ils à l'aoriste?

Comment font au futur actif les verbes qui se terminent au présent en γω, κω, χω?

Comment ces mêmes verbes font-ils à l'aoriste?

Comment font au futur actif les verbes qui, au présent, se terminent en δω, τω, θω?

Comment ces mêmes verbes font-ils à l'aoriste?

Comment les verbes en βω, πω, φω font-ils le futur passif?

Quel est le futur passif des verbes en γω, κω et χω?

Quel est le futur passif des verbes en δω, τω, θω?

Comment se forme le futur moyen de tous ces verbes précédés d'une muette?

— Et l'aoriste moyen?

Comment tout verbe ayant le futur en ψω fait-il le parfait actif?

Quel est le parfait actif de tout verbe qui a le futur en ξω?

Quel est le parfait actif de tout verbe qui a le futur en σω?

Quel est le parfait passif de tout verbe faisant le parfait actif en φα?

Quel est le parfait passif de tout verbe faisant le parfait actif en χα?

Quel est le parfait passif de tout verbe qui, ayant au présent un δ, un τ, ou un θ, fait le parfait actif en κα?

Conjuguez un *parfait passif* en μμαι?

Conjuguez un *parfait passif* en γμαι?

Conjuguez un *parfait passif* en σμαι?

Conjuguez un *Plus-que-parfait en* μμην—γμην—σμην?

Grammaire.

Futur, aoriste et parfait seconds.

Nous avons vu jusqu'à présent les futurs se terminer en σω, les aoristes en σα, et les parfaits en κα.

---

* Et πτω, comme τύπτω, futur τύψω. On sait que dans la formation du futur, le τ disparaît.

Outre cette forme, quelques verbes ont encore :

(*Exemple* : Soit le verbe τύπτω.)

Des futurs terminés en εω, ῶ, τυπέω, τυπῶ; des aoristes terminés en ον, ἔτυπον; et des parfaits terminés en α, τέτυπα.

Ces trois dernières formes s'appellent *Futur second*, *Aoriste second* et *Parfait second*.

Ces formes ont la même signification que celles déjà connues. Nous en avons eu plusieurs exemples :

Καὶ ἐρῶ[1] αὐτῷ. — Ἀναστὰς ἦλθε[2]. — Δραμὼν[3] ἐπέπεσε[4]. — Ἥμαρτον[5] εἰς τὸν οὐρανόν. — Ὑγιαίνοντα ἀπέλαβε[6] — Ἀπολωλῶς ἦν,[7] etc.

Les aoristes seconds se trouvent particulièrement dans quelques verbes à forme allongée, comme ἁμαρτάνω, λαμβάνω; aoriste second, ἥμαρτον, ἔλαβον.

Dans quelques verbes qui ont au présent deux consonnes : πίπτω, *je tombe*; aoriste second, ἐπέσον.

On peut, en général, établir les principes suivants : 1° Le futur second *actif et moyen* est très peu usité; 2° très peu de verbes ont à la fois un aoriste premier et un aoriste second *actifs* (Ils se suppléent l'un à l'autre); 3° l'aoriste second passif, au contraire, existe assez souvent, dans un même verbe, avec l'aoriste premier en φθην ou en χθην. Ainsi le verbe κρύπτω, *je cache*, a au passif tout à la fois l'aoriste premier ἐκρύφθην, et l'aoriste second ἐκρύβην, *je fus caché*.

L'usage ici, comme à peu près dans tout le reste, est le seul guide auquel il faille recourir.

Le futur second actif se compose, 1° du radical; 2° de la terminaison εω, ῶ, représentant ἔσω, *je serai*. Τύπτω, futur second, τυπέω, ῶ.

Le futur second se conjugue comme φιλέω, ῶ, en faisant la contraction à toutes les personnes et à tous les modes.

Le futur second moyen se forme du futur second actif, en changeant εω en έομαι, et faisant la contraction comme dans φιλέομαι. Exemple : Τυπέω, τυπέομαι.

Le futur second passif se forme de celui de l'actif, en changeant εω en ήσομαι : τυπέω, τυπήσομαι.

L'aoriste second actif se forme du futur second, en changeant la terminaison έω, ῶ en ον, et ajoutant l'augment. On peut aussi le déduire directement du présent, en faisant brève la voyelle d'avant la terminaison, ou voyelle du radical : ληβῶ, aoriste second ἔλαβον.

Ce temps se conjugue absolument comme l'imparfait; seulement *il a tous ses modes.*

Indicatif ἔλαβον; impératif λάβε; subjonctif λάβῶ; optatif λάβοιμι; infinitif λάβειν[*]; participe λάβων, οντος [**].

L'aoriste second moyen se forme de celui de l'actif, en changeant ον en όμην : ἔτυπον, *je frappai* ; ἐτυπόμην, *je me frappai.*

Remarques. On voit par les exemples de τύπτω, κρύπτω, etc., que, quand le présent a deux consonnes, le futur et l'aoriste second n'en ont qu'une, τύπτω; τυπῶ, ἔτυπον.

L'aoriste second passif se forme de l'actif, en changeant ον en ην : actif ἔτυπον, *je frappai* ; passif ἐτύπην, *je fus frappé.*

Au θ près, il se conjugue absolument comme l'aoriste premier passif : ἐτυφθην.

Mais plusieurs changent π du présent en 6 : κρύπτω, *cacher*; aoriste second passif : ἐκρύβην.

Quand la terminaison du présent est précédée de la voyelle longue η, on la change en α bref : ληβω (primitif de λαμβάνω, *prendre*), ἔλαβον.

Les verbes de deux syllabes qui ont un ε avant la terminaison le changent quelquefois en α : τρέφω, *nourrir*, ἔτραφον[***].

---

[1] Le verbe εἴρω, *dire*, fait au futur ἐρέω, ἐρῶ.

[2] Le verbe irrégulier ἔρχομαι, *je vais*, fait à l'aoriste 2 ἤλυθον, et par syncope ἦλθον, ες, ε.

[3] Le verbe δρέμω, inusité au présent, fait au futur 2 δραμῶ; aoriste 2 ἔδραμον, participe δραμών.

[4] Ἐπιπίπτω fait à l'aoriste 2 ἐπέπεσον, ες, ε

[5] Ἁμαρτάνω fait à l'aoriste 2, ἥμαρτον, ες, etc.

[6] Ἀπολαμβάνω fait à l'aoriste 2, ἐπέλαβον.

[7] Ἀπολέω fait au parfait second ἀπόλωλα, dont le participe est ἀπολώλως.

---

[*] Πεῖραν λαβεῖν τῆς γεωργίας. Remarquez que l'infinitif est toujours marqué d'un accent circonflexe, comme s'il venait de λαβεῖν.

[**] L'aoriste second a beaucoup d'analogie avec l'imparfait; cependant il existe quelquefois avec ce dernier temps (et il est alors facile de le distinguer,) dans les verbes à forme allongée : Ἐμανθάνετε (imparfait) οὐδὲ ἐν ἀλλήλων. — Κατέμαθον (aoriste second) σαφῶς, etc. N'oubliez pas qu'à la différence de l'imparfait, l'aoriste second a tous ses modes.

[***] Συντεθράμμενος *quid?*

Les verbes contractes n'ont ni futur ni aoriste seconds.

Du parfait second. Pour le former, il suffit d'ajouter α au radical : τύπτω (τύπω) fait τέτυπα.

Ce parfait forme, comme l'autre, son plus-que-parfait en ειν.

L'usage seul pourra nous apprendre quels sont les verbes qui ont un parfait second.

Les verbes de deux syllabes qui, comme λέγω, ont un ε au présent, le changent en ο : λέγω, λέλογα; εἴδω, οἶδα.

19e LEÇON.

Questions grammaticales.

Quelle est la seconde forme du *futur*?
de l'*aoriste*?

Quelle est la signification de ces secondes formes?

Dans quels verbes rencontre-t-on particulièrement un *aoriste second*?

Donnez des exemples d'*aoristes* et de *futurs seconds*?

L'aoriste second a-t-il tous ses modes?

A quels temps ressemble l'aoriste second à l'indicatif?

En quoi l'*aoriste second* diffère-t-il de l'imparfait?

Comment se forme le *parfait second* dans les verbes chez lesquels il existe?

Les verbes de deux syllabes qui ont un ε au présent, comment changent-ils cette lettre au *parfait second*?

Comment se forme le *futur second* actif?
le futur second moyen?
le futur second passif?
l'aoriste second actif?
l'aoriste second moyen?
l'aoriste second passif?

Les verbes contractes ont-ils le futur et l'aoriste second?

Le parfait second a-t-il son plusque-parfait, et comment se forme-t-il?

SUITE.

Des verbes en ζω et en σσω, λω, μω, νω, ρω

La plupart des verbes en ζω viennent de p[rimitifs] en ω pur, et, par conséquent font le fu[tur] en σω et le parfait en κα. Le futur, l'aoriste e[t le] parfait passif prennent σ : Νομίζω, futur νομ[ίσω,] parfait νεκόμικα, νενόμισμαι.

Les verbes en σσω semblent aussi venir [de] primitifs en γω et font, par conséquent, le fu[tur] en ξω, et le parfait en χα; πράσσω, *faire*, πρά[ξω,] πέπραχα, πέπραγμαι.

Les Attiques changent en ττω la terminais[on] σσω : ils disent πράττω pour πράσσω, ὀρύτ[τω] pour ὀρύσσω.

Les verbes en σσω, outre le futur en ξω, o[nt] aussi souvent le futur second en γῶ; et quelqu[es] verbes en ζω ont un second futur en δῶ.

Les verbes en λω, μω, νω, ρω n'ont que [la] forme du futur second : κρίνω, *juger*, futur κρι[νῶ,] μένω, *rester*, futur μενῶ, etc.

A l'aoriste premier, l'ε du futur, quand il y a, se change en ει : futur μενῶ, *je resterai*, aoriste ἔμεινα.

Si le présent a deux consonnes, on en retra[n]che une au futur : nous avons vu : βάλλω, fut[ur] βαλῶ.

Si les diphthongues αι ou ει précédent la ter[minaison,] on les abrège en retranchant l'ι : φαί[νω,] *montrer*, futur φανῶ.

Dans cette sorte de verbes le parfait se form[e] du futur en changeant ω en κα : mais dans l[es] verbes de deux syllabes en ίνω, ύνω, le ν se perd : κρίνω, parfait κέκρικα; du futur φανῶ on form[e] le parfait πέφαγκα. Remarquez π pour φ comm[e] redoublement, parce que deux syllabes de sui[te] ne doivent pas commencer par une aspirée, et en suite le changement du ν en γ devant κ, qui [a] toujours lieu devant une gutturale.

Les verbes de deux syllabes en λω et ρω qu[i] ont ε au futur, le changent en α au parfait : στε[λλω,] λω, *envoyer*, futur στελῶ, parfait ἔσταλκα.

---

* Ὠργίσθη καὶ οὐκ ἔθελεν εἰςελθεῖν. Ὠργίσθη est la troi[i]sième pers. sing. de l'aoriste passif de ὀργίζω, *irriter* f. ὀργίσω, P. ὤργικα, aor. pas. ὠργίσθην, P.P. ὤργισμα[ι.] Οἰηθέντες θησαυρὸν κατωρυχθαι. Ce dernier mot es[t] le parfait passif infinitif de ὀρύσσω, part. ὤρυχα; d[es] Attiques, ὀρώρυχα, part. pass. ὀρώρυγμαι, infin. ὀρώ[ρύχθαι.

Ceux en εινω font le parfait comme s'ils venaient l'άω : Τείνω *, *tendre,* futur τενῶ, parfait τέταχα.

Le verbe μένω, *maneo,* fait μεμένηχα.

Il reste maintenant, pour avoir passé en revue les verbes de toutes terminaisons, ceux qui se terminent en ψω et en ξω. Ces verbes, comme l'usage nous l'apprendra, font le futur en ησω.

—

Nous avons vu comment le futur passif se for-

mait du futur actif, en changeant σω en θήσομαι :

Cependant un grand nombre de verbes que l'usage aussi fera connaître, ont un ς avant θήσομαι au futur passif, et avant θην à l'aoriste.

Ἀχούω, *j'entends;* ἀχούσομαι, ἀχουσθήσομαι, ἠχούσθην.

Presque tous les verbes qui ont une voyelle brève ou une diphthongue avant la terminaison prennent ce sigma.

Ces mêmes verbes conservent ce sigma au *parfait passif :* ἤχουσμαι. (*V.* p. 46.)

* διατείνειν τὰς χεῖρας, etc.

TABLEAU
Au moyen duquel on peut remonter d'un temps quelconque au Présent-indicatif.

ACTIF.			PASSIF.		
Présent.	Futur.	Parfait.	Parfait.	Futur.	Aor. 1er.
ω pur,	σω,	χα.	μαι,	θήσομαι,	θην.
ω pur, δω, τω, θω, ζω, (σσω rarement).	σω,	χα.	σμαι,	σθήσομαι,	σθην.
βω, πω, φω, πτω,	ψω,	φα.	μμαι,	φθήσομαι,	φθην.
γω, χω, χω, σχω, σσω, (ζω rarement).	ξω,	χα.	γμαι,	χθήσομαι,	χθην.
λω,	λῶ,	λχα.	λμαι,	λθήσομαι,	λθην.
ρω,	ρῶ,	ρχα.	ρμαι,	ρθήσομαι,	ρθην.
νω,	νῶ,	χα. γχα.	μαι, σμαι,	θήσομαι, νθήσομαι,	θην. νθην.
μω, μνω,	μῶ,	μηχα.	μημαι,	μηθήσομαι,	μήθην.

20e LEÇON.

Questions grammaticales.

Comment les verbes en ζω font-ils généraleent au *futur?* et au parfait?

Quel est le futur des verbes en σσω?

Quel en est le parfait?

Comment les Attiques changent-ils la terminaison σσω?

Quelle est la forme du futur des verbes en λω, μω, νω, ρω?

Comment le verbe μένω fait-il au futur? et à l'aoriste?

Quel est le futur de φαίνω?

7

Quel en est le parfait? Dites le futur de κρίνω? le parfait?

Le futur de τείνω? le parfait?

Quelle est la terminaison du futur dans les verbes en ψω et ξω?

VERBES EN ΜΙ.

Quelques verbes, avons-nous dit, de même qu'εἶμι ont la terminaison μι au présent indicatif. Ces verbes viennent de primitifs contractes en εω, οω, υω, et n'en diffèrent que dans le *présent*, l'*imparfait* et l'*aoriste second*.

Soient les verbes θέω, *poser*; στάω, *établir*; δόω, *donner*; δεικνύω, *montrer*.

Pour former de θέω un verbe en μι, changez, 1° l'ω en μι; 2° l'ε du radical en η, vous aurez θημι. Préposez ensuite un ι, et avant cet ι redoublez la première consonne du présent, et vous aurez τίθημι (τ pour θ, afin de ne pas avoir deux syllabes aspirées de suite).

Pour en former un de στάω, changez de même α en η, στήμι; puis ajoutez ι, ἵστημι. Remarquez ici que quand le radical commence par στ ou πτ, la première consonne ne se redouble point; mais l'ι se marque d'un esprit rude: στάω, ἵστημι.

Pour en former un de δόω, changez l'o en ω, δωμι, et avec l'ι et la première consonne redoublée, δίδωμι.

Ainsi, les verbes en μι, venant d'έω, άω, όω, se forment, 1° en changeant ω en μι, et allongeant la voyelle qui précède; 2° en ajoutant ι au commencement; 3° en mettant devant cet ι la première consonne du radical, pourvu toutefois qu'il ne commence point par στ ou πτ. — Si le radical n'a point de consonne, on ajoute simplement ι: έω, *envoyer*, ἵημι.

De δεικνύω et de tous ceux en ύω, changez seulement ω en μι sans aucun redoublement: δεικνύω, δείκνυμι.

CONJUGAISON

DES VERBES EM MI QUI VIENNENT DE PRIMITIFS EN έω.

τίθΗΜΙ, JE POSE. (θέΩ.)

		INDICATIF.			IMPÉRATIF.		SUBJONCTIF.			OPTATIF.			INF.	PART.
		ACTIF.												
Prés.	τίθ	ημι, εμεν, ετον,	ης, ετε, ετον	ησι. εῖσι.	ετι , ετε, έτον,	έτω. έτωσαν. έτων.	ῶ, ῶμεν,	ῇς, ῆτε, ῆτον,	ῇ. ῶσι. ῆτον.	εἴην, εἴημεν, 	εἴης, εἴητε, ειητον,	εἴη. εἴησαν, ειήτην.	έναι.	εἴς, εῖσα, έν,	ε
Impar.	ἐ τίθ	ην, εμεν, ετον,	ης , ετε, έτην.	η. εσαν.											
Aor. 2.	ἔθ	ην, εμεν, ετον,	ης, ετε, έτην.	η. εσαν. 	θ έτι ou ές, έτε, έτον,	έτω. έτωσαν. έτων.	ῶ, ῶμεν,	ῇς, ῆτε, ῆτον,	ῇ. ῶσι. ῆτον.	εἴην, εἴημεν, 	εἴης, εἴητε, ειητον,	εἴη. εἴησαν. ειήτην.	εἶναι.	εἴς, εῖσα, έν,	ε
		MOYEN ET PASSIF.												
Prés.	τίθ	μαι, μεθα, μεθον,	εσαι εσθε, εσθον,	εται. ενται. εσθον.	εσο, εσθε, εσθον,	έσθω. έσθωσαν. έσθων.	ῶμαι, ώμεθα,	ῇ, ῆσθε, ῆσθον,	ῆται. ῶνται. ῆσθον.	είμην, είμεθα, είμεθον,	εῖο, εῖσθε, εῖσθον,	εῖτο. εῖτο. είσθην.	έσθαι.	έμενος, εμένη, έμενον,	
Impar.	ἐ τίθ	έμην, έμεθα, έμεθον,	εσο, εσθε, εσθον,	ετο. εντο. εσθην.											
Aor. 2.	ἐθ	έμην, έμεθα, έμεθον,	εσο, εσθε, εσθον,	ετο. εντο. εσθην.	θ έσο, έσθε, έσθον,	έσθω. έσθωσαν. έσθων.	ῶμαι, ώμεθα,	ῇ, ῆσθε, ῆσθον,	ῆται. ῶνται. ῆσθον.	είμην, είμεθα, είμεθον,	εῖο, ὶ εῖσθε, εῖσθον,	εῖτο. εῖτο. είσθην.	έσθαι.	έμενος, εμένη, έμενον,	

SUITE DES TEMPS DE τίθημι.

1. ACTIF. FUTUR θήσω; aoriste premier ἔθη-κα; parfait τέθεικα; plus-que-parfait ἐτεθείκειν.

2. MOYEN. FUTUR θήσομαι; aoriste premier ἐθηκάμην; parfait τέθειμαι; plus-que-parfait ἐτεθείμην.

3. PASSIF. FUTUR τεθήσομαι; aoriste premier ἐτέθην.

VERBES QUI VIENNENT DE PRIMITIFS EN ΑΩ.

ἵΣΤΗΜΙ, JE PLACE. (ΣΤΑΩ.)

INDICATIF.	IMPÉRATIF.	SUBJONCTIF.	OPTATIF.	INF.	PARTICIP.
ACTIF.					
ιστ ημι, ης, ησι. / αμεν, ατε, ασι. / ατον, ατον.	αθι, ατω. / ατε, ατωσαν. / ατον, ατων.	ω, ᾖς, ᾖ. / ὦμεν, ᾶτε, ῶσι. / ᾶτον, ᾶτον.	αίην, αιης, αίη, / αίημεν, αιητε, αιησαν. / αιητον, αιητην.	άναι.	άς, άντος. / ᾶσα, άσης. / άν, άντος.
ιστ ην, ης, η. / αμεν, ατε, ασαν. / ατον, άτην.					
εστ ην, ης, η. / ημεν, ητε, ησαν. / ητον, ήτην.	στ ηθι, ήτω. / ῆτε, ήτωσαν. / ῆτον, ήτων.	ω, ᾖς, ῆ. / ὦμεν, ῆτε, ῶσι. / ῆτον, ῆτον.	αίην, αίης, αίη. / αίημεν, αιητε, αιησαν. / αιητον, αιητην.	ῆναι.	άς, άντος. / ᾶσα, άσης. / άν, άντος.
MOYEN ET PASSIF.					
ιστ αμαι, ασαι, αται. / άμεθα, ασθε, ανται. / άμεθον, ασθον, ασθον.	ασο, άσθω. / ασθε, άσθωσαν. / ασθον, άσθων.	ῶμαι, ᾷ, ᾶται. / ώμεθα, ᾶσθε, ῶνται. / ώμεθον, ᾶσθον, ᾶσθον.	αίμην, αιο, αιτο. / αιμεθα, αισθε, αιντο. / άμεθον, αισθον, αισθην.	ασθαι.	άμενος, ου. / αμένη, ης. / άμενον, ου.
ιστ άμην, ασο, ατο. / άμεθα, ασθε, αντο. / άμεθον, ασθον, άσθην.					
εστ άμην, ασο, ατο. / άμεθα, ασθε, αντο. / άμεθον, ασθον, άσθην.	στ ασο, άσθω. / άσθε, άσθωσαν. / άσθον, άσθων.	ῶμαι, ῇ, ῆται. / ώμεθα, ῆσθε, ῶνται. / ώμεθον, ῆσθον, ῆσθον.	αίμην, αιο, αιτο. / αιμεθα, αισθε, αιντο. / άμεθον, αισθον, αισθην.	άσθαι.	άμενος, ου. / αμένη ης. / άμενον, ου.

SUITE DES TEMPS DE ἵΣΤΗΜΙ.

1. ACTIF. FUT. στήσω; aor. 1er. ἔστησα; parf. ἔστηκα ou ἔσταχα p.-q.-parf. ἑστήκειν et ἑστάκειν.

2. MOYEN. FUT. 1er. στήσομαι, aor. 1er. ἐστή-σαμεν; parf. ἔσταμαι, plus-que-parf. ἑστάμην.

3. PASSIF. FUT. 1er. σταθήσομαι, aor. 1er. ἐστάθην,

VERBES QUI VIENNENT DE PRIMITIFS EN ΟΩ.

ΔΙΔΩΜΙ, JE DONNE (ΔΟΩ.)

INDICATIF.	IMPÉRATIF.	SUBJONCTIF.	OPTATIF.	INF.	PARTICIP.
ACTIF.					
διδ ωμι, ως, ωσι. / ομεν, οτε, ουσι. / οτον, οτον.	οθι, ότω. / οτε, ότωσαν. / οτον, ότων.	ω, ῷς, ῷ. / ὦμεν, ῶτε, ῶσι. / ῶτον, ῶτον.	οίην, οίης, οίη. / οίημεν, οίητε, οίη. / οίητον, οιήτην.	όναι.	ούς, όντος. / οῦσα, ούσης. / όν, όντος.
διδ ων, ως, ω. / ομεν, οτε, οσαν. / οτον, ότην.					
ἐδ ων, ως, ω. / ομεν, οτε, οσαν. / οτον, ότην.	δ όθι ου δός, ότω. / ότε, ότωσαν. / ότον, ότων.	ω, ῶς, ῷ. / ὦμεν, ῶτε, ῶσι. / ῶτον, ῶτον.	οίην, οίης, οίη. / οίημεν, οίητε, οίησαν. / οίητον, οιήτην.	οῦναι.	ούς, οντος. / οῦσα, ούσης. / όν, όντος.

INDICATIF.	IMPÉRATIF.	SUBJONCTIF.	OPTATIF.	INF.	PARTIC
		MOYEN ET PASSIF.			

		INDICATIF.			IMPÉRATIF.		SUBJONCTIF.			OPTATIF.			INF.	PARTIC.
Prés.	διδ	ομαι, ὁμεθα, ὁμεθον,	οσαι, οσθε, οσθον,	οται. ονται. οσθον.	οσο, οσθε, οσθον,	ὁσθω. ὁσθωσαν. ὁσθων.	ὦμαι, ὡμεθα, ὡμεθον,	ῶ, ῆσθε, ῆσθον,	ῆται. ῶνται ῆσθον.	οἱμην, οἱμεθα, οἱμεθον,	οἱο, οἱσθε, οἱσθον,	οἱτο. οἱντο. οἱσθην.	ὁσθαι.	ὁμενος, ου ὁμένη, ης ὁμενον, ου
Impar.	ἐ διδ	ὁμην, ὁμεθα, ὁμεθον,	οσο, οσθε, οσθον,	οτο, οντο, οσθην.										
Aor. 2.	ἐδ	ὁμην, ὁμεθα, ὁμεθον,	οσο, οσθε, οσθον,	οτο. οντο. οσθην.	δ	οσο, ὁσθε, ὁσθον,	ὁσθω. ὁσθωσαν. ὁσθων.	ὦμαι, ὡμεθα, ὡμεθον,	ῷ, ῆσθε, ῆσθον,	ῆται. ῶνται. ῆσθον.	οἱμην, οἱμεθα, οἱμεθον,	οἱο, οἱσθε, οἱσθον,	οἱτο. οἱντο. οἱσθην.	ὁσθαι.	ὁμενος, ου ὁμένη, ης ὁμενον, ου

SUITE DES TEMPS DE ΔΙΔΩΜΙ.

1. ACTIF. FUTUR δώσω; aoriste premier ἐδωκα; parfait δέδωκα; plus-que-parf. ἐδεδώκειν.
2. MOYEN. FUTUR δώσομαι; aoriste premier ἐδωκάμην; parfait δέδομαι; plus-que-parfait ἐδεδόμην.
3. PASSIF. FUTUR δοθήσομαι; aoriste premier ἐδόθην.

VERBES QUI VIENNENT DE PRIMITIFS EN ΥΩ.

ΔΕΙΚΝΥΜΙ, JE MONTRE. (ΔΕΙΚΝΥΩ.)

		INDICATIF.			IMPÉRATIF.		SUBJONCTIF.	OPTATIF.			INF.	PARTIC.
			ACTIF.									
Prés.	δεικν	υμι, υμεν,	υς, υτε, υτον,	υσι. ῦσι. υτον.	υθι, υτε, υτον,	ὑτω. ὑτωσαν. ὑτων.	MANQUE.	υίην, υίημεν,	υίης, υίητε, υἱητον,	υίη. υίησαν. υἱήτην.	ὑναι	ὑς, ὑσα, ῦν,
Impar.	ἐδεικν	υν, υμεν,	υς, υτε, υτον,	υ. υσαν. υτην.								
Aor. 2.		Les verbes de deux syllabes ne sont usités qu'à l'aor. 2; les verbes poly-syllabiques n'ont point d'aor. 2.										
			MOYEN ET PASSIF.									
Prés.	δεικν	υμαι, ὑμεθα, ὑμεθον,	υσαι, υσθε, υσθον,	υται. υνται. υσθον.	υσο, υσθε, υσθον,	ὑσθω. ὑσθωσαν. ὑσθων.	MANQUE.	MANQUE.			υσθαι.	ὑμενος, ου ὑμένη, ης ὑμενον, ου
Impar.	ἐδεικν	ὑμην, ὑμεθα, ὑμεθον,	υσο, υσθε, υσθον,	υτο. υντο. υσθην.								
Aor. 2.												

REMARQUE.

Souvent le présent et l'imparfait des verbes en μι, se conjuguent comme ceux des verbes contractes; exemple: Ἐδίδοον, ἐδίδουν; impératif δίδοε, δίδου. — Οὐδεὶς ἐδίδου αὐτῷ.

Nous voyons donc que les verbes en μι suivent les règles ordinaires pour la formation des autres temps; ainsi au futur ἵστημι (στάω) fait στήσω; τίθημι (θέω) fait θήσω; δίδωμι (δόω) fait δώσω; δείχνυμι (δείχω) δείξω. Ce n'est que par exception que trois verbes en μι ont leur aoriste premier en χα : ἔθηχα; ἔδωχα; ἧχα, d'ἵημι (ajoutez ἤνεγχα de φέρω).

21ᵉ LEÇON.

VERBES EN MI DÉFECTUEUX OU IRRÉGULIERS.

Nous donnons ici la conjugaison de plusieurs verbes en μι, qu'il est bon d'apprendre, parce qu'ils sont d'un grand usage dans les auteurs.

§ 1ᵉʳ.

Verbe φημί, dérivé de φάω, *dire, affirmer.*

			impératif.	subjonctif.	optatif.	infinitif.	participe.
PRÉSENT.	sing.	1 φημί, je dis.		φῶ, que je dise.	φαίην, je désire	φάναι,	masc.
		2 φής,		φῇς,	φαίης, dire.	dire.	φάς, etc.
		3 φησί (ν).		φῇ.	φαίη.		fém.
	plur.	1 φαμέν,		φῶμεν,	φαίημεν, φαῖμεν,		φάσα, etc.
		2 φατέ,		φῆτε,	φαίητε,		neut.
		3 φασί (ν).		φῶσι (ν).	φαίησαν.		φάν, etc.
	duel.	2 φατόν.		φῆτον,	φαῖεν, éolique.		disant.
		3 —		—	φαίητον, etc.		
IMPARFAIT.	sing.	1 ἔφην, je disais.					
		2 ἔφης, ἔφησθα,	φάθι, dis.				
		3 ἔφη,	φάτω.				
	plur.	1 ἔφαμεν,	*				
		2 ἔφατε,	φάτε,				
		3 ἔφασαν,	φάτωσαν.				
	duel.	2 ἔφατον,	φάτον,				
		3 ἐφάτην.	φάτων.				
	futur.	φήσω.			φήσοιμι.	φήσειν.	φήσων.
	aor. 1ᵉʳ.	ἔφησα.		φήσω, etc.	φήσαιμι, etc.	φῆσαι.	φήσας.
AOR. 2.	sing.	1 ἔφην,			éoliquement.		
		2 ἔφης,	φῆθι,		φήσεια, etc.	φῆναι.	
		3 ἔφη,	φήτω.				
	plur.	1 ἔφημεν,	*				
		2 ἔφητε,	φῆτε,				
		3 ἔφησαν, etc.	φήτωσαν.				
		j'ai dit une fois.	dis une fois.				
AOR. MOY.	sing.	1 ἐφάμην.				φάσθαι.	φάμενος, etc.
		2 ἔφασο.	φάσο,				φάομενος, etc.
		3 ἔφατο, etc.	φάσθω, etc.				poétique.

On doit observer l'accentuation de φάναι, *dire*; φᾶ-ναι avec l'accent circonflexe est l'infinitif de φαίνω, *montrer*.

On voit que la formation de ce verbe est conforme à celle de ἵστημι.

Le singulier de l'imparfait est le même que celui de l'aoriste 2.

L'aoriste 1 φῆσον, de ἔφησα pour l'impératif, est inusité; ainsi que φήνας, participe, aoriste 2, dont le composé ἀποφήνας est très rare.

Quelques anciens grammairiens en donnent la conjugaison complète : φημί, fut. φήσω, parf. πέφηκα, et moy, πέφαμαι, dont l'impér. πέφασο, πεφάσθω, et le part. pass. πεφασμένος.

En poésie, φῆς, φῆ, sans augment, pour ἔφης, ἔφη, ont l'accent circonflexe, ainsi que βῆν, βῆς, βῆ pour ἔβην, ἔβης ἔβη, tandis que φὰν, βὰν, στὰν, syncopés de ἔφησαν, ἔβησαν, ἔστησαν, ont l'accent aigu.

§ 2.

Εἶμι, *aller*, de ἔω, εἴω.

			indicatif.	impératif.	subjonctif.	optatif.	infinitif.	participe.
PRÉSENT ET FUTUR.	sing.	1	εἶμι, je vais.		ἴω,	ἴοιμι,	ἰέναι,	ἰών,
		2	εἶς, εἶ, εἶσθα.	ἴε, εἴ vas.	ἴῃς,	ἴοις,	aller.	οὖσα,
		3	εἶσι (ν).	ἰέτω.	ἴῃ.	ἴοι.		ἰόν.
	plur.	1	ἴμεν,		ἴωμεν,	ἴοιμεν,		allant.
		2	ἴτε,	ἴετε,	ἴητε,	ἴοιτε,		
		3	ἴασι (ν).	ἰέτωσαν.	ἴωσι (ν).	ἴοιεν.		
	duel.	2	ἴτον.	ἴετον,	ἴητον.	ἴοιτον,		
		3	—	ἰέτων.	—	ἰοίτην.		
					que j'aille.	je désire aller.		
IMPARFAIT.	sing.	1	ᾔειν, ᾖα,					
		2	ᾔεις,	ἴθι,				
		3	ᾔει, ᾔιε (ν).	ἴτω.				
	plur.	1	ᾔειμεν,					
		2	ᾔειτε,	ἴτε,				
		3	ᾔεισαν, ou ᾖε-σαν, ᾖσαν.	ἴτωσαν.				
	duel.	2	ᾔειτον,	ἴτον.				
		3	ᾔείτην.	ἴτων.				
			j'allais, etc.	vas unefois.				

L'imparfait εἶν, εἶς, εἶ, ἴμεν, ἴτε, ἴσαν, est poétique. Les prosateurs emploient quelquefois ἤν, ἤς, ἤ, composé de quelque préposition.

Les poètes ont encore l'imparfait et l'aoriste 2 : ἤιον, ou ἤον, ἤες, ἤε, ἤομεν, ἤετε, ἤεσαν, d'où ᾖσαν par syncope.

L'imparfait-indicatif a souvent la signification de l'aoriste, et quelquefois celle du parfait, aussi bien que celle du plus que-parfait.

Les autres modes ont la signification du présent et de l'aoriste, excepté l'infinitif ἰέναι, qui peut avoir la signification du futur, lorsqu'il dépend de verbes qui expriment l'avenir.

Les poètes attiques se servent quelquefois de l'impératif composé ἄπει, ἔξει, va-t'en, sors de là, etc.

Les seuls tems de la voix moyenne sont ἴεμαι pour le présent, et ἰέμην pour l'imparfait, qui sont peu usités.

§ 3.

Verbe ἵημι, *envoyer*, de ἕω, εἵω. — Voix active.

			indicatif.	impératif.	subjonctif.	optatif.	infinitif.	participe.
PRÉSENT.	sing.	1	ἵημι, j'envoie.		ἱῶ, que j'en-	ἱείην, Je désire en-	ἱέναι.	ἱείς.
		2	ἵης,		ἱῇς, voie.	ἱείης, voyer	envoyer.	
		3	ἵησι (ν).		ἱῇ.	ἱείη.		ἱεῖσα.
	plur.	1	ἵεμεν,		ἱῶμεν,	ἱείημεν,		
		2	ἵετε,		ἱῆτε,	ἱείητε,		ἱέν.
		3	ἱᾶσι (ν).		ἱῶσι (ν).	ἱείησαν.		
	duel.	2	ἵετον.		ἱῆτον.	ἱεῖεν, éolique.		
		3	—		—	ἱείητον,		
						ἱειήτην.		
IMPARFAIT.	sing.	1	ἵην, j'envoyais.					
		2	ἵης,	ἵεθι,				
		3	ἵη.	ἱέτω.				
	plur.	1	ἵεμεν,	*				
		2	ἵετε,	ἵετε,				
		3	ἵεσαν.	ἱέτωσαν.				
	duel.	2	ἵετον,	ἵετον,				
		3	ἱέτην.	ἱέτων.				
	futur.		ἥσω.			ἥσοιμι.	ἥσειν, de-	ἥσων,
	aor. 1er.		ἧκα.				voir en-	devant en-
	attique.		ἕηκα.				voyer.	voyer.
AOR. 2.	sing.	1	ἧν, j'envoyai.		ὧ,	εἵην,	εἷναι.	εἵς.
		2	ἧς.	ἕς,	ᾗς,	εἵης,		
		3	ἧ.	ἕτω.	ᾗ.	εἵη.		εἷσα.
	plur.	1	εἷμεν,	*	ὧμεν,	εἵημεν,		
		2	εἷτε,	ἕτε,	ᾗτε,	εἵητε,		ἕν.
		3	εἷσαν.	ἕτωσαν.	ὧσι (ν).	εἵησαν, εἷεν.		
	duel.	2	ἕτον,	ἕτον,	ᾗτον.	εἵητον,		
		3	ἕτην.	ἕτων.	—	εἱήτην.		
	parfait.		εἷκα.	εἷκε,				
	pl. parf.		εἵκειν.	εἱκέτω, etc.		εἵκοιμι.	εἱκέναι.	εἱκώς.

La préposition σύν ajoutée à ce verbe lui donne un sens tout particulier; il signifie *comprendre.*
Συνίημι, fut. συνήσω, aor. 1 συνῆκα, aor. 2 συνῆν, im- pér. aor. 2 σύνες, infin. συνιέναι, part. συνιείς.
Avec l'esprit non aspiré, ἵημι signifie *aller.*

VOIX MOYENNE ET PASSIVE.

PRÉSENT

	indicatif	impératif	subjonctif	optatif	infinitif	participe
sing. 1	ἵεμαι,		ἱῶμαι,	ἱείμην,	ἵεσθαι, être envoyé.	ἱέμενος,
sing. 2	ἵεσαι,		ἱῇ.	ἱεῖο.		
sing. 3	ἵεται.		ἱῆται.	ἱεῖτο.		ἱεμένη.
plur. 1	ἱέμεθα.		ἱώμεθα.	ἱείμεθα.		
plur. 2	ἵεσθε.		ἱῆσθε.	ἱεῖσθε.		
plur. 3	ἵενται.		ἱῶνται.	ἱεῖντο.		ἱέμενον.
duel. 2	ἱέμεθον.			ἱείμεθον.		
duel. 3	ἵεσθον.			ἱείσθον.		étant envoyé.
				ἱείσθην.		

IMPARFAIT

	indicatif	impératif	subjonctif	optatif	infinitif	participe
sing. 1	ἱέμην,					
sing. 2	ἵεσο, ἵου,	ἵου, ἵεσο.				
sing. 3	ἵετο.	ἱέσθω.				
plur. 1	ἱέμεθα,	✳				
plur. 2	ἵεσθε,	ἵεσθε.				
plur. 3	ἵεντο.	ἱέσθωσαν.				
duel.	ἱέμεθον,	✳				
	ἵεσθον,	ἵεσθον.				
	ἱέσθην.	ἱέσθων. sois envoyé.				

	indicatif	impératif	subjonctif	optatif	infinitif	participe
fut. moy.	ἥσομαι.				ἥσεσθαι.	ἡσόμενος.
aor. 1. m.	ἡκάμην.	ἧκαι.	ἥκωμαι.		ἥκασθαι.	ἡκάμενος.
aor. 2. m.	ἥμην.	ἕσο, οὗ.	ὧμαι, ἕωμαι.	ἐθησοίμην.	ἕσθαι.	ἕμενος.
fut. pass.	ἐθήσομαι.			ἐθείην.	ἐθήσεσθαι	ἐθησόμενος.
aor. pass.	ἐθην.	ἐθητι.	ἐθῶ.		ἐθῆναι.	ἐθείς.
parfait.	εἷμαι.				εἷσθαι.	
pl. parf.	εἵμην.	εἷσο.	εἵωμαι.	εἵμην.	εἵσεσθαι.	εἵμενος.
fut. ant.	εἴσομαι.			εἰσοίμην.		εἰσόμενος.

Le parfait εἷμαι, et le pl.-parf. εἵμην, signifient encore *être vêtu*, duquel dérive εἷμα, *vêtement.* —ἵεμαι exprimant *je me porte à quelque chose,* et par extension *je désire*, est poétique. Les prosateurs emploient dans ce sens le composé ἐφίεμαι, ἐφίεσαι; de là ἔφεσις, *désir* : ὥστε ἐφίεσθαι τινος ἔργου πονηροῦ ἢ αἰσχροῦ.

§. 4.

Οἶδα, *savoir,* dérivé de εἴδω.

		indicatif.	impératif.	subjonctif	optatif.	infinitif.	participe.
PARF. SECOND POUR PRÉS.	sing.	οἶδα, je sais. οἶδας, ou οἶσθα. οἶδε (ν).	* ἴσθι. ἴστω. *	εἰδῶ. εἰδῇς. εἰδῇ. εἰδῶμεν.	εἰδείην. εἰδείης. εἰδείη. εἰδείημεν.	εἰδέναι, savoir.	εἰδώς. εἰδυῖα.
	plur.	ἴσμεν. ἴστε. ἴσασι (ν).	ἴστε. ἴστωσαν. ἴστον.	εἰδῆτε. εἰδῶσι (ν).	εἰδείητε. εἰδείησαν. εἰδεῖεν.		εἰδός. sachant.
	duel.	ἴστον.	ἴστων.				
PLUSQ. PARFAIT POUR IMPARFAIT.	sing.	ᾔδειν , je savais. ᾔδεις, ou ᾔδεισθα. ᾔδει.					
	plur.	ᾔδειμεν. ᾔδειτε. ᾔδεισαν. ou					
	sing.	ᾔδη. ᾔδησθα. ᾔδη.					
	plur.	ᾖσμεν. ᾖσθε. ᾖσαν.					
		futur. εἰδήσω. fut. m. εἴσομαι.			εἴσοιμι. εἰσοίμην.	εἰδήσειν. εἴσεσθαι.	εἰδήσων. εἰσόμενος.

Le plur. de οἶδα est οἴδαμεν, οἴδατε, οἴδασι, que les écrivains postérieurs à Platon emploient ; ἴσμεν est le usuriel du présent ἴσημι : ἴσαμεν, ἴσμεν; ἴσατε, ἴστε.
Le futur εἰδήσω appartient à εἰδέω, contraction εἰδῶ, dont le parfait est εἴδηκα, et le participe εἰδηκώς, et par syncope εἰδώς.

Pour le présent εἴδω, le futur est εἴσω, et le subjonctif εἴδω, εἴδῃς avec l'accent aigu.
Εἴδω signifie encore *voir,* imparfait εἶδον, qui est aussi l'aoriste 2 , εἶδον est toujours employé comme 2ᵉ aoriste : εἶδεν αὐτὸν ὁ πατήρ αὐτοῦ.

§ 5.

Κεῖμαι, *être étendu*, Jacere.

	indicatif.	impératif.	subjonctif.	optatif.	infinitif,	participe.
PARF. POUR PRÉS.	κεῖμαι, je suis éten- κεῖσαι. du, etc. κεῖται. κείμεθα. κεῖσθε. κεῖνται.		κέωμαι. κέῃ. κέηται. que je sois étendu.	κεοίμην. κέοιο. κέοιτο. je désire être étendu.	κεῖσθαι, être éten- dn,	κείμενος. étant étendu.
PL. P. POUR IMPARF.	ἐκείμην, j'étais ἔκεισο. étendu. ἔκειτο. ἐκείμεθα. ἔκεισθε. ἔκειντο.	* κεῖσο. κείσθω. * κεῖσθε. κείσθωσαν.				
	fut. κείσομαι.			κεισοίμην.	κείσεσθαι.	κεισόμενος.

22ᵉ LEÇON.

PRÉPOSITIONS.

Des dix-huit prépositions que possède la langue grecque, les unes régissent un seul cas, les
autres deux, les autres trois : leur signification
varie suivant les différents cas qu'elles régissent.

Prépositions à un seul cas.

1°. Ἐκ devant une consonne; ἐξ, devant une
voyelle, *de*, en latin *è* ou *ex* : ἐκ δὲ τούτου χρό-
νου. *V.* première partie, p. 12.

2° Ἀπὸ, *de* (*à* ou *ab*): ἀπιέναι ἀπὸ τῆς πόλεως,
s'en aller de la ville — κωλύων ἀπὸ σοῦ. P. 28.

3° Πρὸ, *devant*, *avant* (*præ*, *antè*, *coram*,
pro): πρὸ θυρῶν, devant les portes.

4° Ἀντί, *pour*, *en échange de*, *au lieu de*
(*pro*) : ἀντὶ τοῦ βασιλικοῦ τὸ τυραννικόν. *V.* première partie, p. 57.

Ces quatre prépositions demandent toujours leu
complément au *génitif*.

1° Ἐν, *à*, *en*, *dans* (*in*) sans mouvement :
ἀγρῷ, ἐν τῇ ἀμπέλῳ. *V.* première partie, p. 6 et 8

2°. Σύν, *avec* (*cum*), attiquement ξύ. : σὺν
θυγατρὶ —σὺν τῷ νομῷ. *P.* 17 et 55.

Le complément de ces deux prépositions se m
toujours au *datif*.

1° Εἰς, *à*, *vers*, *en*, *dans*, *pour*, contre
marque mouvement (*in*, *ad*, *adversus*) : εἰς χώρ
μακρὰν ἀπεδήμησε — ἔπεμψεν αὐτὸν εἰς το
ἀγροὺς etc. *V.* p. 1 et 2.

2° Ἀνά, *par* (*per*) marque mouvement
montant, trajet, durée, réitération : ἀνὰ τὸν π
λεμον τοῦτον, pendant cette guerre.

Le complément de ces deux prépositions
toujours à l'*accusatif*.

Prépositions à deux cas.

1° Διά tient au radical δαίω, *diviser*. Avec le *génitif* signifie *par, à travers, entre* : διὰ νυκτός, pendant la nuit. Διά, avec l'*accusatif*, répond à *ob* et *propter* à cause de : διὰ σέ, à cause de toi.

2° Κατά, avec le *génitif*, marque le terme où aboutit un mouvement; il signifie *à, dans, contre, sur* : ὁ κατὰ Κτησιφῶντος λόγος, le discours contre Ctésiphon. Il marque aussi *mouvement en descendant*, βῆ κατ' οὐρανοῦ, il descendit *du* ciel. Κατά avec l'*accusatif*, signifie *en, par, sur, pendant, chez* : ἐγένετο λιμὸς κατὰ τὴν χώραν ἐκείνην. *V*. p. 2.—κατὰ γῆν πορεύεσθαι, faire route par terre. — Κατὰ τοὺς πατέρας ἡμῶν, du temps de nos pères. — τὰ καθ' ἡμᾶς, ce qui nous concerne.

3° Ὑπέρ, avec le *génitif*, *sur*, (super), *pour* : ὑπὲρ ἡμῶν, sur nous. — Μάχεσθαι ὑπὲρ τῆς πολεῶς, combattre pour la cité. Avec l'*accusatif*, signifie *par-dessus, au dessus*.

4° Μετά, suivi du *génitif*, signifie *avec* : μετὰ τῶν φίλων. *P*. 7.
Avec l'accusatif, μετά signifie *après* : μετ' οὐ πολλὰς ἡμέρας. *P*. 1.

Prépositions à trois cas.

1° Περί avec le *génitif*, *de, sur, touchant* : περί τινος λέγειν, parler de quelque chose.
Avec le *datif*, περί signifie *à*, sans mouvement, *pour* : περὶ τῇ χειρὶ χρυσοῦν δακτύλιον φέρειν, porter au doigt un anneau d'or.
Avec l'*accusatif*, cette préposition signifie *autour, vers, envers* : περὶ τούτους τοὺς χρόνους, vers ces temps-là.

2° Ἀμφί a, en général, le même sens que περί : ἀμφὶ ἀστέρων, sur les astres; ἀμφὶ μὲν τῷ νόμῳ τούτῳ, touchant cet usage; ἀμφὶ τὸν πάππον οἱ θεραπεῦται, les serviteurs *autour du* grand-père, p. 20.

3° Ἐπί, avec le *génitif*, marque le lieu et le temps où l'on est : *en, dans, sur* : ἐπὶ γῆς, sur terre. Avec le *datif*, il marque *addition* : ἐπὶ τούτοις, outre cela; *subordination* : τὰ ἐφ' ἡμῖν, ce qui dépend de nous, etc. Avec l'*accusatif* il marque le lieu où l'on va : ἐπὶ τὴν πόλιν, vers, ou contre la ville; le but d'une action : ἐπ' αὐτό γε τοῦτο πάρεσμεν, nous sommes ici pour cela

même; l'espace de temps ou de lieu : ἐπὶ δύο ἡμέρας, pendant deux jours; la situation relative : ἐπὶ δεξιᾷ κεῖσθαι, être situé à droite.

4°. Παρά signifie proprement *auprès de, à côté de*. C'est la signification qu'il garde avec le *datif* : παρὰ τῷ βασιλεῖ, auprès du roi, chez le roi. — Παρ' ἡμῖν, παρὰ ὑμῖν. P. 17. Avec le *génitif*, il répond au latin *à* ou *ab* : ἥκειν παρὰ τοῦ βασιλέως, venir de chez le roi, de la part du roi. Avec l'*accusatif*, il signifie *vers* (ad) : ἦλθον παρὰ σέ, je vins vers vous — παρ' ὅλον τὸν βίον, pendant toute la vie. — Παρὰ γνώμην, contre toute attente.

5° Πρός marque *mouvement*; avec l'*accusatif* il signifie *à, vers, pour, à l'égard de* : πορεύσομαι πρὸς τὸν πατέρα, p. 3. Avec le *génitif*, il signifie *de, du côté de* : εἶναι πρός τινος, être du parti de quelqu'un. Avec le *datif*, il signifie *auprès* : πρὸς τῇ πόλει, auprès de la ville.

6° Ὑπό, avec le *génitif* et le *datif*, *sous* : ὑπὸ τῷ Πηλίῳ, au pied du mont Pélion; avec l'*accusatif sous*, mais avec mouvement : ὑπὸ τὴν πόλιν ἦλθον, ils vinrent sous (les murs de) la ville. Avec le génitif et le datif ὑπό a souvent aussi la signification de *par* : ὑπὸ τῶν βαρβάρων.

L'exemple suivant donnera une idée de l'extrême facilité avec laquelle la langue grecque modifie le sens de ses verbes et peint toute espèce de mouvement et de rapports par l'adjonction des diverses prépositions :

Βαίνω, *je vais*, donne :

Ἀναβαίνω, monter; καταβαίνω, descendre; παραβαίνω, transgresser; ὑπερβαίνω, franchir; προβαίνω, précéder; ἀμφιβαίνω, aller autour, environner; ἀντιβαίνω, marcher contre, résister; συμβαίνω, marcher avec, accompagner; ἐκβαίνω, sortir; εἰσβαίνω, entrer, etc.

Des prépositions dans les verbes composés.

Ἀπεδήμησε. — Κατεφίλησε. — Ἀνέζησε. — Ἐπεθύμει. — Παρεκάλει. — Περιέτυχον, etc.

Les prépositions perdent leur voyelle finale quand le verbe commence par une voyelle; par conséquent les prépositions perdent cette voyelle aux temps où le verbe prend un augment. Mais comme l'augment n'existe qu'au mode indicatif, il en résulte encore que la voyelle de la préposition reparaît aux autres modes.

Il faut excepter πρό et περί qui conservent toujours leur voyelle finale : περίετυχον.

Généralement lorsque le verbe est composé d'une préposition l'augment se met entre la préposition. Cependant il est des exceptions à cette règle ; l'usage les apprendra.

ADVERBES.

Adverbes de lieux.

Une première espèce d'adverbes de lieux se forme des prépositions ; en voici la liste :

prépos.	adverbes.	
1. ἐν,	ἔνδον,	dedans.
	ἐντός,	en dedans, en deçà.
2. εἰς,	εἴσω,	dedans (avec mouvement).
3. πρός,	πρόσω,	en avant.
4. ἐξ,	ἐκτός,	en dehors.
	ἔξω,	
5. ἀπό,	ἄψ,	en arrière.
6. διά,	δίχα,	séparément.
7. ἀνά,	ἄνω,	en haut.
8. κατά,	κάτω,	en bas.
9. παρά et ἐξ,	παρέξ,	dehors.
	παρέκτος,	
10.		
11. μετά et ξύν,	μεταξύ,	entre deux.
12. ὑπὲρ,	ὕπερθε,	en dessus, d'en haut.
13. ὑπό,	ὕπαιθα,	devant, sous les yeux.
14. πρό,	πόρρω,	en avant, loin.
15. ἀμφί,	ἀμφίς,	des deux côtés.
16. περί,	πέριξ,	à l'entour.
17. ἐπί,	ὀπίσω,	derrière.
18. ἀντί,	ἀντικρύ,	en face, vis-à-vis.

Deuxième espèce.

Lieu où l'on est.

πoῦ, πόθι,	où ? *ubi* ?
ἐκεῖθι, ἐκεῖ,	là.
οἴκοθι ; οἴκοι,	à la maison.
ἄλλοθι,	ailleurs.
Ἀθήνησι,	à Athènes.

Lieu d'où l'on vient.

πόθεν,	d'où ? *unde* ?
ἐκεῖθεν,	de là.
οἴκοθεν,	de la maison.
ἄλλοθεν,	d'ailleurs.
Ἀθήνηθεν,	d'Athènes.

Lieu où l'on va.

πόσε, ποῖ,	où ? *quò* ?
ἐκεῖσε,	là,
οἴκονδε,	à la maison.
ἄλλοσε,	ailleurs.
Ἀθήναζε,	à Athènes.

Lieu par où l'on passe.

πῇ,	par où ? *quà* ?
ἐκείνη,	par là.
ἄλλη,	par un autre côté.

Adverbes de manière.

Il y a des adverbes de manière terminés en ως, qui répondent aux adverbes français terminés en *ment*, et aux latins en *è* et *ter*.

σοφῶς,	sagement,	*sapienter*.
πεπαιδευμένως,	savamment,	*doctè*.
εὐδαιμόνως,	heureusement,	*feliciter*.

Ces adverbes sont dérivés des adjectifs ou des participes.

Ils se forment du cas en ος par le changement d'o en ω :

25e LEÇON.

CONJONCTIONS.

Nos textes nous ont fait connaître les principales conjonctions de la langue grecque, mais nous les donnons ici réunies :

et	καί,	et.
	τέ,	que.
ou	ἤ,	vel.
ni	οὔτε, μήτε,	nec, neque et non,
	οὐδέ, μηδέ,	composés de οὐ et μή, avec τέ et δέ

ais	ἀλλά,	sed ; il est opposé à οὐ, non.
	δέ,	verò ; il est opposé à μέν, à la vérité. Il signifie aussi or.
ependant	μέντοι,	tamen, (μέν-τοι).
	καίτοι,	atqui, (καί-τοι).
	ἄρα ἔ	ergo.
onc	οὖν	igitur, (ἔον pour ὄν, cela étant).
	τοίνυν,	igitur, (τοί-νῦν, certes à présent).
r	γάρ,	nam, (γέ-ἄρα, certes du moins).
	εἰ, ἄν,	si.
	ἐάν, et par contraction, ἤν, (εἰ-ἄν).	
it que	εἴτε,	sive, (εἰ-τέ).
moins que, ce n'est que,	εἰ μή,	nisi, si non.
oique	εἰ καί,	et si, etiam si. (même si)
e	κἄν,	et si, (καί-ἄν).
	ὅτι,	quòd, (neutre d'ὅς-τις, adj. conj.).
n que	ὡς, ὥςτε, ἵνα,	ut.
peur que,	ἵνα μή,	ne, ut non.
rceque	ἐπεί, διότι,	quia, (διὰ τοῦτο ὅτι).
st pourquoi	γοῦν,	itaque, (γέ-οῦν, certes donc).
isque	ἐπειδή,	cum, (ἐπεί-δή).
rès que	ἐπειδάν,	postquam,) ἐπεί-δέ-άν).
sque	ὅτε,	cum.
and	ὅταν,	cum (ὅτε-ἄν).
dis que	ἕως,	dum.
nment	ὅπως,	quomodo.
me	ὡς, ὥςπερ,	sicut.

INTERJECTIONS.

Voici les principales :

ἄ, ὤ,	ô !
ἰού,	hélas, ha, bon !
ἰεῦ,	ho ! ho !
φεῦ,	ah !

βαβαί, παπαι,	{	oh ! ah ! lat. papœ !
οὐαί,		malheur ! lat. væ.
ἄ,		ah !
αἴ, οἴ, ἰώ		hélas ! lat. hei !
εἶα,		courage ! or çà ! lat. eia.
εὖγε,		courage, bien ! lat. euge.

Quelques impératifs servent aux mêmes usages que les interjections et en tiennent lieu :

ἄγε, lat. age,	
φέρε,	allons, voyons, or çà, courage !
ἴθι,	
ἄπαγε, apage,	loin, loin !

24ᵉ LEÇON*.

Revue syntaxique.

§ 1.

Δαπανήσαντος δὲ αὐτοῦ πάντα.

Ce que les Latins expriment par l'ablatif qu'on nomme absolu, les Grecs le mettent au génitif. Ces cas, dans les deux langues, s'expliquent très bien par une préposition sous-entendue : Δαπανήσαντος δὲ αὐτοῦ πάντα pour ἐκ δαπανήσαντος, etc., à partir du moment où lui [était] ayant épuisé toutes choses, etc.

---

* Au lieu de présenter ici les règles multipliées, concernant les *dialectes*, je préfère les faire connaître à mes élèves d'une manière toute pratique, en leur mettant entre les mains un auteur de chaque dialecte et, chemin faisant, leur signalant les différences propres au dialecte dans lequel l'auteur a écrit. Théocrite lui fera connaître le dialecte *dorien*. Ce qui nous reste de Sapho est écrit dans le dialecte *éolien*; Homère, Hésiode, Hérodote, nous initieront au dialecte *ionien*; Thucydide, Xénophon, Démosthène, Eschyle, Sophocle, etc., nous familiariseront surtout avec le dialecte *attique*. Quant à l'étude de *l'accentuation* dont l'utilité n'existe guère que pour les langues vivantes, nous laisserons à chacun le soin d'en rechercher les règles dans la première grammaire venue. Mais nous croyons qu'il serait plus intéressant de fixer d'abord quelle était la véritable prononciation des anciens Grecs.

§ 2.

Ἔνδηλος ὢν ὅτι ἠσπάζετο τοὺς υἱεῖς αὐτῶν.

Quelquefois avec les adjectifs δῆλος, ἔνδηλος, δίκαιος la phrase se tourne ainsi en grec : *Étant* [lui] *manifeste qu'il chérissait les enfans d'eux*, c'est-à-dire, *étant manifeste que Cyrus*, etc.

§ 3.

Οὗτος ὁ υἱος — οὗτος ὁ ἐμὸς πάππος.

L'article se met avec les adjectifs démonstratifs οὗτος, ἐκεῖνος, τοιοῦτος, etc.; οὗτος ὁ υἱος, ce fils, le fils que voici.

Il est nécessaire avec les mots possessifs pour éviter l'équivoque : ὁ σὸς δοῦλος, ou ὁ δοῦλός σου, ton esclave (l'esclave tien, l'esclave de toi). Si l'on disait σὸς δοῦλος, ou δοῦλός σου, ces mots signifieraient *un tien esclave, un esclave de toi*, et par conséquent, *un de tes esclaves*.

L'article est souvent employé comme pronom de la troisième personne : ὁ δὲ εἶπε, or *il dit*.

§ 4.

Ἤκουσε συμφωνίας.

On trouve le génitif avec les verbes qui expriment une action des sens, excepté celle de voir : ἤκουσε συμφωνίας — εἶδεν αὐτὸν — ἰδεῖν ἵππον.

§ 5.

Εἶδος κάλλιστος — ψυχὴν φιλανθρωπότατος.

On trouve souvent l'accusatif, en vertu de la préposition κατὰ sous-entendue, de même qu'en latin on sous-entend *secundum*.

§ 6.

Ὁ Κῦρος ᾄδεται ὑπὸ τῶν βαρβάρων.

Le nom de la personne qui fait l'action et que les Latins mettent à l'ablatif avec *à* ou *ab*, se met ordinairement en grec au génitif avec la préposition ὑπό : *Cyrus est chanté par les Barbares*, etc.

§ 7.

Μή et οὐ.

Les Grecs font usage de ces deux négations οὐ nie d'une manière absolue : οὐκ ἤθελεν εἰσελθεῖν. — Μή nie d'une manière dépendante, conditionnelle : μὴ παίειν ὃν μὴ δίκαιόν.

Ce dernier mot s'emploie comme le latin *ne* après les verbes *désirer, craindre, défendre*, etc. : δέδοικα μή τι γένηται, je crains qu'il n'arrive quelque chose.

§ 8.

Quand deux ou plusieurs négations se rapportent au même verbe, au lieu de la détruire comme en latin, elles nient plus fortement : οὐ δυνάμεθα μὴ λαλεῖν, nous ne pouvons nous empêcher de causer.

§ 9.

Μέλλων καταλύειν τὸν βίον.

Μέλλω, *devoir*. Ce verbe, joint à un infinitif, est une espèce de verbe auxiliaire qui marque le futur.

§ 10.

Ἐφαίνετο διαφέρων.

Le verbe φαίνομαι, joint à un participe, se dit d'une chose démontrée, certaine, évidente : φαίνεται, *apparet*, il est constant.

§ 11.

Ἀπογεύεσθαι βρώματων. — Ἦν δέ τις παραβαίνων τι, etc.

Souvent le complément du verbe se met au cas que veut la préposition qui entre dans la composition du verbe *.

---

* Voilà comment, à nos cours, nous fesons déduire aux élèves de leurs textes mêmes les règles de la syntaxe. Sous ce rapport, notre cours grammatical ne se borne pas à trois mois, car nos observations ne cessent de porter sur tous les textes qui nous passent successivement sous les yeux, dans l'année entière de notre enseignement.

Moyen de trouver le nominatif d'un nom de la troisième déclinaison, un cas quelconque étant donné.

Nous avons dit que, pour décliner des noms imparisyllabiques, il est nécessaire d'en connaître le génitif. Ce cas est indiqué dans les dictionnaires. La seule difficulté est donc de remonter au nominatif, quand on ne connaît que le génitif ou un autre cas. On peut s'aider des règles suivantes :

1° La muette du premier ordre, avant la terminaison du génitif, indique un nominatif en ψ : gén. Ἄραβ ος, nom. Ἄραψ, *Arabe ;* ὦπ ός— ὤψ, *œil ;* κατῆλιφ ος— κατῆλιψ, *échelle.*

2° La muette du second ordre indique un nominatif en ξ : gén. ἅρπαγ ος, nom. ἅρπαξ, *ravisseur ;* κόραχ ος—κόραξ, *corbeau ;* ἄναχτ ος—ναξ, *prince ;* ὄνυχ ος—ὄνυξ, *ongle.*

3° La muette du troisième ordre indique un nominatif en σ : gén. ἐλπί δος, nom. ἐλπίς, *espérance ;* γέλωτ ος—γέλως, *le rire ;* κόρυθ ος—κόρυς, *casque.*

4° ντ indique σ ou ν : gén. γίγαντ ος, nom. γίας, *géant ;* δράκοντ ος—δράκων, *dragon.*

5° ν indique σ ou ν : μέλαν ος—μέλας, *noir ;* ρεν ός—φρήν, *esprit.*

6° ρ indique ρ : θηρ ός—θήρ, *bête sauvage ;* υρ ός—πῦρ, *feu.*

7° ος pur indique σ : gén. ἥρω ος, nom. ἥρως, *héros ;* τριήρε ος—τριήρης, *galère ;* ou un neutre α ι ou en υ : σινήπι ος—σίνηπι *moutarde ;* ἄστε ς—ἄστυ *ville.*

8° Exceptez de la règle troisième tous les neures en μα, qui font le génitif en ματος : σῶμα, ώματος; et de plus, ἧπαρ, ἥπατος, *foie ;* δέλεαρ, λέατος, *appât ;* μέλι, μέλιτος, *miel,* et quelques autres noms neutres.

REMARQUES.

1° Le *radical* d'un nom se trouve donc dans le génitif, en retranchant la désinence ος : ἄραβ, δραχ, ἐλπίδ, μέλαν, σώματ, etc.

2° Le nominatif n'est donc point la *forme primitive* du nom. Ce cas est modifié, comme tout autre, d'après des règles qu'il est aisé de déduire des exemples précédens.

25e, 26e, 27e, 28e, 29e ET 50e LEÇONS.

Palæographie grecque.

Les inscriptions grecques nous ramènent quelquefois vers ces époques glorieuses de la nation grecque ; et que d'émotions se passent dans le cœur de l'archéologue qui retrouve dans un marbre offensé par le temps, le monument funéraire qu'Athènes plaça, il y a vingt-trois siècles, sur le tombeau de ses guerriers morts devant Potidée ! *Pour accroître la gloire de la patrie, ils s'étaient exposés les premiers aux coups de l'ennemi !* La magique influence du nom grec, qui rappelle à notre admiration tous les chefs-d'œuvre de l'es-

* Ce n'est pas tout d'enseigner à la jeunesse les élémens des langues grecque et latine, il faut, dès le principe, soutenir l'attention de l'élève de tout l'intérêt que présentent les recherches historiques et archéologiques. Généralement, l'instruction publique néglige trop cette dernière partie, bien capable cependant de compenser l'aridité des premières études. Pour moi, si mes cours obtiennent quelque succès, il est dû sans doute à ce que ne m'y bornant pas à la désespérante grammaire, j'y mêle des observations qui se rattachent à l'histoire et à la littérature, et cela dès le commencement. En expliquant un auteur, je transmets à mes élèves les détails biographiques qui font connaître sa personne et l'influence qu'il a exercée de son temps sur la littérature. Au sortir de mes Cours, l'élève sait ce que c'est qu'un *manuscrit*, serait en état même de déchiffrer une inscription, pour peu qu'elle ne présentât pas trop de difficultés, etc. En cela j'ai voulu éviter l'inconvénient signalé dernièrement par un membre de l'université, traducteur de *Ficker.* « Après huit années, dit-il, passées dans le « commerce journalier des anciens, c'est-à-dire à ex- « pliquer du latin et du grec, l'élève quitte les bancs, « l'oreille toute remplie des noms d'Homère et de Vir- « gile, de Démosthène et de Cicéron, de Thucydide « et de Tite-Live ; mais demandez-lui à quelle époque « et à quel pays appartiennent ces grands écrivains, « quel rôle ils ont joué dans leur patrie, quels services « ils ont rendu, soit aux lettres, soit au pays, ce qu'on « avait fait avant eux, et ce qu'on a fait après, il restera « muet, et s'excusera de son ignorance sur l'impossi- « bilité de savoir ce qu'on ne lui a point appris.»

La notice ci-dessus est extraite de l'excellent ouvrage de M. Champollion Figeac.

prit, de l'imagination et du goût, n'est pas étrangère à l'archéologue ; il analyse péniblement quelques phrases, et il se trouve toujours le génie de l'antique Hellénie.

Le premier examen d'une inscription grecque doit avoir pour but d'en reconnaître l'époque. Le sujet, s'il appartient à l'histoire, indique d'abord cette époque dans certaines limites ; mais on la trouve plus précisément : 1° dans les signes chronologiques, s'il y en a ; 2° à leur défaut, dans la forme même des lettres et le nombre que leur ensemble suppose à l'alphabet du temps, dans le tracé et la marche des lignes de l'inscription, enfin dans certaines formes grammaticales propres aux plus anciens monumens écrits de la Grèce. Le dialecte qui y est employé est aussi une indication, du moins topographique, sur la contrée où l'inscription fut rédigée.

Les formes graphiques d'une inscription grecque sont aussi une indication assez approximative de son époque. Il est évident qu'on ne trouvera pas, dans un monument d'une époque donnée, l'emploi d'une lettre qui n'était pas encore dans l'alphabet grec à cette même époque. Or cet alphabet, comme celui de tous les peuples anciens de l'Europe, ne fut d'abord composé que de 16 lettres ; plus tard on en ajouta quatre autres, et enfin on le porta de 20 à 24 signes, par l'addition et l'usage général des quatre lettres doubles Ξ (ks), Ψ (ps), H (è), Ω (ò) ; et comme on assigne cette dernière addition de quatre lettres, à l'époque de l'archontat d'Euclide à Athènes, l'an 403 avant J.-C., il en résulte qu'une inscription où l'on trouve une ou plusieurs de ces quatre dernières lettres, doit être, avec assez de fondement, considérée comme postérieure à Euclide et à l'année 403 avant J.-C. Les 20 autres lettres de l'alphabet grec se voient sur toutes les inscriptions antérieures. Mais, malgré cette similitude pour le nombre de lettres, il y a entr'elles de grandes dissemblances de forme, et ces dissemblances fournissent des notions que les habiles critiques ne négligent pas pour déterminer approximativement l'époque d'une inscription. Il en est de même de la direction des lignes d'une inscription. Les Grecs, à l'imitation des Orientaux, écrivirent d'abord *de droite à gauche* ; il ne reste pas de monument qu'on puisse attribuer avec certitude à l'époque où cette méthode était exclusivement en usage. Des inscriptions d'une seule ligne sont, il est vrai, dirigées

dans ce sens ; mais la première ligne d'une inscription qui appartient à la seconde manière d'écrire adoptée postérieurement par les Grecs, est toujours dirigée de droite à gauche. Cette seconde manière est appelée *Boustrophédon*, c'est-à-dire que les lignes, comme un sillon continu tracé par des bœufs avec la charrue, vont alternativement *de droite à gauche* et *de gauche à droite*, de sorte que la première ligne s'ouvrait à droite, la seconde à gauche, immédiatement au-dessous de la première. Les plus anciennes inscriptions grecques sont disposées de cette manière, qui est un signe certain d'antiquité, lorsque cependant la forme primitive des lettres s'accorde avec cette disposition particulière des lignes ; car on a imité le Boustrophédon dans un temps où il n'était pas en usage, et comme pour donner à une inscription l'apparence d'une antiquité qu'elle n'avait pas réellement. On doit donc, pour ne pas s'y laisser tromper, examiner si, avec les lignes en Boustrophédon, la forme des lettres et l'orthographe des mots concourent à prouver l'authenticité d'une inscription de l'ancien style grec. Par la suite des temps, et environ au VIIIe siècle antérieur à l'ère chrétienne, le Boustrophédon fut abandonné, et la direction uniforme des lignes de gauche à droite généralement adoptée. Il n'est pas même certain qu'Homère ait écrit en Boustrophédon ; dans tous les cas, il n'employa que 20 lettres, puisque l'alphabet grec de son temps n'en avait que vingt, et ce ne fut pas lui qui divisa ses deux poèmes en vingt-quatre chants, un pour chaque lettre de l'alphabet, le siècle d'Homère ne connaissant que 20 lettres. Une inscription grecque sera donc, 1° du premier style et des plus anciennes, si elle est tracée de droite à gauche, et si les lettres ont les formes de l'alphabet primitif : on n'en connaît pas de cette première époque ; 2° du second style et antérieure au VIIe siècle environ avant l'ère chrétienne, si, aux formes reconnues de l'alphabet de ce temps, elle ajoute le tracé des lignes en Boustrophédon ; 3° du troisième style et antérieure à la fin du Ve siècle qui précéda l'ère chrétienne, si, n'étant pas même en Boustrophédon, elle ne porte aucune des quatre lettres doubles Ξ, Ψ, H, Ω, et les formes des lettres conservant encore des traces du vieux style. (Il est à remarquer à ce sujet que l'H peut se trouver dans des inscriptions de cette époque sans infirmer leur antiquité, puisqu'il n'y est que comme *aspiration* affectant certaines lettres, et non pas comme Ê (E long), qui s'y trouve exprimé par deux E, comme MATEEP pour MATHP); 4° du quatrième style et postérieure à la fin du Ve siècle avant l'ère chrétienne, si on y trouve les 24 lettres de l'alphabet grec, tel qu'il est aujourd'hui réglé : et comme les inscriptions de ce genre sont les plus communes, elles appartiennent aussi à un plus grand nombre d'époques différentes, comprenant un intervalle de neuf siècles à peu près jusqu'au Bas-Empire. Au défaut de toute autre indication chronologique, les formes successivement perfectionnées et ensuite dégradées de ces 24 lettres, servent, avec les variations d'orthographe et l'introduction de nouveaux mots, à des déterminations d'ancienneté relative que l'expérience et l'étude des monumens donne avec quelque certitude.

En examinant l'alphabet grec des plus anciennes inscriptions, tiré des monumens même, on discernera très facilement en quoi la forme de ses lettres s'éloigne de celles qu'on observe sur les inscriptions grecques de l'époque romaine, assez analogues aux formes des lettres capitales de l'alphabet grec de nos imprimeries, et l'on peut dire, en général, qu'une inscription grecque est d'autant moins ancienne, que la forme de ses lettres s'éloigne davantage de celle des lettres de l'alphabet des plus anciennes inscriptions connues. Nous devons avertir toutefois que les formes C, ϛ, ω, des lettres Σ, E, Ω, ne prouvent pas contre l'antiquité d'une inscription ; ces formes sont communes à l'époque du Bas-Empire romain, mais elles ont été observées sur plusieurs monumens antérieurs à l'ère chrétienne. On reconnaît aussi sur les plus anciens d'entre eux, des signes particuliers d'*aspiration* ou d'*euphonie*, outre le H qui a été déjà indiqué précédemment, et tels sont le digamma ou double Γ, qui a cette forme F, comme dans l'inscription des environs d'Élis, publiée par M. Boissonade, ou bien Ⱶ, comme dans la table d'Héraclée, publiée par Mazocchi. M. Boissonnade donne aussi comme un signe d'antiquité, dans une inscription, les datifs écrits OI au lieu de Ω. L'étude des monumens originaux fournit d'ailleurs une foule de préceptes plus ou moins généraux qu'il serait difficile d'exposer en détail dans ce résumé.

Après cet exposé sommaire des préceptes généraux tirés de la partie graphique des inscriptions grecques, comprenant la forme des lettres, la direction des lignes, l'usage de dialectes et de certaines formes grammaticales, il ne reste plus à les considérer que dans leur sujet, les signes ordinairement particuliers à quelques-uns d'entre eux, les nombreuses abréviations qu'on y a remarquées, et les signes numériques employés à diverses époques. C'est l'interprétation fidèle du texte qui fait pleinement connaître l'objet, le but et l'utilité pour l'histoire d'une inscription grecque. Cette interprétation exige non-seulement la connaissance approfondie de la langue grecque de toutes les époques, mais encore l'habitude du style qu'on appelle lapidaire, ou relatif aux textes grecs tracés sur des pierres ; et si l'on considère dans combien de contrées diverses la langue grecque a été celle des monumens publics, combien l'habitude de certaines figures du langage a été variable, et selon les lieux différens, et quelquefois selon les époques dans le même lieu, on se fera une idée de tout ce qu'exige l'étude des inscriptions grecques pour être fructueuse. Mais l'archéologue peut ne pas posséder cette science profonde du critique, et nous renfermant ici dans ce qui lui est nécessaire pour l'appréciation sommaire d'un monument et pour le classer avec assez de convenance dans une collection, nous ne devrons nous attacher qu'aux signes extérieurs qui en caractérisent les diverses époques.

Les décrets et actes publics des villes, corps politiques et corporations, les traités et conventions d'un intérêt général, sont ordinairement précédés d'une invocation *à la bonne fortune* : ΑΓΑΘΗΙ ΤΥΧΗΙ. On y ajoutait quelquefois : ΚΑΙ ΕΠΙ ΣΩΤΗΡΙΗΙ, et pour le salut ou l'utilité ; viennent ensuite la désignation de la cité ou de la corporation, les noms des magistrats ou des prêtres en fonctions, et le sujet du monument ; souvent une date proprement dite est à la fin du texte, ainsi que le nom, soit de celui qui a rédigé l'inscription ou a présidé à son exécution, soit de l'artiste qui l'a exécutée ; les noms des magistrats ou des prêtres ne sont placés quelquefois qu'après le sujet même du monument. Dans les courtes inscriptions honorifiques, pour les princes ou les citoyens, le verbe de la phrase est ordinairement sous-entendu, le nom de la personne honorée ou d'une statue, ou de tout autre témoignage public, est écrit aux premières lignes, à l'accusatif ; il est suivi du nom de la ville ou de la corporation qui a voté le monument, et les noms du magistrat ou du prêtre, et de l'artiste sont à la fin ; un décret porte souvent son intitulé ΨΗΦΙΣΜΑ, et lorsqu'il est pour un citoyen qui a rendu des services, la récompense ordinaire étant une couronne décernée par la cité, cette couronne est figurée au-dessus du décret, et le nom du citoyen est inscrit dans le champ même.

La date, lorsqu'elle est tirée d'une ère locale, se trouve aussi parfois au commencement d'une inscription. Ces ères ou computs, sont très variées ; il est impossible d'indiquer ici même les plus usuelles ; on remarquera seulement que, au défaut d'autre indication topographique, les noms des mois employés dans une inscription peuvent fournir quelques données sur le peuple auquel elle appartient, ces noms de mois étant assez variés dans les cités de la Grèce. Les dates sont aussi prises des années du règne d'un prince ; il faut encore recourir à la chronologie pour les interpréter. Ces dates sont exprimées en toutes lettres ou bien en chiffres grecs ; dans le premier cas, elles ne présentent aucune difficulté ; mais, dans le second, les variations qui existèrent chez les Grecs dans l'expression graphique des nombres, peuvent embarrasser quelquefois, et ce ne fut que dans un temps postérieur aux plus anciens monumens, que les 24 lettres de l'alphabet furent adoptées comme signes de la numération et d'après leur ordre constant dans l'alphabet même. Cet alphabet numérique se trouvant partout, nous ne devons indiquer ici que les signes qui furent en usage avant cette application des lettres à l'expression des nombres, signes pris en général des lettres initiales des mots exprimant ces nombres. Dans la liste qui suit, le chiffre arabe précède son équivalent en grec : *nombre* 1 se trouve dans les inscriptions grecques représenté par la lettre ou le signe I ; 2—II et Δ ; 3—III ; 4—IIII ; 5—Π ; 6—Σ et ⊨ ; 7—EBΔM ; 8—ΠIIII ; 9—ΠΙΙΙΙ ; 10—Δ ou ▽ ; 11—ΔI, A, I ; 12—ΔII, B ; 13—ΔIII ou TPIΣA ; 14—ΔIIII ou EΔI ; 15—ΔΠ ou EKᛁ, etc. ; 20—ΔΔ ou Δ▽ 25—ZC ou Δ▽II ; 30—Δ▽Δ ou ▽▽▽ ; 40—quatre Δ ou TEΣΣAPA ; 50—cinq Δ ou Δ ; 100 —H.P. ; 200—C̄K̄N̄ : 500— ⊞ ; 1000—X ; 5000 X̅ ; 10,000—M. Lorsque les nombres sont exprimés par les lettres de l'alphabet employées comme chiffres, la lettre L, qui les précède, les fait remarquer comme tels, quand le mot ETOYΣ ou ETΩN (*de l'année* ou *des années*) ne s'y trouve pas ; ce L, de forme latine, tiré de l'ancien alphabet grec, est l'initiale du mot Λυκάβαντος, génitif de λυκάβας, qui signifie *année*. Ces mots et ces chiffres de dates sont au génitif en grec, comme ils sont à l'ablatif en latin, à cause d'une préposition sous-entendue. C'est, si l'on aime mieux, un génitif *absolu* en grec, et un ablatif *absolu* en latin.

On doit s'attacher particulièrement, dans l'interprétation d'une inscription grecque, à discerner les nombreuses qualifications des magistrats de tout ordre, des employés publics de divers rangs ; les noms de dieux et de peuples, ceux des bourgs et tribus d'une cité ; les formules consacrées pour différens genres de monumens ; les textes de décrets, lettres etc., qui sont relatés ou cités dans des textes analogues ; les noms mêmes des monumens tels que stèles, tablettes, cippes, etc. ; l'indication soit des lieux, soit des dépendances de ces lieux, où ils doivent être exposés ou déposés, tels que temple, vestibule, cour ou péristyle, place publique, etc. ; ceux qui en font les frais, la cité entière ou une curie, le trésor public ou un trésor particulier ; les noms et surnoms des personnages publics ou privés ; les prérogatives et les faveurs accordées, telles que les droits d'asile, d'hospitalité, de cité, etc. ; les peines prononcées contre ceux qui détruiraient ou mutileraient le monument ; les conditions des traités et des alliances, les indications de poids, monnaies et mesures.

On appelle ΠΡΟΣΚΥΝΕΜΑ un acte de piété ou d'adoration envers une divinité et dans un temple spécial, accrédité pour cet objet, soit par un privilège légal, soit par l'effet de l'opinion des dévots. Les particuliers faisaient cette espèce de pélérinage soit pour eux-mêmes, soit au nom de leurs parens et de leurs amis en même temps, et ils comprenaient leurs noms dans l'inscription commémorative qu'ils gravaient ou écrivaient sur quelque partie du temple ; les rois désignaient pour ces hommages religieux, des fonctionnaires ou des particuliers qui recevaient cette mission expresse, et qui ne négligeaient pas de rappeler dans l'inscription, qu'ils avaient rempli cette mission au nom du prince nommé dès les premières lignes.

Les inscriptions votives ou bien dédicatoires, contiennent toujours les noms des dieux ou des princes auxquels un monument est dédié, et les noms de la ville, du corps politique, des tribus, corporations, fonctionnaires ou simples particuliers qui ont donné au monument cette destination : les ouvrages publics exécutés aux frais des tribus ou des particuliers, portent aussi des inscriptions commémoratives de leur munificence, et la partie même d'un monument construit ou réparé par l'effet de cette générosité, est expressément désignée dans ce texte de l'inscription, les anciens permettant ce concours du zèle particulier des citoyens pour l'utilité publique ; et une inscription qui rappelait avec reconnaissance les effets durables de ce sentiment, en excitait perpétuellement la louable manifestation : c'étaient de bons exemples qui produisaient encore de bonnes actions.

Les monumens funéraires portent ordinairement une inscription qui rappelle les noms et les titres du défunt, son pays, son âge, les noms de son père ou de sa mère, ses titres et ses services, ses qualités distinguées et ses vertus. Souvent une inscription funéraire ne contient que les noms du défunt, celui de sa patrie, et des acclamations ou des vœux la terminent très fréquemment. Quelques exemples expliqueront mieux tous ces préceptes : ΧΡΗΣΤΟΣ ΠΡΩΤΟΥ ΘΕΣΣΑΛΟΣ ΛΑΡΕΙ-ΣΑΙΟΣ ΠΕΛΑΣΓΙΟΤΗΣ ΕΤΩΝ · ΙΗ. ΗΡΩΣ ΧΡΗΣΤΕ ΧΑΙΡΕ. Le premier mot est le nom du défunt Chrestus ; le second mot est le nom de son père, *Prótos* ou Protus, et la construction de ces deux mots montre que le mot *fils* ΥΙΟΣ, est sous-entendu, selon l'usage général des Grecs, qui supprimaient les titres de *fils* ou *fille de*.... Les trois mots qui suivent sont la désignation de la patrie de Chrestus, *Thessalien*, et né dans celle des villes de *Larissa* qui était surnommée *Pelagia*, pour la distinguer des autres lieux de ce nom. Les mots ΕΤΩΝ ΙΗ signifient : *d'années* 18; c'est l'âge du défunt. Le reste est une acclamation : *héros Chrestos; adieu!* Ces mots ΧΑΙΡΕ, ΕΥ-ΨΥΧΕΙ, ΘΑΡΣΕΙ, qui expriment des vœux analogues, terminent souvent, seuls, les inscriptions funéraires. On lit dans d'autres inscriptions : 1° ΦΙΛΩΝ ΚΑΛΛΙΠΠΟΥ ΛΙΞΩΝΕΥΣ ; 2° ΑΛ-ΚΙΜΑΚΗ ΚΑΛΛΙΜΑΧΟΥ ΑΝΑΓΥΡΑΣΙΟΥ. Les deux premiers mots de chacune des deux parties de l'inscription sont des noms propres : 1° *Philon* FILS *de Callipe;* 2° *Alcimaque,* FILLE *de Callimaque;* et ces mots ΛΙΞΩΝΕΥΣ et ΑΝ-ΑΓΥΡΑΣΙΟΥ sont les noms de deux des 174 *peuples de l'Attique.* On appelait ainsi les villes, bourgs et villages de cette contrée et les quartiers d'Athènes, qui formaient chacun une com-

munauté inscrite dans une des 15 tribus d'Athènes, capitale de l'Attique. La communauté ou *cité* des *Æxoni* faisait partie de la tribu Cécropide, et *Anagyrus* de la tribu Erechthéide. Ces noms de lieux doivent être attentivement remarqués dans une inscription, afin de prévenir toute méprise, et pour donner une interprétation complète et satisfaisante de tous les mots. On remarquera de même, 1° les surnoms honorifiques des princes : ils servent quelquefois à distinguer ceux qui ont porté le même nom ; 2° que ces noms de lieux et ces surnoms se trouvent souvent écrits en abréviations et par les premières lettres seulement.

Quant à la ponctuation des inscriptions grecques, nous dirons qu'en général, elle manque dans les marbres; les mots eux-mêmes sont peu ou point séparés, et c'est par le sens et par la construction grammaticale qu'on détermine l'arrangement des mots pour former les phrases. On remarque cependant sur quelques inscriptions, principalement dans les moins anciennes de celles qui sont funéraires, des signes particuliers mêlés aux mots, tels qu'une feuille, un triangle, une ligne droite ou inclinée, et même un point après chaque mot : mais ces signes ont rarement une expression quelconque, et l'on peut ne pas s'y arrêter du tout, à moins que le sens de la phrase, déduit préalablement de la combinaison des mots, permette de leur attribuer une certaine valeur qui concourt à jeter quelque clarté dans le discours. Souvent ces signes particuliers sont des symboles analogues au sujet de l'inscription; on en trouve aussi de pareils au-dessous des lignes d'écriture, ou sur les côtés mêmes du monument. On doit les remarquer et s'attacher à les interpréter d'après les opinions mêmes des anciens. D'habiles critiques ont fondé leurs doctrines sur cette partie intéressante de l'archéologie.

Les abréviations, qui abondent dans toutes les inscriptions grecques, sont la source d'un grand nombre de difficultés ; des savans renommés se sont occupés à les recueillir, à les interpréter, et le docte Corsini a écrit sur ce sujet un volume in-folio (*Notæ Græcorum*) publié à Florence en 1709. L'étude de la palæographie grecque a réuni depuis de nombreux supplémens; nous avons dû n'exposer ici qu'un extrait de toutes ces recherches. Le tableau suivant contient les abréviations usuelles, celles qu'on retrouve le plus souvent sur les marbres grecs.

Sigles ou abréviations les plus usuelles dans les Inscriptions grecques.

Α. πρῶτος, premier, ἀπό (préposition).
Αὐτοκράτωρ, empereur.
ΑΓΑ. Τ. ἀγαθῇ τύχῃ, à la bonne fortune.
ΑΓ. ἀγίος, saint, ἀγίη, sainte.
ΑΓΙΩ. ἀγιωτάτος, très-saint, très-sainte.
ΑΔΕΛΦ. ἀδελφός, frère, ou prénom.
ΑΝΕΘ. ἀνέθηκε, a placé, a dédié.
ΑΠΕΛ. ou ΑΠΕΛΕΥΘΕΡ. ἀπελεύθερος, affranchi.
ΑΠΡ. ἀπρειλίος, le mois d'avril.
ΑΡΙΣ. ἄριστος, excellent, le meilleur.
ΑΡΧ. ἄρχων, archonte (magistrat).
ΑΥΤ. αὐτοκράτωρ, empereur.
Α-Ω. alpha et ôméga ; monogramme du Christ.
Β. δεύτερος, le second ; βουλή, sénat.
ΒΑΣΙΛ. βασιλεύς, roi.
Β. Δ. βουλῆς δόγματι, par décret du sénat.
ΒΙΣ. βίσωμον, sépulcre, tombeau.
ΒΩ. βωμός, base, autel.
ΓΟΝΕ. γονεύς, père, ancêtre.
ΓΡΑ. γραφεύς, scribe, écrivain.
ΓΥΜ. γυμνικὸς, gymnique.
Δ. Ε. δημαρχικῆς ἐξουσίας, de la tribunicie du peuple (titre des empereurs romains).
ΔΕΚ. δεκεμβρίος, mois de décembre.
ΔΕΣΠ. δεσπότης, maître, seigneur.
ΔΗΜΟΣ. δημοσία, publiquement.
Δ. Μ. *Diis Manibus*. Δ. Μ. Σ. *Diis Manibus Sacrum* (Formules latines funéraires).
Δ. Τ. δῖι τῳ, à Jupiter.
ΕΒΔ. ἕβδομος, septième.
ΕΔ. ΕΙ. εἰδῶν, des Ides.
ΕΖΗ. ἔζησεν, il a vécu.
Ε. Θ. εὔνοια θεῶν, la bienveillance ou la protection des dieux.
ΕΛΕΥ. ἐλεύθερος, libre, affranchi.
ΕΝ. ΕΝΘ. ἐνθάδε, ici, là ; ou bien ἐν θεῳ, en Dieu.
ΕΠΙC. ἐπίσκοπος, inspecteur, évêque.
ΕΤ. ἐτῶν, d'années, âgé de...
ΕΤΕ. ΕΤΕΛ. ἐτελεύτησεν, il mourut.
ΕΧΤΟ. ἐχώρησατο, fut reçu.
ΖΗ-ΖΗΣΑΝ. ζήσας, ζήσαντι, ayant vécu (l'âge).
ΗΖΗΣ. ἔζησεν, il a vécu...
ΗΜ. ἡμέρα, jour. — ΗΜΕΡΗ. ἡμέρας ὀκτὼ, jours 8.
ΗC. ἐν Cρίστῳ, en Jésus-Christ.
ΘΕ. θεοῖς, aux dieux.

Θ. Ε. θεοῖς ἐπιχωρίοις, aux dieux du pays.
Θ. Η. θεοῖς ἥρωσιν, aux dieux héros.
Θ. Κ.-Θ. ΚΑ.-Θ. ΚΑΤ.-Θ. ΚΥ.-ΘΣ. ΚΑ.-Θ. ΚΧ θεοῖς καταχθωνίοις, aux dieux infernaux.
ΘΥ.-ΘΣ.-ΘΩ. θεοῦ, θεός, θεῷ, de Dieu, Dieu, Dieu.
ΘΥ.-ΘΥΤΡΙ. θυγάτηρ, θυγατρί, fille, à la fille.
ΙΑΝ. ἰαννουαρίος, janvier.
ΙΜΡ. ἰμπεράτωρ, empereur.
ΙΝΔ. ἰνδικτιῶνι, à l'indiction.
ΙΟΥΝ. ἰουνίας, calendes de juin.
ΙΡ. ἱερεύς, prêtre. (Ω)
ΙΣ. ΙΩΣ. ἰησοῦς, Jésus. (ΙΣ)
ΙΣΙ. ἰσιδί, à Isis.
ΙΧΘΥΣ. Ἰεσους Χριστὸς θεοῦ υἱός, Jésus-Christ fils de Dieu.
Κ. Affecté d'une ligne droite ou inclinée, abréviation de καὶ, et.
ΚΑ. καλανδῶν, des calendes.
ΚΑΙ. Καῖσαρ, César.
Κ.Β. κελεύσματι βουλῆς, par la permission du sénat.
ΚΕ. Κύριε, ô Seigneur.
Κ. Θ. καταχθωνίοις θεοῖς, aux dieux infernaux.
ΚΙ. κεῖται, repose.
ΚΟΣ. ΚΩΣ. κονσουλ, consul.
Κ. Π. κελεύσματι πολεως, par la permission de la ville, de la cité.
ΚΡΑΤ. κράτιστον, excellent.
ΚΣ. κύριος, seigneur, maître.
Κ. Σ. κύριος σῶτηρ, seigneur sauveur.
Κ. Φ. κελεύσματι φρατριας, par la permission de la curie, de la tribu.
Κ. Χ. κοινοῖς χρήμασιν, par dépense publique.
ΛΑΜ. λαμπροτάτος, très-splendide.
ΛΕΓ. λεγιῶνος, de la légion.
ΛΙΘ. λιθος, pierre, inscription, stèle.
Μ. ΜΗ. μῆνας, mois.
Μ. μνημεῖον, monument, tombeau.
ΜΑ. μάτηρ, mère.
ΜΑΙ. μαίων, des calendes du mois de mai.
ΜΑΡ. μαρτίων, des calendes du mois de mars.
ΜΕ. μηνῶν, des mois.
ΜΗ. Μ. Ρ. μητήρ, mère.
ΜΣ. μάρτορες, les martyrs.
Μ. Χ. μνήμης χάριν, pour souvenir.
Ν. ΝΩ. νώνων, des nones (date).
ΝΑΘ. νατιῶνε, nation, pays.
ΝΕΡΤΕ. ἐνέρτερος, mort.
ΝΟΒΕΜΒΡ.-ΝΟΕΕΜΒ. νοεμβρίος, mois de novembre.

ΞΥΣΤΑΡΧ. Ξυσταρχα, Xystarque.

ΟΙΚΑΤ. οἱ κατοικοῦντες, les habitans.

ΟΚΤΒ. ὀκτωβρίων, des calendes d'octobre.

ΠΑΡΑΚΑΤΙ. παρακατατεθεῖται, a été déposé, a été confié.

ΠΑΡΘ. πάρθικος, parthique, des Parthes.

ΠΓΘΟΝ. παναγίαν θεοτόκον, la très-sainte mère de Dieu (la Vierge Marie).

ΠΛΑ. πλάτος, largeur.

ΠΟΣ. ποσειδων, poseidon, mois athénien.

ΠΠ. πάτηρ πατρίδος, père de la patrie.

ΠΡ. πρεσβύτερος, prêtre.

ΠΡΕΣΒ. πρεσβεύς, envoyé, député.

ΡΩ. ρωμαῖος, romain.

Σ.-ΣΕΒ.-ΣΕΒΒ.-ΣΕΒΒΒ. Σεβαστός, Auguste (et Augustes, en parlant de deux ou de trois princes). Ce mot s'écrit aussi par ΟΥ à la place du Β.

ΣΕΠ. σεπτεμβρίος, mois de septembre.

ΣΠΕΙΡ. σπεῖρα, cohorte, légion.

ΣΡΙ. σωτῆρι, au sauveur.

Σ. Σ. συγκλήτου συγχωρήσει, par le consentement de l'assemblée, d'un consentement unanime.

ΣΩ. σῶμα, le corps.

Τ. τάλαντον, talent (monnaie).

Τ. Les divers articles de la langue grecque qui commencent par cette lettre.

Τ. Δ. Β. Κ. Δ. Ε. τῷ δόγματι βουλῆς καὶ δόγματι ἐκκλεσιας, par édit du sénat et par édit ou ordonnance de l'assemblée.

ΤΕΙΜ. τειμάς pour τιμας, les honneurs.

ΤΚ. (groupés). ἐκ τῶν, des, faisant partie des...

Υ. Sert quelquefois de ponctuation ou à la séparation des mots. Il est aussi l'initiale de la préposition ὑπὲρ, du mot διος, fils, et des mots ὑπάτεια, consulat, et ὑπάτος, consul.

Υ. Β. ὑπόμνημα βοῦλης, monument par ordre du sénat.

Υ. Β. Δ. ὑπὸ βουλῆς δόγματι, par ordonnance du sénat.

ΥΠΠ. ὑπάτων, des consuls, étant consuls.

Φ. Ponctuation ou séparation des mots. Il s'emploie aussi pour φεβρουαριος, mois de février.

ΦΗΛΙ. Φήλιξ, Félix (prénom).

ΦΙΛΟΚΥ. φιλοχρίστου, aimant le Christ.

ΦΛΑΜ. φλάμην, flamine.

Χ.-ΧΑΡ. χάριν, grâce (ou pour ἕνεκα, préposition).

Χ. Quelquefois groupé avec une ligne horizontale, pour δηνάρια, deniers (pièces de monnaie).

ΧΕΙΡ. χειρουργός, ouvrier, chirurgien.

ΧΙ. ΧΡ. (groupés) ΧΡΥ. ΚΣ, etc., Ἰεσοῦς Χριστος.

Ψ. Signe de ponctuation ou de séparation des mots.

Ψ. Β. ψηφίσματι βουλῆς, par décret du sénat.

Ω. ὥραι, heures (dans l'indication de l'âge d'un mort).

Ω. ὀκτοβρίας, calendes d'octobre.

Ω. ΧΡ. (groupés). Α. ὠμέγα Χριστὸς ἄλφα, le Christ, qui est alpha et oméga.

DIVISION DE L'ANNÉE CHEZ LES ATHÉNIENS.

Solstitium æstivum.		Solstitium hibernum.	
1 Ἑκατομβαιών		7 Γαμηλιών	
2 Μεταγειτνιών } M. æstivi.		8 Ἀνθεστηριών } M. hiberni.	
3 Βοηδρομιών		9 Ἐλαφηβολιών	
Æquinoctium autumnale.		Æquinoctium vernum.	
4 Μαιμακτηρίων		10 Μουνυχιών	
5 Πυανεψιών } M. autumnales.		11 Θαργηλιών } M. verni.	
6 Ποσειδεών		12 Σκιρροφοριών	

Chaque mois se divisait en trois décades de la manière suivante :

1 Νουμηνία.	11 πρώτη	21 δεκάτη
2 δευτέρα	12 δευτέρα	22 ἐννάτη
3 τρίτη	13 τρίτη	23 ὀγδόη
4 τετάρτη	14 τετάρτη	24 ἑβδόμη
5 πέμπτη	15 πέμπτη	25 ἕκτη
6 ἕκτη	16 ἕκτη	26 πεμπτη
7 ἑβδόμη	17 ἑβδόμη	27 τετάρτη
8 ὀγδόη	18 ὀγδόη	28 τρίτη
9 ἐννάτη	19 ἐννάτη	29 δευτέρα
10 Δεκάς.	20 Εἰκάς	30 Ἕνη καὶ Νέα.
μηνὸς ἱσταμένου.	μηνὸς μεσοῦντος.	μηνὸς φθίνοντος.

FIN.

7